New AI와 컴퓨팅사고력

(New AI and Computational Thinking)

김경록 · 문정경 · 이경희 · 이혜정 · 전수진 · 좌희정 저

김경록(Kyungrog Kim)
1999년 아주대학교 정보및컴퓨터공학부(공학사)
2006년 서울벤처정보대학원대학교 정보통신학과(공학석사)
2012년 호서대학교 벤처대학원 디지털미디어전공(공학박사)
2014년~현 호서대학교 전자융합공학부 교수
※관심분야 : Learning Analytics, Learning Consulting, 인공지능과 빅데이터 분석

이경희(KyungHee Lee)
2004년 계명대학교 컴퓨터공학과(공학사)
2006년 계명대학교 전산교육전공(교육학석사)
2020년 제주대학교 컴퓨터교육전공(교육학박사)
2020년~현 호서대학교 혁신융합학부 교수
※관심분야 : 소프트웨어교육, 컴퓨팅 사고력, 디지털미디어, 정보윤리

전수진(Soojin Jun)
2000년 경인교육대학교 초등교육학(학사)
2005년 경인교육대학교 컴퓨터교육(교육학석사)
2015년 고려대학교 컴퓨터교육학(이학박사)
2019년~현 호서대학교 혁신융합학부 교수
※관심분야 : 컴퓨팅사고력, 인공지능교육, 소프트웨어교육

문정경(Jeong-kyung Moon)
1993년 배재대학교 원예학과 조경설계전공(이학사)
2006년 단국대학교대학원 전자상거래학과(공학석사)
2013년 공주대학교대학원 컴퓨터공학과(공학박사)
2020년~현 호서대학교 혁신융합학부 교수
※관심분야 : 클라우드 컴퓨팅, 네트워크 보안

이혜정(Hyejung Lee)
1997년 순천향대학교 전산학과(공학사)
2000년 순천향대학교대학원 전산학과(공학석사)
2006년 순천향대학교대학원 전산학과(공학박사)
2019년~현 호서대학교 혁신융합학부 교수
※관심분야 : Recommendation system, 인공지능, 빅데이터 분석

좌희정(Heejung Jwa)
2008년 경희대학교 신문방송학(정치학사), 국어국문학(문학사)
2021년 고려대학교 컴퓨터학과(공학박사)
2020년~현 호서대학교 혁신융합학부 강사
※관심분야 : 컴퓨터 교육, 인공지능, 자연어처리

New AI와 컴퓨팅 사고력

발 행 일 2021년 02월 20일 초판 1쇄
2022년 01월 20일 2쇄
지 은 이 김경록, 문정경, 이경희, 이혜정, 전수진, 좌희정
펴 낸 이 김대현
편 집 인 문남미
출 판 팀 지혜영
북디자인 이단비(호서대학교 산업디자인학과 교수)
펴 낸 곳 호서대학교 출판부
주 소 충청남도 아산시 배방읍 호서로79번길 20
등 록 제 452-2011-000004호
전 화 041-540-9767
팩 스 041-540-9745
I S B N 978-89-98741-47-1
정 가 19,000원

Preface

4차 산업혁명 시대, 인공지능(Artificial Intelligence) 시대 우리 일상은 달라지고 있고 빅스비(Bixby), 시리(Siri) 등과 같은 음성인식 개인 비서를 통해 날씨를 확인하고, 뉴스를 검색하는 변화를 체험하고 있다.

인공지능 기술이 급부상하며 인공지능과 인간의 대결이 다양한 분야로 확대되고 있다. 바둑에서 인공지능 프로그램인 알파고가 등장하여 인간보다 더 우수한 결과를 보여 주었다. 모창 대결에서는 가수의 목소리를 그대로 따라해 누가 진짜 가수인지를 구별하기 어려울 정도이다. 골프에서도 그린의 상태를 학습하여 퍼팅하는 등 인간을 앞서가기 시작하고 있다. 이러한 인공지능의 발전은 급속한 데이터의 증가에 따른 것이며 수많은 데이터를 기반으로 학습함으로써 가능하게 된 것이다.

4차 산업혁명 시대로의 변화에 따라, 학습자 주도적 학습 환경으로 변화가 일어나고 있다. 오늘의 사회는 우리에게 '무엇을 배웠는가?'라는 질문 대신에 '무엇을 할 수 있는가?'를 묻고 있다. 이는 우리의 일상이 과거에 경험해 보지 못했던 속도로 빠르고 복잡하게 변화하면서 발생하는 다양한 문제들을 해결할 수 있는가에 대한 답을 원하기 때문이다.

세계경제포럼(WEF)에서 제시한 21세기 학생들에게 요구되는 기술은 미래 인재가 갖추어야 할 역량으로 자주 인용된다. 복잡한 미래의 도전 사항에 대처하기 위해 요구되는 능력으로, 비판적사고력, 문제해결능력, 컴퓨팅 사고력, 의사소통능력, 협력능력 등이 제시되고 있다. 이는 20세기 지식형 인재에서 21세기 통섭 · 협업 · 네트워크형 인재로의 변화를 추구해야 한다는 의미이기도 하다.

이러한 시대적 변화에 따라 미래 인재가 갖추어야 할 역량 배양을 위해, 본 교재는 컴퓨팅 사고력 영역과 인공지능 영역으로 나누어 구성된다.

먼저, 컴퓨팅 사고력은 컴퓨터과학의 기본적인 개념과 원리를 기반으로 효율적으로 문제를 해결할 수 있는 사고 과정이다. 이는 크게 4개 영역으로 구성된다.

- 문제 인식과 문제 발굴 이해하기
- 컴퓨터과학적 요소(이진수, 비트, 멀티미디어 표현 등) 이해하기
- 컴퓨팅 사고 개념(문제분해, 패턴인식, 추상화, 알고리즘, 자동화) 이해하기
- 문제 표현을 위한 자료구조와 알고리즘(선택구조, 반복구조) 이해하기

다음으로 인공지능 영역은 크게 두 개 영역으로 구성된다.

- 인간의 학습과 기계의 학습 개념 이해하기
- 기계학습 학습 방법과 사례 체험하기

본 교재를 통해 학습하는 학습자들이 인공지능과 컴퓨팅 사고력에 대한 이해와 개념을 좀 더 쉽게 정리하고 활용 할 수 있는 계기와 문제인식과 문제해결에 적용할 수 있기를 바란다. 이를 통해 미래 인재로 거듭나는 초석이 되길 기대한다.

본 교재를 위해 함께해 주신 교수님께 감사를 전한다. 그리고 이 교재가 출판될 수 있도록 함께해 주신 출판사 관계자에게도 깊은 감사를 드린다.

2021. 2. 1.

저자 일동

Contents

CHAPTER 04 문제 분해

CHAPTER 05 패턴 인식

CHAPTER 06 추상화

Contents

CHAPTER 10 컴퓨팅 사고력 프로젝트(화장실안내 프로그램)

CHAPTER 11 역량강화활동

CHAPTER 12 인간의 학습과 기계의 학습(인공지능1)

Contents

CHAPTER 13 기계학습의 종류(인공지능2)

CHAPTER 01

인간과 문제해결

1. 교과목 개요
2. 인간과 문제해결
3. 언플러그드 - 마인드 맵

New AI and computational thinking

CHAPTER 01

인간과 문제해결

1. 교과목 개요
2. 인간과 문제해결
3. 언플러그드 – 마인드 맵

CHAPTER

01 인간과 문제해결

1 교과목 개요

1.1 AI와 컴퓨팅 사고력의 배경

4차 산업혁명 시대를 준비하는 핵심 요소는 인공지능(Artificial Intelligence, AI), 빅데이터, 컴퓨팅 사고력이라고 할 수 있다. 특히, 최근 인공지능 기술이 급부상함에 따라 우리의 일상도 빠르게 변화하고 있다. 이러한 변화는 사회, 경제, 산업 등 다양한 분야에서 일어나고 있으며, 각 분야와 접목되어 과거에 경험해 보지 못한 새로운 시대를 열고 있다.

이러한 시대를 준비하기 위해 모두가 보편적으로 배워야 할 인공지능(AI)와 컴퓨팅 사고력의 구성은 학습 목적을 달성하고 내용을 효과적으로 전달하기 위해 다양한 방법으로 구성되어 있다.

먼저, 체계적인 이론 강의, 다양한 사례와 학습자료, 퀴즈, 중간고사, 기말고사 등을 통해 개념과 원리를 이해한다. 문제 해결을 위한 언플러그드 활동과 블록형 프로그래밍 언어 실습을 통해 이론을 다진다. 또한, 문제해결 역량을 강화하기 위해서 문제발굴에서부터 프로그램 구현까지 컴퓨팅 사고력 전 과정을 경험해 볼 수 있는 역량강화활동으로 구성한다.

〈수업방법〉

본 교재에서는 컴퓨팅 사고력을 기반으로 자원관리역량, 협업역량, 창의성 등을 배양할 수 있도록 한다. 특히, 자원관리역량은 현장에서 주어진 자원과 기술을 활용하여 직무에 적용하는 능력을 향상하는 것이다. 실생활 또는 자신의 전공 분야의 다양한 문제를 발견하고 절차적 사고를 통해 분석하고 추상화하여 컴퓨팅 시스템을 이용하여 문제를 해결하는 컴퓨팅 사고력을 길러주는 것에 중점을 둔다. 또한, 컴퓨터 과학과 인공지능 기반의 다양한 데이터와 정보 기술 자원을 활용할 수 있는 역량을 길러준다.

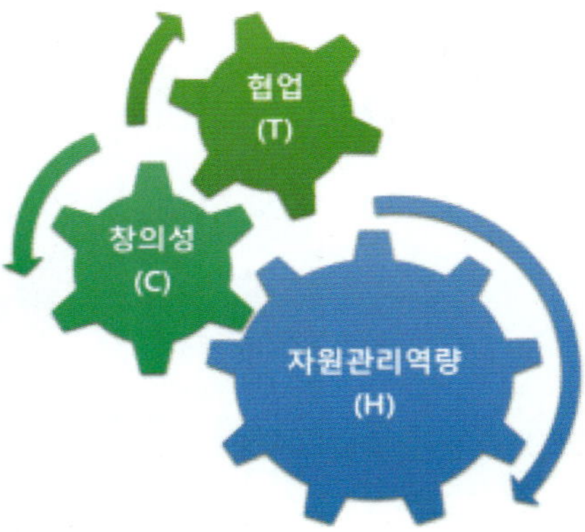

〈AI와 컴퓨팅 사고력의 핵심역량〉

1.2 4차 산업혁명과 우리 생활

알파고와 이세돌 9단의 대국에 관한 내용을 한 번쯤 들어본 적이 있을 것이다. 알파고(AlphaGo)는 구글 딥마인드가 개발한 인공지능 바둑 프로그램으로, 기존 인공지능 바둑 프로그램과의 대결에서 495전 494승을 기록(승률 99.8%)할 정도이지만 현존 최강의 인공지능은 아니다. 알파고는 우리에게 미래 사회의 단면을 보여주고 있다. 앞으로 인공지능은 점점 더 발전해 나갈 것이고 우리의 생활은 빠르게 변화될 것이다.

산업혁명은 18~19세기 초반 영국에서 시작된 1차 산업혁명을 시작으로 2차, 3차를 거쳐 현재 4차에까지 이르게 되었다. 18세기 영국에서는 면직물 수요가 급증하기 시작하였고 처음에는 사람의 손으로 일일이 처리하였지만 넘쳐나는 물량을 다 처리하지 못하게 되자 기계가 등장하기 시작하였다. 특히 증기기관의 발전은 대량 생산의 큰 원동력이 되었고 이에 따라 면직물 공업이 산업혁명을 주도하게 되었다.

증기기관을 중심으로 이루어지던 기계화 산업은 전기의 발견으로 2차 산업혁명이 시작되었다. 19세기 후반 시작된 2차 산업혁명은 공장에 전력이 보급되면서 컨베이어 벨트를 이용한 대량 생산이 자리 잡게 되고 전화기(1876), 라디오(1918) 같은 통신기술이 발달하게 된다.

20세기 후반에 들어서 3차 산업혁명이 시작되는데 가장 중심에 있는 것이 컴퓨터와 인터넷의 발달이다. 인터넷으로 인해 많은 정보가 공유되기 시작했고 자동화에 따른 노동력 부담 축소 시대가 열렸다. 공장을 24시간 가동할 수 있는 시대가 열린 것이다.

21세기에는 4차 산업혁명이 시작되었다. 4차 산업혁명은 정보통신과 정보기기의 발달 융합으로 이뤄낸 새로운 시대를 말한다. 사물 인터넷(Internet of Things, IoT), 인공지능(Artificial Intelligence, AI), 로봇 공학, 생체 인식 등과 같은 기술이 발달하고 가상현실(Virtual Reality, VR)과 증강현실(Augmented Reality, AR) 등이 등장하기 시작했다. 1, 2차 산업이 물리적인 공간이고 3차 산업이 사이버 공간이었다면 4차 산업은 두 공간을 융합한 형태라고 할 수 있다. 4차 산업혁명은 IT와 인공지능의 발달로 일상뿐 아니라 교육, 의료 등 다양한 분야에서 지금보다 더 나은 서비스를 기대할 수 있을 것으로 전망하고 있다.

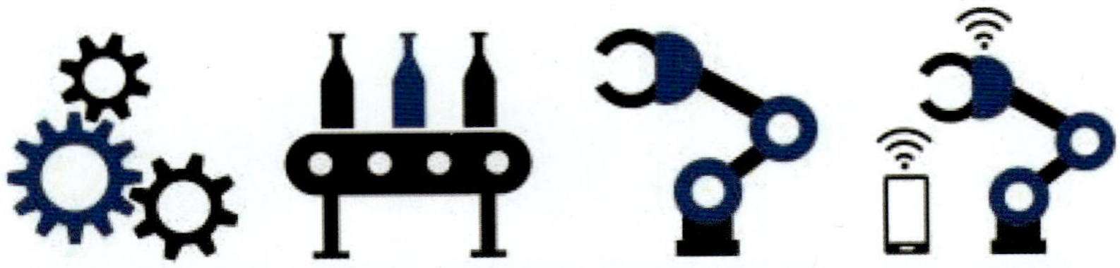

1차 산업혁명	2차 산업혁명	3차 산업혁명	4차 산업혁명
18~19세기 초반	19세기 후반	20세기 후반	21세기
기계화	대량생산	디지털	융합
증기기관	전기 · 내연기관	컴퓨터 · 인터넷	IoT · CPS · AI

〈산업 혁명의 변천〉

그러나 기술의 발달은 양면성을 지니고 있다. 자동화에 따른 다양한 변화에 인간의 직업은 기계, 로봇이 그곳을 대체하며 빠르게 변화하고 있다. 최근 무인 매장, 무인 계산대, 키오스크 등을 운영하는 곳과 로봇이 서빙을 하는 곳이 점차 늘어나고 있다.

옥스퍼드 대학의 조사에 따르면 인공지능 시대 살아남을 확률이 가능 낮은 직업은 콘크리트공, 정육원이나 도축원, 고무나 플라스틱 제품 조립원, 청원경찰, 사무원, 조작원 등을 꼽았다. 이러한 직업의 특징은 단순 반복적인 업무로 동작의 정교함이 떨어진다. 이에 반해 인공지능 시대 살아남을 확률이 높은 직업은 화가 또는 조각가, 사진작가나 사진사, 작가 및 관련 전문가, 연주가, 무용가, 가수 등 이었다. 이러한 직업의 특징은 감정에 기초한 예술 관련 직종이고 창의적 지능을 이용한다. 더불어 손을 이용한 정교한 작업을 해야 하고 협상 및 설득을 요구하는 직업이다.

이러한 시대 변화에 대비하기 위해 우리는 컴퓨팅을 통해 문제를 해결할 수 있는 컴퓨팅 사고력을 함양해야 한다. 컴퓨터와의 경쟁이 아닌 협력을 위해 컴퓨터 과학 및 인공지능의 기본 소양을 길러야 한다.

2 인간과 문제해결

2.1 문제해결

인간은 다른 사람들과 더불어 살아가는 환경에서 지내는 한 끊임없는 사회적 상황과 마주하게 될 것이다. 따라서 추론을 통해 문제해결을 해야 하는 상황을 반복적으로 경험할 수밖에 없다. 기본적인 추론과 문제해결 능력을 갖추고 살아간다면 다양한 상황을 고려하여 문제를 해결할 수 있게 될 것이다. 즉, 규칙적인 패턴을 파악하는 기술에 능해지면 패턴을 예측하여 효율적으로 문제해결 하는 능력을 갖출 수 있다.

인간은 기본적으로 새로운 문제에 흥미를 갖고, 필요에 따라 그 문제를 해결하고자 하는 기본적인 욕구를 모두 가지고 있다. 우리가 문제를 해결하는 방법을 누군가에게 배운 적은 없다. 그러나 예를 들어 아침에 늦잠을 잤을 때 학교에 늦지 않게 도착해야 한다는 문제를 해결하기 위해 여러 가지 방법들을 생각해내고 그중 가장 효과적인 방법을 선택한다. 이처럼 우리가 실생활에서 하는 하나하나의 행동은 대부분 문제해결이라는 과정을 거쳐 나타나는 것이다.

문제의 범위는 각자 다르다. 수학 문제, 영어 문제, 국어 문제를 푸는 것, 게임에서 문제를 해결하는 것 등도 모두 문제해결이다.

2.2 4차 산업혁명과 문제해결

4차 산업혁명 시대, 인공지능 시대라는 새로운 세계에서 우리는 인공지능, 로봇 등과 함께 살아가게 될 것이다. 경험하지 못한 새로운 문제가 나올 것이고 새로운 해결책이 필요할 것이라 예상된다. 이 시대는 지식과 기술을 예측하기 어려운 변화의 시대이기 때문에 그런 변화에 우리가 맞이하는 문제들은 대부분 잘 정의되지 않고 해결책도 나와 있지 않은 문제일 것이다.

발생할 수 있는 문제는 다양하며 해결에 요구되는 역량과 수준도 난이도에 따라 천차만별이 될 것이다. 따라서 호기심을 가지고 주변을 관찰하고 문제를 발견하고 해결할 수 있는 문제해결 역량을 길러야 한다.

4차 산업혁명 시대는 소프트웨어가 중심이 되는 사회이다. 소프트웨어가 수학이나 물리처럼 모든 분야의 기초학문이 되었으며 모든 전공에서 갖추어야 할 기초 소양이다. 문제해결 수단으로 소프트웨어를 활용하기 때문이다. 따라서 기업에서는 소프트웨어에 능숙한 인재를 필요로 한다.

이에 따라 우리는 컴퓨터 과학자의 관점에서 문제를 바라보고, 이해하고, 해결 방법을 탐색하는 컴퓨팅 사고력을 길러야 한다. 왜냐하면, 앞으로 우리가 만나게 될 대부분 문제가 컴퓨터와 관련된 것이고, 이를 해결하기 위해서는 컴퓨팅 사고력을 활용해야 한다. 문제해결 과정에서 컴퓨팅 시스템의 능력과 컴퓨터 과학의 개념과 원리를 활용한다. 그러나 컴퓨팅 사고력은 컴퓨터보다 사람이 사고하는 것에 중점을 두는 것이 특징이다.

컴퓨팅 사고력을 사용하여 해결해야 하는 문제를 작은 단위로 나누고, 각각의 해결 방법을 차근차근 생각하는 경험은 다른 분야의 문제해결에도 도움이 될 것이다. 또한, 컴퓨터가 여러 일을 묶어서 처리하거나 우선순위를 정하여 순서대로 처리하는 원리를 배워 일상생활에서 해야 할 일들을 효율적으로 처리하는 능력을 기를 수 있다.

2.3 생각의 표현

생각을 표현하는 방법에는 여러 가지가 있다. 그중 가장 쉬운 방법이 말로 표현하는 것이다. 그러나 말로 생각을 표현하기에 한계가 있을 때가 있다. 그래서 우리는 텍스트, 이미지, 영상 등 다양한 방법을 사용해 생각을 표현한다. 그중 텍스트와 이미지를 사용한 마인드맵(Mind map)에 대해 알아보자.

마인드맵은 1970년대 토니 부잔(Tony Buzan)이 창안하였다. 마인드맵은 생각을 시각화하여 다른 사람들을 쉽게 이해시킬 수 있는 도구이다. 문제를 해결하기 위한 키워드나 요소를 이미지 형태의 방사 모양으로 연결하는 과정으로 아이디어나 발상을 정리할 수 있다. 마인드맵은 큰 영역에서 작은 영역으로 내려가는 인간의 탑다운(Top-down) 사고방식을 그대로 옮겨놓은 생각 정리 도구 가운데 하나이다.

정보를 연결하여 이미지화함으로써 기억력을 향상하고 체계적인 전개를 통하여 주장을 논리적으로 표현할 수 있다. 또한, 복잡한 문제가 요소별로 분리되어 명료해지고 광의적인 관점에서 문제를 바라볼 수 있는 안목이 생긴다.

마인드맵은 아주 단순하거나 복잡한 다양한 문제에 적용할 수 있다. 생각을 정리하거나 고민 해결, 여행계획 세우기, 아이디어, 보고서 작성, 책 내용 요약 등 다양한 곳에 사용될 수 있다. 이를 통해 전체적으로 확인하고 검토할 수 있으며 주어진 문제가 무엇인지 정확하게 파악할 수 있다.

마인드맵은 키워드 중심으로 범주화해서 방사형으로 확장하면 또렷하게 새겨진다. 마인드맵은 중심에서 시작해 중요한 것들을 강조해서 추가하며 가지가 뻗어나가는 방식으로 작성한다.

〈마인드맵 활용의 예 1〉

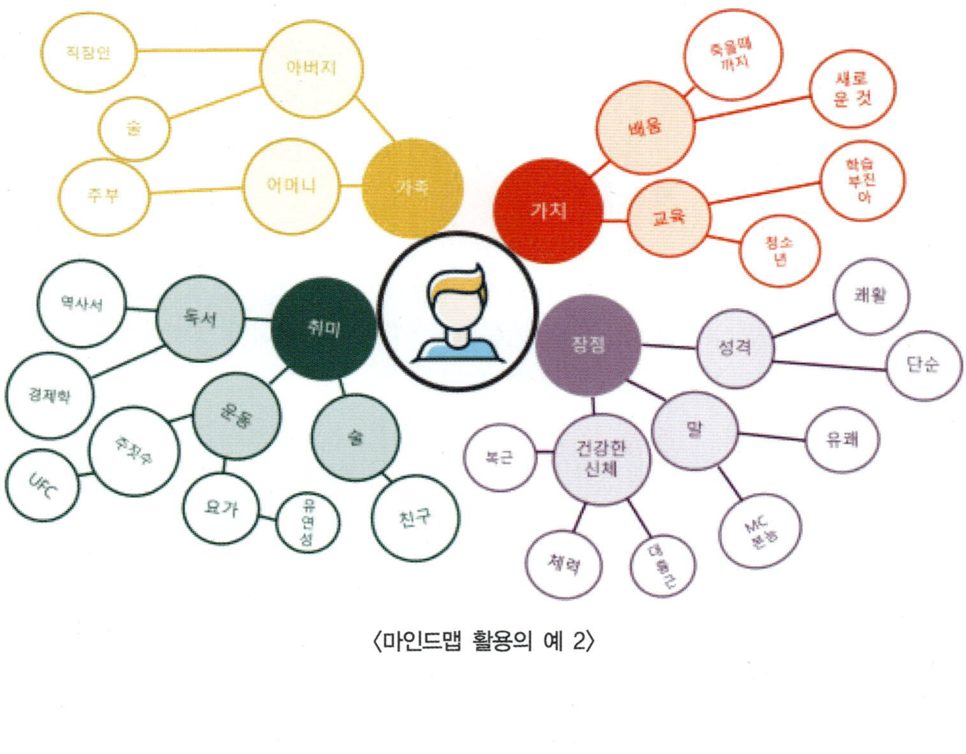

〈마인드맵 활용의 예 2〉

3 언플러그드 - 마인드맵

마인드맵	마인드맵 그리기	학번	
		이름	

나의 대학 생활을 어떻게 보내고 싶은지에 대한 계획을 마인드맵으로 작성해보자.

작성 방법 : 중간에 본인 이름을 적고 중요한 것들을 강조해서 추가하며 가지가 뻗어나가는 방식으로 작성한다.

CHAPTER 02

컴퓨터의 발전과 컴퓨터 표현

1. 컴퓨터의 발전
2. 컴퓨터 표현
3. 언플러그드 - 이진수 게임
4. 확인학습

CHAPTER 02

컴퓨터의 발전과 컴퓨터 표현

CHAPTER

02 컴퓨터의 발전과 컴퓨터 표현

1 컴퓨터의 발전

1.1 컴퓨터의 구성

컴퓨터는 크게 기계·전기·전자적 장치인 하드웨어(Hardware)와 하드웨어를 동작시키기 위한 지시나 제어 명령어의 집합에 해당하는 소프트웨어(Software)로 구성되어 있다. 하드웨어는 입력장치, 출력장치, 중앙처리장치, 기억장치로 구성되어 있다.

입력장치는 문자, 이미지, 소리, 영상들의 데이터를 마우스, 키보드 등으로 입력하는 장치이다. 초기에는 단순 정보만을 입력받았지만, 이제는 터치스크린, 바이오 정보, 센서등을 통한 다양한 입력체계를 가진다.

출력장치는 컴퓨터에서 처리한 결과를 사람이 이해할 수 있는 형태로 변환하는 일을 하며 모니터, 프린터, 플로터 등이 있다.

중앙처리장치(CPU)는 명령어를 해독하고 실행하는 장치로 제어 장치(Control Unit)와 연산 장치(Arithmetic Logic Unit)로 구성되어 있다. 제어장치는 중앙처리장치에서 일어나는 모든 작업을 통제하고 관리하는 일을 한다. 프로그램 명령어를 해석하고, 해석된 명령의 의미에 따라 다른 장치에 동작을 지시한다. 연산장치는 연산을 하는 장치로, 제어장치의 제어 신호에 따라 덧셈, 뺄셈, 곱셈, 나눗셈의 산술연산과 AND, OR, NOT 등의 논리연산을 수행한다.

기억장치는 실행 중인 프로그램과 프로그램에 필요한 데이터를 저장하는 일을 하며 주기억장치와 보조 기억 장치로 구성되어 있다. 주기억 장치는 실행 중인 프로그램과 실행에 필요한 데이터를 저장하는 장치로 RAM(Random Access Memory)과 ROM(Read Only Memory)으로 구분할 수 있다. 보조기억장치로는 하드디스크, SSD, USB 등이 있다.

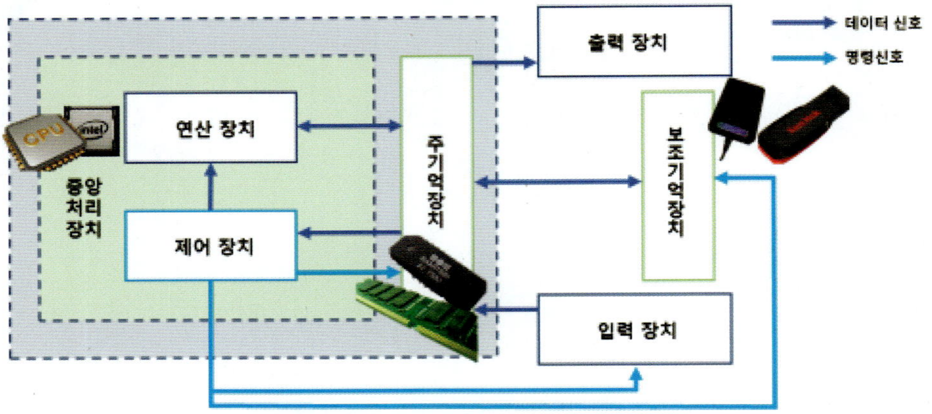

〈컴퓨터 하드웨어의 구성〉

소프트웨어는 시스템 소프트웨어와 응용 소프트웨어로 분류할 수 있다.

시스템 소프트웨어는 하드웨어를 제어하고 응용 소프트웨어를 지원하는 소프트웨어로, 대표적인 시스템 소프트웨어로 운영체제(Windows, Mac OS, Linux)와 언어 번역 프로그램이 있다.

응용 소프트웨어는 특정한 응용 분야에 사용하기 위해 개발된 소프트웨어로 한글, 파워포인트, 엑셀, 포토샵 등 다양한 종류가 있다.

프로그램(Program)은 실행하고자 하는 작업을 명령어 형태로 저장하여 만들어 놓은 것이다. 프로그래밍은 프로그램을 만드는 과정을 의미한다.

현대적 컴퓨터는 내장 프로그램 형태를 갖추었으며 전자식 기억장치에 프로그램 명령어를 저장한다. 컴퓨터의 장점은 같은 하드웨어 상에서 프로그램을 바꾸어 가면서 다양한 작업이 가능한 범용성이다. 각각의 프로그램에 따라서 전문적인 작업을 수행할 수 있다.

계산기는 정해진 기능만을 수행한다. 기존의 기능을 변경할 수는 없지만, 컴퓨터는 프로그램을 통해 기능을 변경할 수 있으며, 다양한 프로그램을 만들 수 있다.

1.2 컴퓨터의 역사

컴퓨터는 계산을 도와줄 도구가 필요한 것에서부터 시작되었다. 모래로 덮인 판 위의 조약돌을 얹어 계산하던 방법이 주판의 시초이며 그 이후 주판, 계산자, 계산판 등으로 변화되었다.

주판은 계산하는 데 많은 도움을 주지만 복잡한 셈을 하기에는 불편하고 사람들은 점점 다양한 연산을 할 수 있는 도구를 원했다.

프랑스 학자 파스칼은 1642년 톱니바퀴를 이용한 기계식 계산기 발명하였다. 톱니바퀴가 서로 맞물려가며 계산하는 방식이다.

독일의 라이프니츠는 1673년 곱셈과 나눗셈이 가능한 사칙연산 계산기를 발명하였고 파스칼의 계산기에 여러 겹의 톱니바퀴를 추가하는 형태였다.

컴퓨터의 아버지라 불리는 영국의 수학자 찰스 배비지가 1837년 해석기관을 설계하였다. 오늘날의 컴퓨터 프로그래밍에 사용하는 기술과 거의 유사하다. 이는 펀치카드를 이용하여 기계식 컴퓨터에 프로그래밍을 할 수 있는 개념 설계이다. 그러나 당시의 자금과 기술의 한계로 완성하지 못했다.

여러 과학자의 노력으로 컴퓨터는 계속해서 발전해 나갔다.

최초의 컴퓨터는 2차 세계대전 독일의 암호 기계로 사용된 에니그마이다.

이에 맞서는 최초의 디지털 컴퓨터 콜로서스 1호는 1943년 영국에서 개발되었으며 2,400개의 진공관으로 구성되어 있고 초당 5,000자의 속도로 암호해독이 가능하다.

애니악(Electronic Numerical Integrator and Calculator, ENIAC)은 1946년 디지털 컴퓨터로 군사적 목적으로 개발했으나 종전 후 일기예보, 우주선 연구 등에 다양한 분야에 사용되었다.

그 후 유니박(UNIVersal Automatic Computer, UNIVAC)은 최초의 상업용 컴퓨터로 개발되었다. 컴퓨터의 크기는 점점 작아지고 성능은 향상되었다.

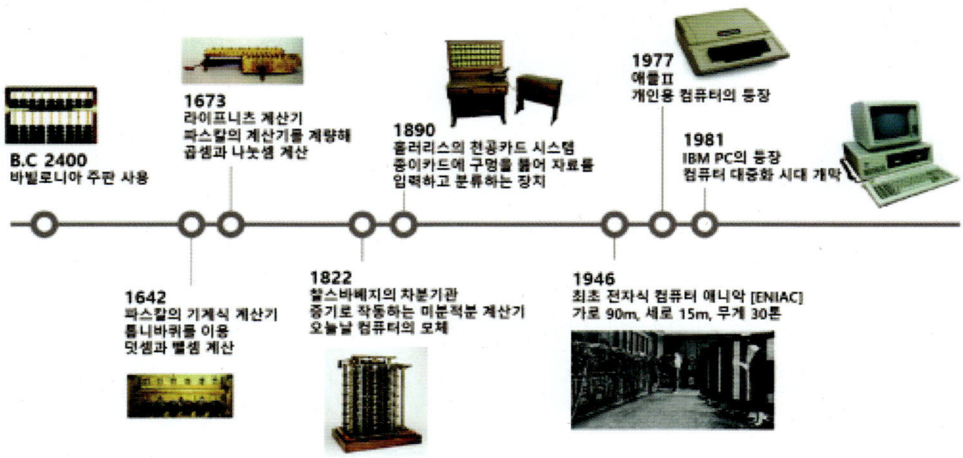

〈컴퓨터의 역사〉

1.3 현대적인 컴퓨터

현대적인 컴퓨터는 기계가 아닌 전자장치를 사용해서 계산하기 시작하였고 아날로그가 아닌 디지털 방식이다. 이에 따라 프로그램 내장 방식을 사용하였다. 최초의 전자식 컴퓨터였던 ENIAC은 프로그램을 변경할 때마다 수많은 스위치를 다시 연결하는 번거로움이 있었다.

프로그램 내장 방식은 폰 노이만이 1945년 발표된 논문에서 최초로 기술하였다. 프로그램 내장 방식의 컴퓨터는 전자식 기억장치에 프로그램 명령어를 저장하는 방식이며 대부분의 현대적인 컴퓨터는 프로그램 내장 방식을 채택하고 있다.

컴퓨터의 대중화로 1980년대 개인용 컴퓨터 시대가 열렸고 이러한 컴퓨터의 발전으로 우리의 삶은 더욱 편리해지고 있다.

1.4 미래의 컴퓨터

미래의 컴퓨터는 양자 컴퓨터로 불리며 현재 개발 진행 중이다. 이는 인공지능과 함께 우리의 미래를 점점 바꾸어 갈 것이다.

일반 컴퓨터는 0과 1이 비트 단위로 순차 처리를 진행하지만, 양자 컴퓨터는 큐빗(Quantum bit, Qubit)이 0과 1 중첩상태로 공존한다. 슈퍼컴퓨터로 수만 년이 걸리는 연산을 양자 컴퓨터는 100초 만에 끝낼 수 있다.

양자 컴퓨터의 장점은 병렬연산으로 인해 연산 속도가 빠르다는 것이다. 우리가 사용하는 컴퓨터는 직렬연산을 사용하는데 이는 입력되는 내용을 하나씩 확인하기 때문에 속도가 느리다.

양자컴퓨터의 개발 속도 또한 상당히 빠른 편이다. 최초의 상업용 양자 컴퓨터는 2019년 1월 IBM에서 큐빗 20개를 장착한 컴퓨터가 개발되었다. 이는 100만 개 연산이 동시에 가능한 수준이다. 두 달 후에 구글에서 큐빗 75개 장착한 컴퓨터를 개발하였다.

중국에서는 정부 차원에서 주력사업으로 양자 컴퓨터 개발하고 있는데 2013년부터 연구를 시작해 2017년에는 미국의 거의 두 배의 양자 과학에 관한 특허를 출원하였다. 미국을 포함한 선진국에서는 사기업 위주의 양자컴퓨팅 기술을 연구 개발하고 있으며 우리나라는 카이스트에서 양자 컴퓨터 기술을 개발 중이다.

양자 컴퓨터의 단점은 환경 조성이 까다로운 것이다. -273℃에 가까운 온도를 유지해야 하고 전자기파가 있으면 안 되고 진동도 있으면 안 된다. 양자의 슈퍼포지션 즉, 중첩상태 유지가 어렵다. 현재 기술로는 최대 10분 동안 연산이 가능하므로 지속시킬 수 있는 기술이 필요하다. 또한, 연산 결과에 에러가 많다. 그래서 에러를 줄이기 위해 기존 알고리즘과 완전히 다른 짧으면서도 강력한 것을 고안해야 하는데 설치된 큐빗이 에러를 찾는데 사용되기 때문에 실제 연산에 사용되는 큐빗이 줄어들게 된다.

양자 컴퓨터는 다양한 분야에 혜택을 준다.

신약개발 분야에서는 슈퍼컴퓨터로는 시간이 너무 오래 걸리는 분자 안에 있는 원자와 전자의 성질을 파악하거나 시뮬레이션을 할 수 있다. 이는 양자의 특성을 이용해서 양자를 시뮬레이션하기 때문이다.

의료분야나 자율주행 자동차는 인공지능 훈련을 위한 수천억 개의 데이터 입력을 빨리 분석하여 필요한 정보를 제공해야 한다. 양자 컴퓨터를 사용하면 인공지능 개발을 촉진할 수 있다.

양자 보안 체계에서는 해킹 가능성을 양자의 불확실성에 의해 보완 가능해 금융, 국가 간 보안 등에 유용하게 사용될 것이다.

일기예보가 더욱 정확해질 것이다. 인공위성에서 보내오는 구름의 움직임과 기압 차로 공기 분자들의 움직임과 상호작용을 계산해 지구온난화와 미래 진단을 향상할 수 있다.

2 컴퓨터 표현

모스부호는 오직 두 가지 신호 점과 선으로 알파벳을 표현한다. 손가락이 열 개인 인간은 십진수 사용한다.
0과 1 두 가지로 표현하는 수 체계인 이진수는 전기식 컴퓨터를 작동시킨 최초의 언어이다. 이진수로 나타낸 정보량의 최소단위 비트(Bit)는 컴퓨터 시대의 정보 처리를 위한 가장 기본적인 단위이다.

2.1 10진법과 2진법

10진법은 인간이 숫자를 나타내기 위해 사용하는 진법이다. 0에서 9까지 모두 사용할 수 있으며 자리로 단위를 나타낸다.

2진법은 0과 1만을 사용하여 모든 수를 나타낸다.

예를 들어 10진수 2는 2진수 0010이다.

$$0010 = 0 \times 2^3 + 0 \times 2^2 + 1 \times 2^1 + 0 \times 2^0 = 2$$

현대적인 컴퓨터가 2진수를 사용하는 이유는 "하드웨어" 때문이다. 10개의 전압 레벨보다 2개의 전압 레벨을 구별하는 회로를 설계하기가 훨씬 쉽기 때문이다. 컴퓨터 내부에 데이터를 저장하려면 10진수보다 2진수를 이용하는 것이 훨씬 효율적이다.

컴퓨터는 전기적 신호를 이용하는 장치이기 때문에 정보를 저장하고 처리하는 방식도 논리적인 값에 해당하는 On, Off의 개념만 존재한다. 전기적 신호를 이용하여 최소한 0, 1이라는 이진수는 나타낼 수 있다. 모든 정보는 2진수로 저장된다. 컴퓨터의 모든 데이터는 0과 1의 신호로 변환되어 저장, 전송, 처리된다.

이렇게 두 가지 경우를 표현할 수 있는 단위를 우리는 비트(binary digit, bit)라고 하며 컴퓨터에서 사용하는 정보량의 최소단위이다. 바이트는 비트(bit)가 8개 모인 것으로 컴퓨터가 처리하는 정보의 기본 단위이다. 하나의 영어 문자를 표현하는 단위이며 한글은 2바이트이다.

2.2 이진수 이해하기

전구 2개가 있다면 표현할 수 있는 종류는 몇 가지가 될까?
2가지를 표현할 수 있는 비트가 2개 있으므로 총 4가지의 서로 다른 표현이 가능하다.
즉, n bit = 2^n개 가짓수이다.

전구1	전구2	이진수 표현
Off	Off	0 0
Off	On	0 1
On	Off	1 0
On	On	1 1

전구 3개로 나타낼 수 있는 경우의 수는 몇 가지가 될까?
3가지를 표현할 수 있는 비트가 2개 있으므로 2^3 총 8가지의 서로 다른 표현이 가능하다.

다섯 개의 손가락으로 나타낼 수 있는 가장 큰 값은 얼마일까?
손가락을 다 펼치면 5라고 생각하겠지만 2진수로 표현하면 31이 된다.

$$11111 = 1 \times 2^4 + 1 \times 2^3 + 1 \times 2^2 + 1 \times 2^1 + 1 \times 2^0$$
$$16 + 8 + 4 + 2 + 1 = 31$$

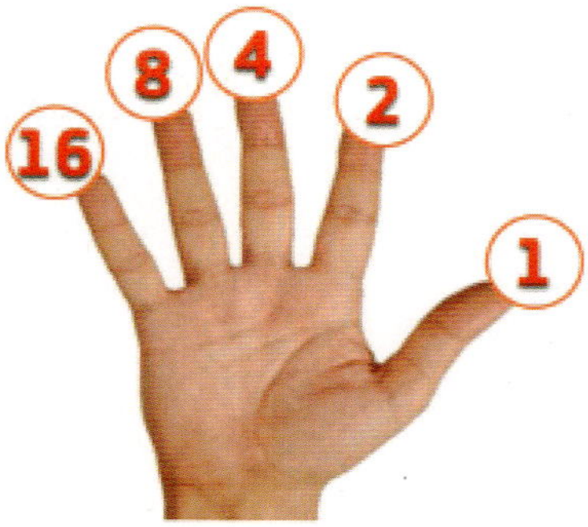

이진수 카드의 특징은 왼쪽으로 갈수록 점의 개수가 2배가 되는 카드이다. 보이지 않으면 0, 보이면 1을 나타낸다.

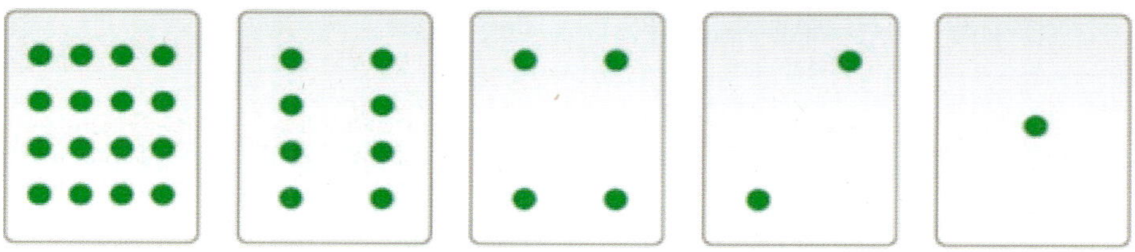

카드의 값이 얼마일까?
보이는 점 개수의 합이 십진수이다. 따라서 9가 된다.

$$01001 = 0 \times 2^4 + 1 \times 2^3 + 0 \times 2^2 + 0 \times 2^1 + 1 \times 2^0 = 9$$

2진수, 8진수, 10진수, 16진수의 차이는 각 자리의 표현 가짓수의 차이이다.

2진수	8진수	10진수	16진수
0 1	0 1 2 3 4 5 6 7	0 1 2 3 4 5 6 7 8 9	0 1 2 3 4 5 6 7 8 9 A B C D E F

비트 수(열)이 생성하는 패턴 수는 다음과 같다.

비트 수	표현 가능 10진수	패턴의 개수
1	0~1	$2^1=2$
2	0~3	$2^2=4$
3	0~7	$2^3=8$
4	0~15	$2^4=16$
5	0~31	$2^5=32$
6	0~63	$2^6=64$
7	0~127	$2^7=128$
8	0~255	$2^8=256$
N	$0\sim(2^N-1)$	2^N

3 언플러그드 - 이진수 게임

컴퓨터 표현	이진수 표현	학번	
		이름	

빈칸에 본인 이름을 적고 예시와 같이 이진수로 표현해보자.

예시									
박	ㅂ	6	0	0	0	0	1	1	0
	ㅏ	15	0	0	0	1	1	1	1
	ㄱ	1	0	0	0	0	0	0	1

본인 이름			2진수 표현						

ㄱ	ㄴ	ㄷ	ㄹ	ㅁ	ㅂ	ㅅ	ㅇ	ㅈ	ㅊ	ㅋ	ㅌ
1	2	3	4	5	6	7	8	9	10	11	12
ㅍ	ㅎ	ㅏ	ㅐ	ㅓ	ㅔ	ㅗ	ㅚ	ㅜ	ㅟ	ㅡ	ㅣ
13	14	15	16	17	18	19	20	21	22	23	24
ㅑ	ㅒ	ㅕ	ㅖ	ㅘ	ㅙ	ㅛ	ㅝ	ㅞ	ㅠ	ㅢ	
25	26	27	28	29	30	31	32	33	34	35	

4 확인학습

1. 다음 그림을 이진수로 표현하고 십진수로 바꿔보자.

☒☑☒☒☑ =
(☒=1, ☑=0)

☂☃☂☂☃ =
(☂=1, ☃=0)

⇧⇩⇧ =
(⇧=1, ⇩=0)

★☆★★★ =
(★=1, ☆=0)

○○○○○ =
(⊙=1, ○=0)

☕☕☘☘☘ =
(☕=1, ☘=0)

♕♖ =
(♕=1, ♖=0)

♪♪♪♬ =
(♪=1, ♬=0)

☺ =
(☹=1, ☺=0)

♣♠♣♠ =
(♣=1, ♠=0)

2. 프로그램 내장 방식을 처음 주장한 사람은 누구인가?

① 에니악 ② 찰스 배비지 ③ 에드박
④ 파스칼 ⑤ 폰노이만

3. 컴퓨터에 대한 설명으로 <u>틀린</u> 것은?

① 컴퓨터는 하드웨어와 소프트웨어로 구성되어 있다.
② 컴퓨터는 내장 프로그램 구조를 갖는다.
③ 명령어를 이진수로 표현한 것을 기계어라 한다.
④ 최초의 현대식 컴퓨터인 에니악은 프로그램 내장 형식으로 만들어졌다.

4. 컴퓨터에 대한 설명으로 바르지 <u>않는</u> 것은?

① 명령어를 이진수로 표현한 것을 기계어라 한다.
② 현대적인 컴퓨터는 프로그램 내장 방식을 사용한다.
③ 입출력장치, 중앙처리장치, 주기억장치는 하드웨어이다.
④ 양자 컴퓨터는 순차 처리 방식을 사용한다.

New AI and computational thinking

CHAPTER 03

컴퓨팅 사고력과 문제인식

1. 컴퓨팅 사고력의 개념
2. 컴퓨팅사고의 단계
3. 컴퓨팅 사고력 적용 사례
4. 언플러그드 - 게임 분석
5. 스크래치 - 설치 및 기본
6. 확인학습

New AI and computational thinking

CHAPTER 03

컴퓨팅 사고력과 문제인식

1. 컴퓨팅 사고력의 개념
2. 컴퓨팅 사고력 단계
3. 컴퓨팅 사고력 적용 사례
4. 언플러그드 - 게임 분석
5. 스크래치 - 설치 및 기본
6. 확인학습

CHAPTER

03 컴퓨팅 사고력과 문제인식

1 컴퓨팅 사고력의 개념

1.1 컴퓨팅 사고력이란

우리가 어떤 문제의 해결을 위해 컴퓨터 기술을 이용하기 전에, 우선 그 문제 자체에 대해 깊이 이해한 후 어떻게 하면 컴퓨터를 이용하여 문제를 효율적으로 해결할 수 있을지 방법을 찾아야 한다. 컴퓨팅적 사고는 우리가 이러한 작업을 할 수 있도록 도와준다. 컴퓨팅 사고력(Computational Thinking)은 문제의 해결책을 만드는 사고의 과정으로서 이 방법으로 생성된 해결책은 컴퓨터에 의하여 효율적으로 실행될 수 있다. 즉 컴퓨팅 사고력은 인간이 실생활 속의 다양하고 복잡한 문제를 어떻게 해결할 것인지를 절차적으로 사고하고, 해결 과정에서 컴퓨팅 시스템이 제공하는 능력과 자원들을 활용하여 문제를 효과적이고 효율적으로 해결하고자 하는 종합적인 사고 과정 또는 능력이라고 할 수 있다.

컴퓨팅 사고력은 1980년 미국 MIT 대학의 시무어 페퍼트(Seymour Papert) 교수가 처음으로 언급하였고, 2006년 카네기멜론대학의 자넷 윙(Jeannette M. Wing)교수에 의해 본격적으로 필요성과 논의가 시작되었다.

Jeannette M. Wing
(카네기멜론대학)

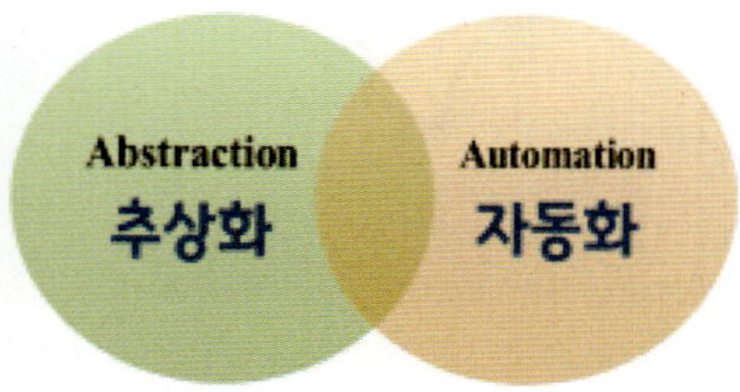

〈컴퓨팅 사고력의 구성요소〉

자넷 윙 교수는 컴퓨팅 사고력은 컴퓨터 과학자뿐만 아니라 누구나 배워서 활용할 수 있는 보편적인 사고이자 기술이며 사람에게 필요한 읽기, 쓰기, 셈하기와 같은 근본적인 기술이 되어야 한다고 언급했으며, 그 후 일반인도 배워야 할 기술로 인식되기 시작했다. 그녀는 컴퓨팅 사고력을 크게 추상화(Abstraction)와 자동화(Automation)로 나누어 제안했다. 컴퓨팅 사고력의 요소를 나누는 기준은 학자마다 다르지만, 이 두 가지 큰 축에 대한 의견은 일치한다. 추상화는 실세계의 문제에서 핵심 요소를 파악하고 단순화하여 해결 가능한 형태로 표현하기 위한 인간의 사고 과정이고, 자동화는 추상화 과정의 결과로 표현된 모델을 컴퓨터가 처리할 수 있도록 프로그래밍 언어로 자동화하여 쉽고 빠르게 처리하는 것을 의미한다.

1.2 컴퓨팅 사고력의 필요성

빅데이터, 사물인터넷, 인공지능, 블록체인, 3D프린팅, 드론, 혼합현실(MR : Mixed Reality)등 4차산업을 선도하는 핵심기술들은 모두 컴퓨팅 시스템과 연관되어있다. 이러한 기술들이 기존의 물리적 공간 및 사물들과 융합되어 고도화된 서비스 및 가치를 창출하는 새로운 패러다임의 시대가 열리고 있다. 따라서 이러한 컴퓨팅 기술을 근간으로 여러 산업이 융합된 새로운 가치 창출과 끊임없는 혁신, 그리고 현대 사회가 주는 복잡한 문제를 효율적으로 해결하기 위해서는 컴퓨팅 사고력의 활용이 반드시 요구된다.

컴퓨팅 사고력은 또한 새로운 창의적 사고와 융합적 사고의 방법으로 주목받고 있다. 그리고 모든 사람들이 갖추어야 하는 기본 역량으로 자리 매김하고 있다. 왜냐하면 컴퓨팅 사고력은 컴퓨팅 기술 활용분야의 문제해결은 물론, 일상생활의 일반적인 문제해결에 효율적으로 사용될 수 있는 방법을 제공할 뿐만 아니라 우리의 창의성을 높이는 데에도 기여하는 역량으로 입증되고 있기 때문이다.

현재 많은 나라들이 컴퓨팅 사고력과 소프트웨어 교육을 실시하고 있다. 이는 국민을 단지 컴퓨터 프로그램이나 코딩을 능숙하게 다루는 전문가로 만들자는 것이 아니라 시대의 변화에 걸맞은 문제 해결 능력을 함양시키고자 함이며, 다양한 분야의 문제를 새로운 방향으로 생각하여 수월하게 해결할 수 있도록 돕고자 함이다. 따라서 컴퓨팅 사고력을 키우게 되면 컴퓨터로 해결하는 문제뿐만 아니라 일상의 새로운 문제에 봉착했을 때 문제를 나누어 핵심을 파악하고 논리적으로 작업의 순서를 구성하여 적용할 수 있는 능력을 갖추게 된다.

1.3 컴퓨팅 사고력 구성 요소

컴퓨팅 사고력에 대한 정의나 요소에 대한 의견은 학자들마다 분분하다. 자넷 윙 교수는 컴퓨팅 사고력의 주요 구성 요소로 재귀적 사고, 병렬처리, 추상화, 분해 등의 요소를 제시하며, 추상화 과정과 자동화 과정을 제안했다. 그러나 이후 컴퓨팅 사고력의 다양한 정의를 교육에 효과적으로 적용하기 위해, 국제교육공학협회(ISTE)와 컴퓨터과학교사회(CSTA)에서 컴퓨팅 사고력의 조작적 정의를 내리면서 그 하위 요소를 자료 수집, 자료 분석, 자료 표현, 문제 분해, 추상화, 알고리즘과 절차, 자동화, 시뮬레이션, 병렬화의 9가지 요소로 제시하였다(ISTE & CSTA, 2011). 이를 토대로 2015년 우리나라에서 발표한 SW 교육과정에서 정의한 컴퓨팅 사고력의 9가지 핵심 요소는 다음과 같다.

구성 요소		정의
자료 수집		문제 해결에 필요한 자료 모으기
자료 분석		자료의 이해, 패턴 찾기, 결론을 도출하기
구조화		문제를 그래프, 차트, 글, 그림 등으로 시각화하기
추상화	분해	문제를 관리 가능한 수준의 작은 문제로 나누기
	모델링	문제 해결을 위한 핵심 요소를 추출하고, 모델 만들기
	알고리즘	문제를 해결하기 위한 일련의 단계를 알고리즘으로 표현하기(절차적 표현)
자동화	코딩	프로그래밍 언어를 이용해, 문제 해결 과정을 자동화하기
	시뮬레이션	프로그램(소프트웨어)을 실행하기
일반화		문제 해결 과정을 다른 문제에 적용하기

〈컴퓨팅 사고력 구성 요소〉 ※출처 : 교육부 · KERIS, 2015

최근 구글 (Google for Education)에서도 컴퓨팅 사고력의 구성 요소에 대해서 제시하고 있는데, 패턴 인식(Pattern Recognition)과 패턴 일반화(Pattern Generalization)라는 요소를 추가하여 조금 더 구체적으로 기술하고 있다.

<table>
<tr><th>Wing(2008)</th><th>ISTE & CSTA(2011)</th><th>Google(2016)</th></tr>
<tr><td rowspan="8">추상화
Abstraction</td><td colspan="2">자료 수집
(Data Collection)</td></tr>
<tr><td rowspan="2">자료 분석
(Data Analysis)</td><td>자료 분석
(Data Analysis)</td></tr>
<tr><td>패턴 인식
(Pattern Recognition)</td></tr>
<tr><td colspan="2">자료 표현
(Data Representation)</td></tr>
<tr><td>문제 분해
(Problem Decomposition)</td><td>분해
(Decomposition)</td></tr>
<tr><td rowspan="2">추상화
(Abstraction)</td><td>추상화
(Abstraction)</td></tr>
<tr><td>패턴 일반화
(Pattern Generalization)</td></tr>
<tr><td>알고리즘과 절차
(Algorithm & Procedures)</td><td>알고리즘 디자인
(Algorithm Design)</td></tr>
<tr><td rowspan="3">자동화
Automation</td><td colspan="2">자동화 (Automation)</td></tr>
<tr><td colspan="2">시뮬레이션 (Simulation)</td></tr>
<tr><td colspan="2">병렬화 (Parallelization)</td></tr>
</table>

〈컴퓨팅 사고력 구성 요소 비교〉

여기서 유의해야 할 점은 컴퓨팅 사고력을 크게 두 가지로 구분할 때 사용했던 추상화 및 자동화와 컴퓨팅사고력의 구성 요소에 포함된 추상화 및 자동화를 구별해야하는 점이다. 큰 의미의 추상화는 인간이 문제 해결을 위해 사고하게 되는 과정의 전반을 의미하고, 세부 구성 요소로서의 추상화는 문제 해결에 필요한 핵심 요소를 선정하고 복잡함을 줄이는 단계를 의미한다. 자동화 역시 큰 의미의 자동화는 컴퓨팅 시스템이 갖는 능력을 의미하고, 세부 구성 요소의 자동화는 컴퓨터나 정보기기가 이해할 수 있는 언어로 문제의 해결 방법을 표현하는 것을 의미한다.

2 컴퓨팅사고의 단계

컴퓨팅사고는 각기 다른 속성을 갖는 여러 유형의 요소들로 구성되며, 이 요소들은 문제 해결 과정에서 유기적, 순환적, 반복적으로 작동한다. 앞에서 언급한 해외 및 국내의 대표적 연구에서 제시한 컴퓨팅 사고의 구성 요소를 종합하여 얻어낸 컴퓨팅 사고의 중요한 5가지 요소는 다음과 같다.

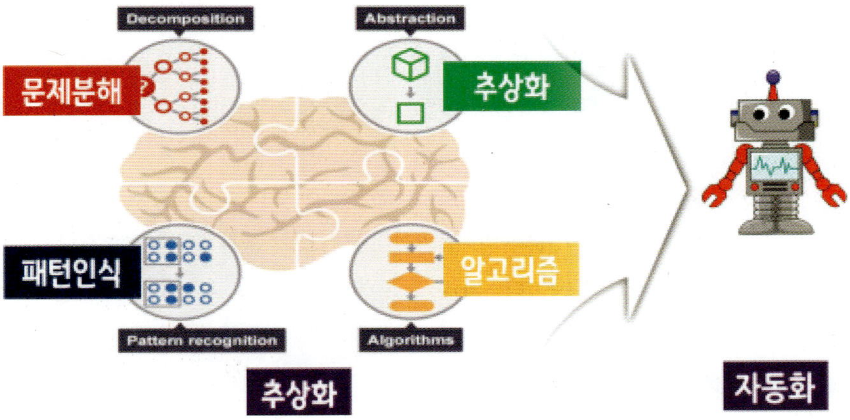

〈컴퓨팅사고의 요소〉 ※ 출처 : Google for Education

컴퓨팅 사고의 하위 요소

① **문제 분해(Decomposition)** : 복잡한 문제를 해결 가능한 정도의 작은 문제로 나누는 것

- 정보사회에서 발생하는 문제들은 상당히 복잡하다.
- 이러한 복잡한 문제는 해결 가능한 작은 크기의 문제들로 나누어 문제의 이해와 해결이 용이하도록 한다.

② **패턴 인식(Pattern Recognition)** : 문제 또는 데이터에서 반복되는 규칙, 공통적 속성을 찾는 것

- 분해된 작은 문제들은 해결하는 과정에서 이전에 해결한 유사한 문제들이 있는지 검사한다.
- 만약 유사한 문제들이 있었다면 그 해결책을 그대로 가져온다.

③ **추상화(Abstraction)** : 문제 해결을 위해 꼭 필요한 핵심 요소를 추출하여 일반적인 모델을 만드는 것
- 중요하지 않은 부분은 제거하고 중요한 부분을 선별함으로써 단순화한다.
- 발견한 패턴이나 규칙을 간단히 표현한다. (언어, 그림, 수식 등)

④ **알고리즘(Algorithm)** : 문제를 해결하기 위해 추상화된 핵심원리를 단계적인 절차로 나타낸 것
- 분할된 작은 문제 각각의 해결방법을 먼저 찾는다. 그리고 각각의 해결 방법을 모아서 알고리즘으로 만든다.
- 알고리즘을 작성할 때 순서와 절차에 맞게 구체적으로 생각하여 작성해야 한다.

⑤ **자동화(Automation)** : 컴퓨터 프로그래밍 과정을 통해 알고리즘을 구현하는 것
- 프로그래밍 언어를 사용하여 알고리즘을 구현하는 것이다.
- 시뮬레이션, 병렬화, 디버깅 등이 과정에 포함된다.

컴퓨팅 사고력은 컴퓨터 과학의 원리와 개념을 바탕으로 문제를 해결하기 위해 행하는 연속적이고 체계적인 사고의 과정이다. 따라서 분해, 패턴인식, 추상화 등의 컴퓨팅사고를 위한 기법들은 일상의 모든 문제를 해결하는 방법에도 적용 가능하며 문제를 보다 논리적이고 효율적으로 해결하는 데 도움이 된다.

2.1 컴퓨팅사고 전 단계

2.1.1 문제 인식하기(problem recognition)

컴퓨팅 사고력을 문제에 적용하기 위해 가장 먼저 해야 할 일은 바로 해결해야 할 문제의 발굴이다. 문제 발굴은 우리 주변의 실생활이나 전공분야에서 경험할 수 있는 상황을 기반으로 불편한 점이나 해결해야 할 문제를 인식하는 것으로 시작된다. 그러나 실생활의 문제라고 해서 조금만 생각하면 해결의 방법이 나오는 단편적인 문제는 컴퓨팅 사고를 키우기에 적합하지 않다. 그리고 문제의 해결 과정에서 순차적, 선택적, 반복적인 수행의 과정을 포함해야 하며 컴퓨팅으로 해결 가능한 문제여야 한다. 즉, 단편적으로 해결 할 수 있는 단순한 문제이거나 이미 해법이 나와 있는 문제, 혹은 컴퓨팅이 아닌 다른 수단으로 해결할 수 있는 문제는 컴퓨팅 사고 적용의 문제로 적합하지 않다.

예를 들어 시간에 맞춰 등교준비를 해야 하는 문제가 있다고 가정하자. 이 문제는 씻기, 밥 먹기, 양치하기, 옷 입기, 준비물 챙기기 등 개인의 상황에 따라 과정이 다르고 해결의 주체가 사람에게 있기 때문에, 각자 준비하는 데 걸리는 시간에 맞춰 준비를 시작하면 된다. 이렇듯 생각만 하면 답이 뻔하고, 해결의 주체가 컴퓨팅이 아닌 다른 것에 있는 문제는 적합하지 않다. 다른 예로 라면을 맛있게 끓이는 방법을 생각해보자. 라면을 가장 맛있게 끓이는 방법은 이미 라면의 레시피에 나와 있다. 이렇듯 해결 방법이 이미 나와 있는 문제 역시 적합하지 않다.

그러나 만약 스케줄러에 입력된 일정이 있을 경우, 실시간 기상예보나 교통상황에 따라 약속 시간보다 일찍 알람을 울려주거나 사용자의 현재 위치와 목적지까지 교통편을 고려하여 출발시간을 알려주고 교통편을 추천해준다면 어떨까? 예기치 못한 변수나 이동시간을 잘못 계산하여 발생하는 문제를 해결하는데 많은 도움을 줄 수 있을 것이다. 이렇듯 어떤 조건에 따라 반복적으로 발행되는 문제가 있고 이를 컴퓨팅 기술로 해결 가능하며 아직 해결책이 나와 있지 않는 문제라면 충분히 컴퓨팅 사고를 적용하여 창의적으로 해결할 수 있는 문제라 할 수 있다.

2.1.2 문제 분석하기(problem analysis)

실생활이나 전공분야에서 해결해야 할 문제를 인식했다면 문제의 해결책을 찾기 전에, 먼저 문제 상황에 대해 이해하고 문제의 진짜 원인을 파악해야 한다. 문제의 분석은 문제 상황에 관련된 정보나 데이터를 찾아보거나, 관찰하기, 인터뷰하기, 문제 상황의 인물 직접 되어보기 등을 통해 해결의 실마리가 되는 원인을 찾을 수 있다. 즉 문제 분석은 문제의 핵심 아이디어를 찾기 위해 필요하다.

① 관련 자료 및 데이터 수집(data collection)

일반적으로는 데이터 수집이란 문제를 해결하기 위해 적절한 데이터를 모으는 과정이라고 할 수 있다. 데이터는 양적인 데이터와 질적인 데이터로 나눌 수 있다. 양적인 데이터는 값을 표현하는 자료로서 개수, 관측값 등으로 표현할 수 있다. 보통 실험이나 관찰, 설문 조사의 객관식이나 단답형, 검색 등의 방법으로 데이터를 수집할 수 있다.

자료 찾기 (Search)	관찰하기 (Observe)	인터뷰 (Interview)	직접 경험 해보기 (Immerse)

〈데이터 수집 방법〉

반면 질적인 데이터는 생각, 느낌 등을 표현하는 자료로써 글이나 그림 등으로 표현할 수 있으며, 인터뷰나 현장 방문, 관찰, 설문 조사, 체험 등을 통해 수집할 수 있다.

② 데이터 표현(Data Representation)과 문제 분석(problem analysis)

문제 해결을 좀 더 쉽고 효율적으로 접근하고 해결책에 대한 핵심 아이디어를 도출하기 위해 우리는 수집된 데이터를 구조화시켜 단순하게 표현할 필요가 있다. 이는 의미 있는 데이터들 간의 관계도, 그래프, 표, 그림, 다이어그램 등으로 표현할 수 있다. 다이어그램은 먼저 표 형태로 데이터를 표현한 후 그것을 그림으로 표현하는 것이 효과적이므로, 표 형태의 데이터는 다시 다이어그램 형태로 표현할 수 있다.

〈데이터 표현 방법〉

데이터의 분석을 통하여 유용한 정보를 추출하고 적절하게 표현하면, 특정한 사실(데이터)로부터 공통적 특성을 찾아 일반화하거나, 강점과 약점, 패턴 등을 찾아 가설을 검증할 수 있다. 따라서 해결의 핵심 아이디어를 도출하는데 도움이 되며 근거 자료로 활용할 수 있다.

2.1.3 문제 정의(problem definition)

문제의 정의는 아직 해결되지 않은 현재 상태와 해결된 목표 상태로 나눌 수 있고, 문제의 해결이란 바로 현재 상태에서 목표 상태로 가는 단계, 즉 두 상태간의 차이를 줄여나가는 방법이라 할 수 있다. 따라서 문제 분석을 통해 찾은 해결책을 컴퓨팅 사고를 통해 잘 해결 할 수 있도록 현재 상태와 목표 상태, 그리고 이를 설명하는 문제 상황으로 나누어 기술한다.

다음은 여행계획에 대한 문제 상황 및 문제 정의에 대한 예이다.

문제 상황(주제 정하기)

친구 3명이서 해외여행을 가야하는데 모두 해외여행의 경험이 없어서 무엇을 어떻게 준비해야 할지 막막하다. 아직 목적지조차 결정하지 못한 상태다. 따라서 여행 시기와 기간 그리고 비용에 알맞은 여행계획이 필요하다.

문제 정의

목표 상태	여행 계획이 세부적으로 잡혀 있다.
현재 상태	아직 여행 계획이 잡혀있지 않다.

3 컴퓨팅 사고력 적용 사례 (딸기 농장의 자동 온도 제어 시스템)

딸기 농장에서의 온도 조절 문제에 대해 문제 발굴에서 자동화까지 컴퓨팅 사고 전체 단계를 간략하게 이해해 보도록 한다.

3.1 컴퓨팅사고 전 단계

3.1.1 문제 발굴

딸기의 제철은 5월 중순부터 시작되는 초여름이다. 하지만 근래에는 하우스 농장 덕분에 겨울에도 맛있는 딸기를 맛볼 수 있다. 그러나 겨울과 초봄 이상 기온으로 인해 사람이 상시 온도를 적절하게 조절하기가 쉽지 않으므로 자동으로 조절해주는 시스템이 필요하다.

3.1.2 문제 분석 및 데이터 표현

온라인 자료검색이나 맛있는 딸기 농장을 방문하여 인터뷰 등을 통해 딸기 생육에 관한 적절한 자료를 찾아 데이터를 표현한다. 딸기는 재배 방법, 생육 시기, 품종에 따라 주·야간의 적정 온도가 다르므로 국내에서 가장 많은 비중을 차지하는 설향 품종의 생육단계별 온도를 다음과 같이 정리할 수 있다.

생육단계	보온개시 직후	출뢰기	개화기	과실비대기	수확기
주간	30˚C	26~27˚C	25˚C	25˚C	25˚C
야간	12~15˚C	10˚C	10˚C	6~8˚C	6~7˚C

3.1.3 문제 정의

문제 상황(주제 정하기)

딸기를 잘 자라게 하기 위해서는 17~20˚C로 냉량한 기후조건을 항상 맞춰야 한다. 그러나 갑자기 춥거나 더워지는 이상기온, 간간이 맞지 않는 일기예보 때문에 사람이 일일이 냉·난방 기기를 조절하여 지속적으로 온도를 맞추는 것은 어렵다. 따라서 딸기의 생육단계에 맞는 적정 온도를 상시 유지 시켜주는 시스템이 필요하다.

문제 정의

목표 상태	딸기의 생육 환경에 맞게 자동으로 온도를 제어하는 시스템을 만든다.
현재 상태	딸기의 생육 환경에 맞게 사람이 일일이 온도를 조절하기 어렵다.

3.2 컴퓨팅사고 단계 적용

3.2.1 문제 분해

분석된 자료를 참고하여 해결 방법을 작은 단위의 문제로 분해한다.

절차 및 주요 요소	세부 내용
생육 단계	단계별 온도가 다르므로 생육단계를 선택할 수 있게 한다.
온도 측정	측정된 온도와 설정된 온도를 비교한다.
환풍기 제어	선택된 생육단계의 중간값에서 상승하면 환풍기를 가동한다.
냉방기 제어	설정된 온도의 상한치를 초과할 경우 냉방기를 가동한다.
난방기 제어	설정된 온도의 하한치 미만일 경우 난방기를 가동한다.

3.2.2 패턴 인식

문제 또는 데이터에서 반복되는 규칙, 공통적 속성을 찾아 기술한다.

1	딸기의 생육 단계 선택(보온개시 직후, 출뢰기, 개화기, 과실비대기, 수확기).
2	선택된 단계의 설정 온도와 현재 온도를 비교한다.
3	측정 온도가 설정온도 구간의 중간값을 초과하면 환풍기를 가동한다.
4	측정 온도가 설정온도 구간의 상한값+1 이상이면 냉방기를 가동한다.
5	측정 온도가 설정온도 구간의 하한값−1 이상이면 난방기를 가동한다.

3.2.3 추상화

찾은 패턴이나 규칙 등 문제 해결에 필요한 실세계의 핵심 요소를 어떻게 컴퓨터로 표현할 것인지 개체 및 변수 등으로 간략화하여 표현한다.

변하는 수가 되는 것들(데이터)	• 측정온도 • 생육 단계별 주 · 야간 설정온도 상 · 하 / 설정온도 중간값 ex)수확기(주간상, 주간하, 야간상, 야간하, 주간값)	
주요 수식이나 다이어그램(관계도)	주간상 ← 설정온도 상 주간하 ← 설정온도 하 주간값 ← (주간상+주간하)/2	야간상 ← 설정온도 상 야간하 ← 설정온도 하 야간값 ← (야간상+야간하)/2

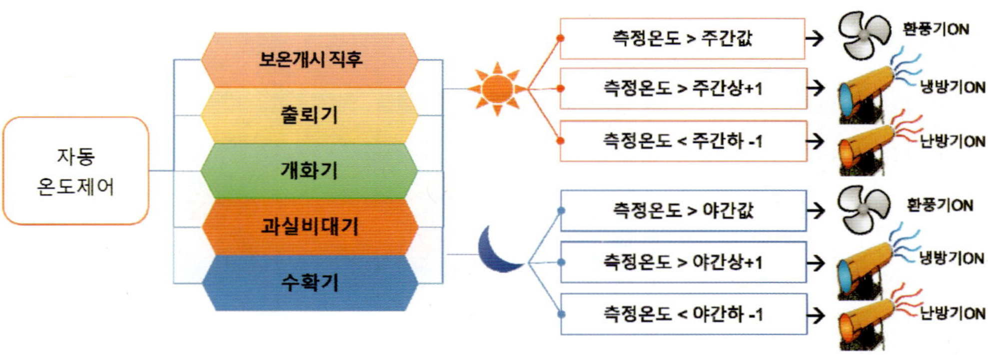

3.2.4 알고리즘

분해된 문제의 해결방법 및 추상화된 핵심원리를 구체적이고 단계적인 절차로 나타낸다. 딸기 농장의 자동온도 제어 시스템은 생육 단계별로 주·야간이 동일한 알고리즘이 적용되므로, 다음은 대표적인 예로 출뢰기의 주간 온도 제어에 대한 알고리즘의 유사코드이다.

```
만약, 출뢰기 라면
        주간상 <- 출뢰기 설정온도 상한
        주간하 <- 출뢰기 설정온도 하한
        만약, 측정온도 > 주간중간값 라면
                환풍기 ON
                만약, 측정온도 > (주간상 +1) 라면
                        냉방기 ON
                그렇지 않으면
                        냉방기 OFF
                만약 끝
        그렇지 않으면
                환풍기 OFF
                만약, 측정온도 < (주간하 -1) 라면
                        난방기 ON
                        환풍기 ON
                그렇지 않으면
                        난방기 OFF
                만약 끝
        만약 끝
만약 끝
```

3.2.5 자동화

교육용 프로그래밍 언어인 스크래치를 이용해 알고리즘을 구현하여 자동화한다.

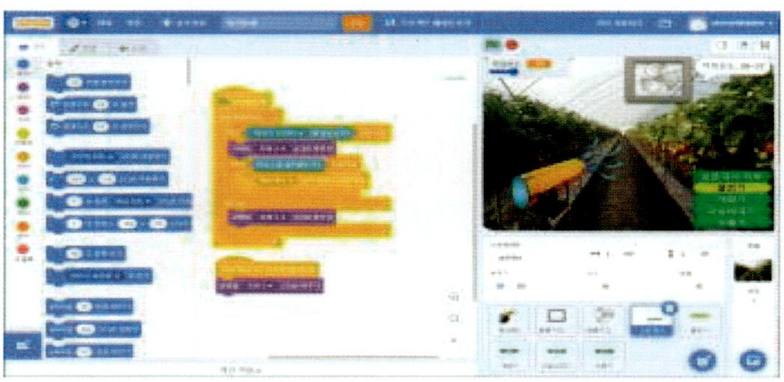

※ 참고파일 : https://scratch.mit.edu/projects/471357386

생각해보기

가로등 문제

가로등 문제를 컴퓨팅 사고의 전 단계를 적용하여 생각해보자.

정해진 시간에 꺼지고 켜지는 가로등은 날이 어두워졌는데도 불이 켜지지 않거나 날이 밝았는데도 꺼지지 않아 에너지 낭비와 시민들의 불편함을 가져온다.

팩맨 게임을 선택하여 각 요소에 해당하는 것을 찾아보자.

- 분해 : 게임의 구성요소 알아보기(변하는 것과 변하지 않는 것)
- 패턴인식 : 게임에서 반복되는 패턴 인식하기(팩맨 움직임, 점수획득 방법 등)
- 추상화 : 중요한 요소를 선별하기
- 알고리즘 : 게임의 진행 과정을 순서도로 나타내기
- 자동화 : 프로그래밍 언어로 구현

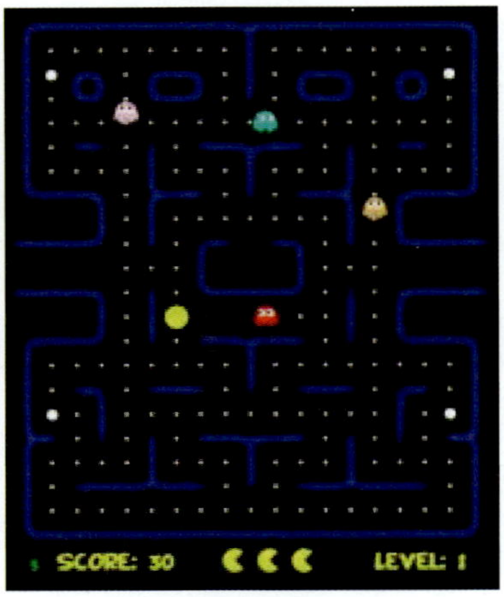

픽맨 게임

※ 출처 : https://kr.game-game.com/215075

- 컴퓨팅 사고력은 내 관심사나 학업과 어떤 관련이 있는가?

- 컴퓨팅 사고력을 키우기 위해서는 무엇을 배워야 하는가?

- 게임을 분석하는 과정에서 느낀 점은 무엇인가?

4 언플러그드 - 게임 분석

컴퓨팅 사고력 종합하기

팩맨 게임 분석(예시)

본 활동은 쉽고 재미있는 팩맨(Pac-man) 게임을 직접 플레이 하면서 게임을 이루는 구성요소를 분석하고, 컴퓨팅 사고력(Computational Thinking) 기본 개념을 단계적으로 배우기 위한 활동이다. 주어진 과제를 하나씩 해결해 나가면서 게임과 컴퓨팅 사고력의 고수가 되어보자!

팩맨 게임 앱을 설치하여 아래 미션을 해결해 보세요.

1. 게임 미션
   - 게임 1회 이상 승리하기
   - 유령 1마리 이상 퇴치하기

2. 분해 : 게임의 구성요소 알아보기
   - 게임에서 보이는 모든 것을 적으시오.

팩맨, 유령, 과일, 작은 점, 큰 점, 길이 있는 지도, 점수...

- 움직이는 것과 움직이지 않는 것을 적어 보세요.

움직이는 것(변하는 것)	움직이지 않는 것(변하지 않는 것)
팩맨, 유령, 점수	과일, 작은 점, 큰 점, 길이 있는 지도

3. 패턴인식 : 게임에서 반복되는 패턴 인식하기

1	팩맨이 입을 열었다 닫았다 반복한다. 계속 앞으로 간다.
2	팩맨이 큰 원을 먹으면 유령이 변하고 그 유령을 먹으면 200점을 받고 큰 원을 먹었을때 소리가 변한다.
3	쿠키를 먹으면 점수가 10점씩 오른다. 큰점을 먹으면 50점이 오른다.
4	유령을 먹었을 때 유령이 그림자로 변한다.
5	팩맨이 큰 쿠키를 먹으면 유령의 색이 변하고 팩맨이 유령을 먹을 수 있게 된다.
6	유령과 만나면 소리나며 사라진다.
7	팩맨이 맵을 나가면 자동으로 반대쪽 맵으로 다시 들어온다.
8	열쇠를 먹으면 점수가 오른다.
9	팩맨이 유령을 피해 쿠키를 먹을 때 싸이렌 소리에서 창문소리로 바뀐다.
10	큰 쿠키를 먹으면 유령이 파란색으로 변하고 유령을 먹을 수 있게 된다. 쿠키를 다 먹으면 승리하게 되고 다음 스테이지로 넘어간다.

컴퓨팅 사고력 이해하기	게임 분석하기	학번	
		이름	

본 활동은 쉽고 재미있는 게임을 직접 플레이 하면서 게임을 이루는 구성요소를 분석하고, 컴퓨팅 사고력(Computational Thinking) 기본 개념을 단계적으로 배우기 위한 활동이다. 주어진 과제를 하나씩 해결하면서 게임과 컴퓨팅 사고력의 고수가 되어보자!

팩맨 게임 앱을 설치하여 아래 미션을 해결해 보세요.

1. 게임 미션
   - 게임 1회 이상 승리하기
   - ( )

2. 분해 : 게임의 구성요소 알아보기
   - 게임에서 보이는 모든 것을 적어 보세요.

   - 움직이는 것과 움직이지 않는 것을 적어 보세요.

움직이는 것(변하는 것)	움직이지 않는 것(변하지 않는 것)

3. 패턴인식 : 게임에서 반복되는 패턴 인식하기

1	
2	
3	
4	
5	

5 스크래치 - 설치 및 기본

스크래치(Scratch)는 2007년 미국 매사추세츠공과대학(MIT : Massachusetts Institute of Technology) 미디어랩(Media Lab)에서 만든 교육용 프로그래밍 언어다. 최근 컴퓨팅 사고력과 프로그래밍 교육이 중시되면서 비전공자나 컴퓨터 지식이 없는 사람들도 프로그래밍 개념을 쉽고 재미있게 습득할 수 있도록 하기 위해 블록형 언어로 제작되었다. 블록형 언어는 멀티미디어 기반으로, 텍스트 기반 프로그래밍 언어와는 달리 기능에 따라 색깔과 모양이 다른 명령어 블록들을 드래그하여 연결함으로써 마치 레고 블록을 맞추어 완성하듯이 명령프로그램 자동화를 경험해 볼 수 있다. 이미지, 애니메이션, 사운드 등을 자유롭게 사용하여 게임이나 멀티미디어 작품을 만들 수 있으며 microbit, LEGO 등의 확장기능을 추가하여 물리적 장치의 요소를 제어할 수도 있다.

2019년 Scratch 3.0에서는 HTML5를 도입하여 안드로이드 스마트폰을 이용한 모바일 환경에서도 실행 가능하며 한국어를 지원한다. 그리고 온라인 에디터 방식으로 별도의 프로그램 설치 없이 홈페이지에서 바로 프로그래밍 할 수 있다. 그러나 Internet Explorer에서는 실행할 수 없기 때문에 구글 크롬(chrome)이나 마이크로소프트 엣지(Edge)를 사용하여 접속해야 한다. 또한 홈페이지에서 오프라인 버전의 프로그램을 다운받아 별도로 컴퓨터에 설치하여 온라인 환경이 아닌 곳에서도 사용할 수 있다.

5.1 온라인 스크래치

온라인 스크래치는 구글 크롬(chrome)이나 마이크로소프트 엣지(Edge)를 사용하여 https://scratch.mit.edu/ 주소로 접속하여 사용한다. 스크래치 가입 후 로그인하여 사용하게 되면 전 세계 사람들과 프로젝트를 공유할 수 있다. 스크래치 가입은 왼쪽 중앙 [가입하기] 혹은 오른쪽 상단의 [스크래치 가입]을 클릭한다.

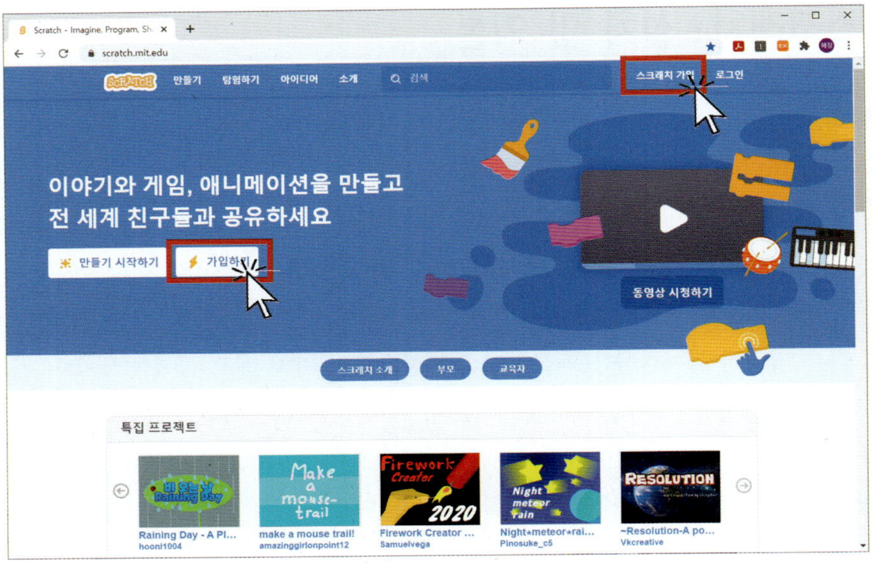

다음과 같이 6단계의 절차가 있으며 이메일은 정확히 기입하고, 이름은 실명을 기입하지 않도록 한다.

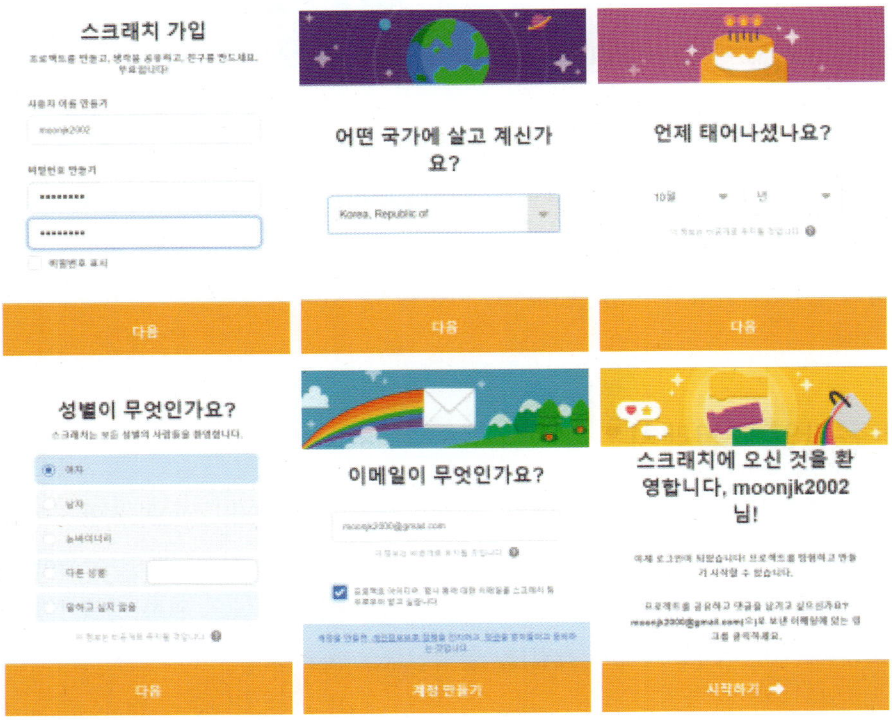

가입한 아이디와 패스워드를 입력하여 로그인 후 만들기를 클릭하면 스크래치 사용 준비가 완료된다.

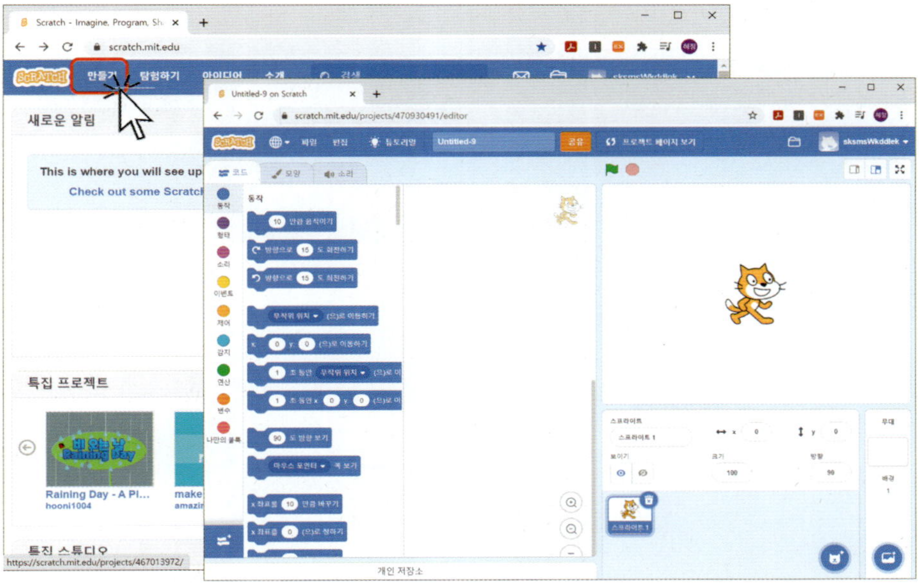

5.2 오프라인 스크래치

오프라인 스크래치는 https://scratch.mit.edu/의 화면 하단에서 프로그램을 [다운로드]하여 설치한다.

다운로드 화면이 나타나면 1) 운영체제를 선택하고 2) 바로 다운로드를 클릭하여 다운받아 설치한다.

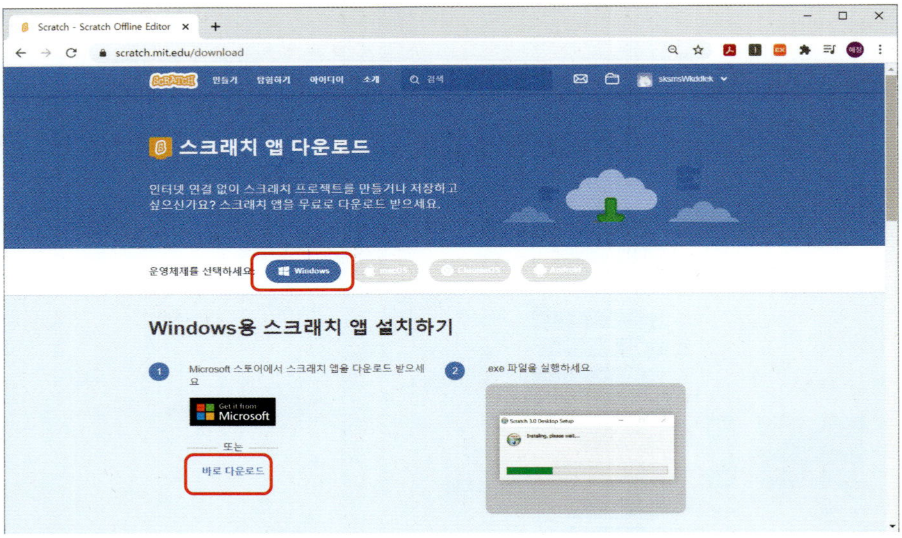

5.3 스크래치 화면구성

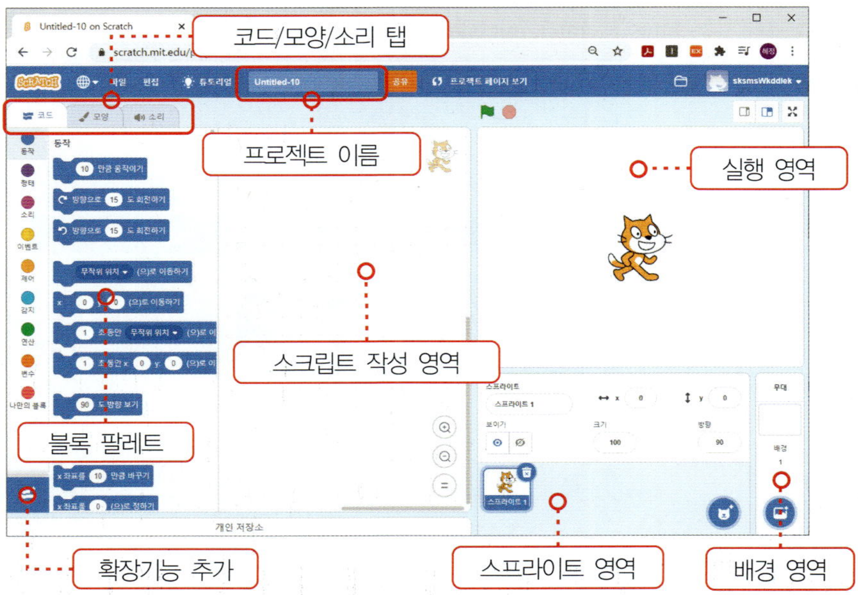

- 동작 — 스프라이트의 동작과 관련된 블록들을 모아놓은 곳
- 형태 — 스프라이트의 말하기, 생각하기, 크기 및 색깔을 변경하고 모양을 바꾸거나 앞으로 보내기 뒤로 보내기 등의 블록을 모아놓은 곳
- 소리 — 소리 재생과 음원 선택, 음량 및 소리 효과와 관련된 블록들을 모아놓은 곳
- 이벤트 — 특정 이벤트가 발생했을 때 자신과 연결된 블록들을 실행하거나 신호를 보내는 블록들을 모아놓은 곳
- 제어 — 무한반복이나 조건을 만족하는 상황에서 제한된 동작을 실행하도록 제어하는 블록들을 모아놓은 곳
- 감지 — 어떤 상황이 발생했는지 감지하거나, 마우스의 x/y좌표, 타이머, 특정 스프라이트의 움직임이나 크기를 감지하는 블록들을 모아놓은 곳
- 연산 — 사칙연산, 관계연산, 논리연산, 반올림이나 나머지를 구할 수 있다. 결합하기나 특정 단의 순서나 포함 여부를 알 수 있는 블록들을 모아놓은 곳
- 변수 — 변수나 리스트를 만들고 제어할 수 있는 블록들을 모아놓은 곳
- 나만의 블록 — 사용자가 원하는 기능을 정의하여 새로운 블록을 호출하고 정의하는 블록을 사용하는 곳
- 스크래치를 이용하는 확장 프로그램 및 하드웨어를 제어하는 블록들을 추가하는 곳. 다음과 같은 다양한 항목을 추가할 수 있다.

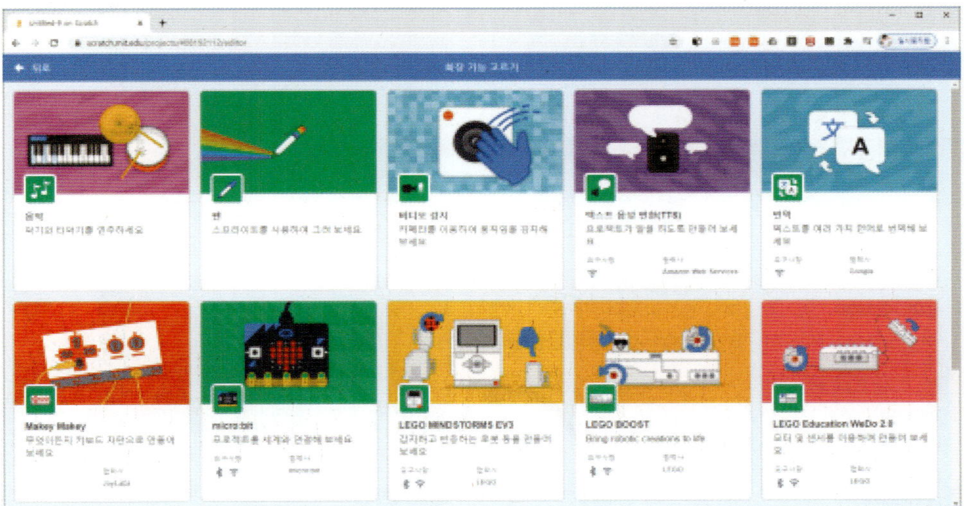

5.4 스크래치 무대 좌표값

스크래치 무대는 고양이와 같은 스프라이트가 움직일 수 있는 영역으로 수평과 수직 위치를 (x, y) 좌표 형태로 나타낸다. 정 중앙에 위치한 점의 좌표가 (0, 0)이며 중앙 점을 기준으로 x의 가장 작은 값은 -240, 큰 값은 240이고 y의 가장 작은 값은 -180, 큰 값은 180이다. 즉 무대의 크기는 가로 480픽셀, 세로 360픽셀이다.

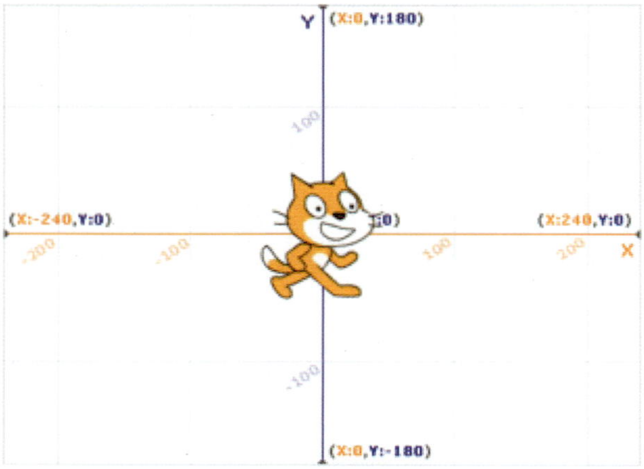

5.5 스프라이트 및 무대배경 등록

스크래치는 핵심 아이디어를 시뮬레이션하듯 무대의 배경과 배우에 해당하는 스프라이트를 등록하여 애니메이션을 작성할 수 있다. 먼저 스프라이트와 배경 고르기를 클릭하여 제공된 스프라이트 및 배경을 등록한다.

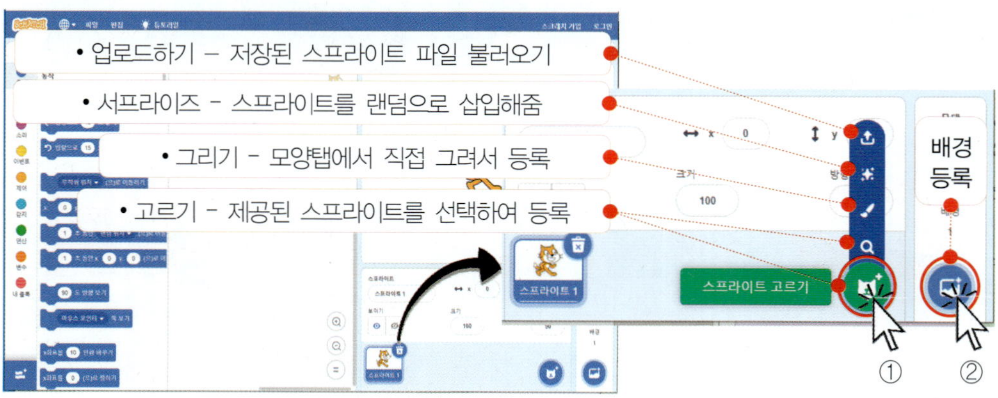

원하는 스프라이트를 선택하면 스프라이트 영역에 삽입된다. 같은 방법으로 원하는 무대배경을 삽입해보자.

스프라이트는 아래 기능을 이용하여 삭제 및 이름변경, 위치, 크기, 방향, 보이고 숨기는 등의 설정을 바꿀 수 있다. 물론 모든 기능은 명령어 블록으로도 가능하다. 삭제 아이콘을 클릭하여 스프라이트를 삭제해보자.

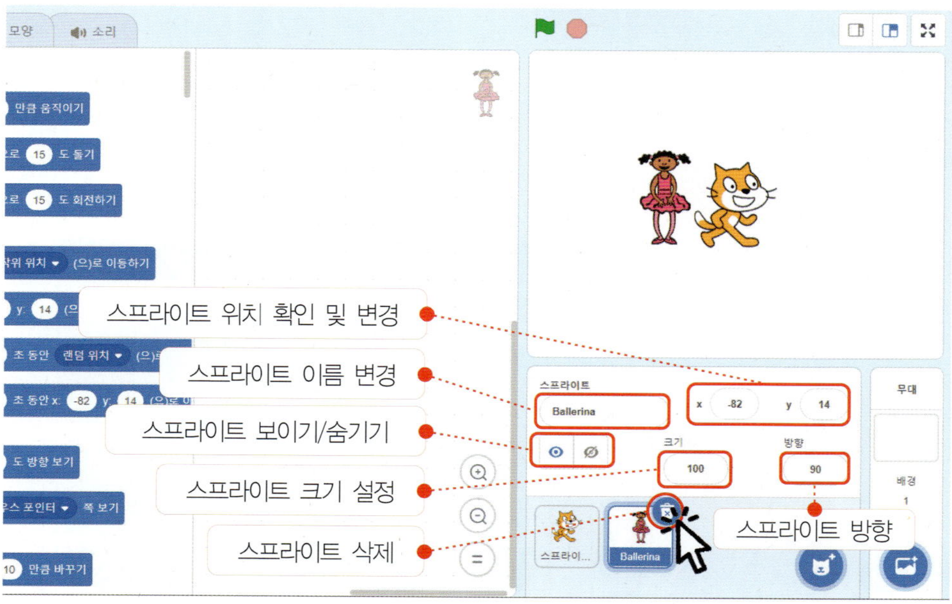

코딩은 블록 명령을 스크립트 영역에 드래그하여 연결함으로써 코딩할 수 있다. 이동과 제어 팔레트의 명령어 블록을 이용하여 다음과 같은 코드를 무작정 따라 해보자.

스크립트 완성 후 실행 아이콘을 클릭하여 고양이가 어떻게 움직이는지 확인해보고, 회전 방식을 바꿔 실행해보자.

6 확인학습

1. 컴퓨팅 사고력에 대한 설명이 아닌 것은?
   ① 인간의 사고와 컴퓨터의 능력을 통합한 사고
   ② 프로그래머의 프로그래밍 기술의 숙달을 위한 것
   ③ 주어진 문제를 보다 창의적으로 해결하는 핵심 능력
   ④ 일상생활의 문제를 보다 합리적으로 해결하는 능력
   ⑤ 컴퓨터과학자의 문제 해결 방법을 다양한 분야의 문제해결에 적용하는 사고 방법

2. 컴퓨팅 사고력의 하위요소들에 대한 내용이 아닌 것은?
   ① 컴퓨팅 사고의 가장 기본은 논리적으로 생각하는 것이다.
   ② 복잡한 문제는 작은 크기의 문제들로 분해하여야 한다.
   ③ 이전에 해결한 유사한 문제들이 있는지를 검사하여 패턴을 찾는다.
   ④ 추상화는 세부적인 부분에 집중함으로써 복잡성을 높이는 기술이다.
   ⑤ 해법을 모아서 문제를 해결하는 절차인 알고리즘으로 만든다.

3. 컴퓨터 게임을 구현한다고 할 때, 사용되는 컴퓨팅 사고력의 구성 요소별 설명으로 적절한 것은?
   ① 분해-프로그래밍 언어로 구현
   ② 패턴인식-게임의 진행 과정을 의사코드나 순서도로 나타냄
   ③ 추상화-여러 게임 요소 중에서 핵심이 되는 중요한 요소를 선별
   ④ 알고리즘-변하는 값과 변하지 않는 게임의 구성요소를 알아봄
   ⑤ 자동화-주인공의 움직임, 점수획득 방법 등 게임에서 반복되는 패턴을 찾기

4. 컴퓨팅 사고력의 필요성을 쓰시오.

CHAPTER 04

문제 분해

New AI and computational thinking

CHAPTER 04

문제 분해

1. 문제 분해의 개념
2. 문제 분해의 사례
3. 언플러그드 – 눈사람 그리기 분해
4. 스크래치 – 실습하기
5. 확인학습

CHAPTER

04 문제 분해

1 문제 분해의 개념

1.1 문제 분해(Decomposition)란?

문제 분해는 크고 복잡한 문제를 해결하기 쉬운 작고 단순한 문제로 나누는 것을 말한다. 정보사회에서 우리가 해결해야 할 문제들은 한 번에 쉽게 해결하기 힘든 복잡한 문제들이 많다. 그러나 아무리 크고 복잡한 문제라 할지라도 결국 작은 문제들이 융합되어 복잡해 보일 뿐이다. 따라서 문제를 쉽고 효율적으로 해결하기 위해서는 문제를 다루기 쉬운 작은 부분 문제로 분해한다. 즉 문제를 구성 요소나 절차상의 작은 문제로 나누어서 생각하다 보면 여러 가지 방법이나 해결책들이 쉽게 나올 수 있고, 이러한 부분 문제들의 해결책을 모아 적절히 구성하면 큰 문제를 쉽게 해결 할 수 있는 원리이다. 여기서 부분 문제들의 해결책을 모아 주어진 문제에 대한 해답을 만드는 과정을 합성(synthesis)이라 하고, 문제를 해결하는 과정에서 부분 문제들을 동시에 수행(다중작업)하는 개념을 병렬처리(parallel processing)라 한다.

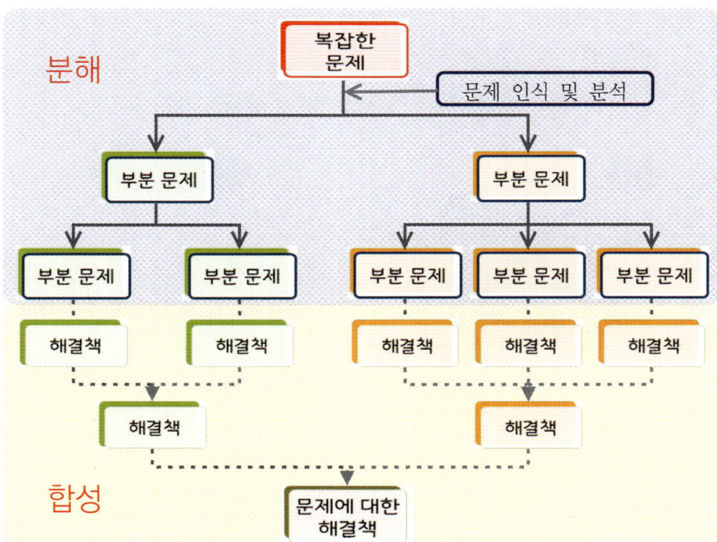

〈문제 분해 및 합성〉

분해에서 중요한 것은 주어진 문제를 어떻게 작은 부분 문제로 나눌 것인가이다. 3장에서 다룬 문제 분석(analysis)은 주어진 문제가 발생하게 된 원인들을 찾고 각각의 원인을 해결할 수 있는 해결책, 즉 부문 문제들을 도출해 내는 과정으로 이를 통해 우리는 문제를 정의하고 어떻게 문제를 분해할 것인가에 대한 방향을 설정할 수 있다.

분해의 대표적인 예로 수학에서 6 = 2 ×3과 같은 인수분해가 있다. 이러한 분해는 컴퓨팅 사고의 기초개념으로 일상의 문제로 확대하여 문제 해결의 방법으로 활용 할 수 있다. 예를 들어 룸메이트와 아침 식사로 토스트와 코코아를 만든다고 가정하자. 아침 식사는 다시 토스트 만들기와 코코아 끓이기로 분해할 수 있고 각각의 부분 문제는 다음과 같이 다루기 쉬운 세부 문제로 분해할 수 있다. 아래 그림과 같이 큰 문제를 작은 문제로 분해하여 해결책을 찾다 보면 식빵 굽기, 계란 후라이하기, 물 끓이기와 같이 가열하는 공통된 방법을 발견할 수 있다. 우리는 이를 병렬처리의 개념으로 동시에 해결하여 일의 효율성을 높일 수 있다.

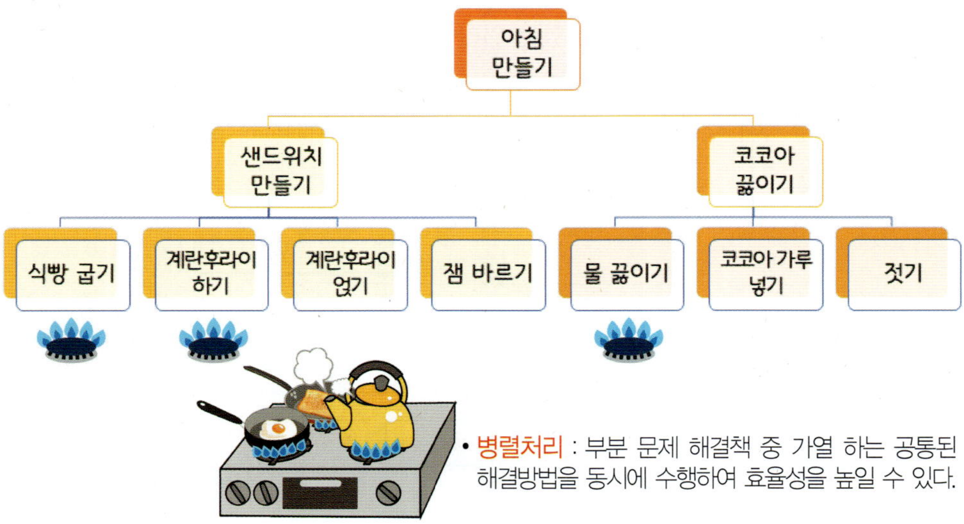

〈아침 만들기 문제 분해의 예〉

2 문제 분해의 사례

2.1 가우스 덧셈법

문제 분해의 대표적인 예로 가우스 덧셈법이 있다. 어느 날 가우스의 담임 뷔트너 선생님은 화장실에 잠시 다녀오기 위해 풀이에 시간이 걸리는 문제로 1부터 100까지 숫자를 더하는 문제를 제시했다. 다른 학생들이 1부터 차례로 숫자들을 더하고 있을 때 가우스는 단숨에 풀어 답하였다. 10살이었던 가우스가 단숨에 답을 말할 수 있었던 이유는 바로 문제를 분해해서 생각했기 때문이다. 가우스는 다음과 같이 덧셈 문제를 합이 101인 두수의 합 50개로 분해했고 101×50=5050으로 단숨에 계산할 수 있었다.

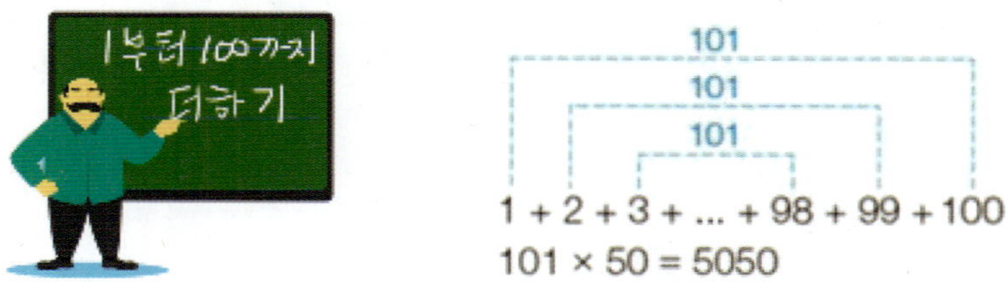

〈가우스 덧셈법〉

2.2 분할 정복(Divide and Conquer)

컴퓨터 과학에서는 분해 기법을 사용하여 복잡한 문제를 효율적으로 해결하는 분할 정복 알고리즘이 있다. 이는 크고 복잡한 문제를 작은 부분 문제로 나누어 해결한 후 작은 문제의 답을 모아 원래의 문제를 해결한다. 즉, 분할 정복의 활용은 분할하기 → 하나씩 해결하기 → 합치기로 문제를 해결한다. 여기서 중요한 것은 문제를 제대로 나누어야 해결이 쉽다. 분할 정복의 가장 대표적인 예로 이진탐색(Binary Search) 기법이 있다.

2.3 이진 탐색(Binary Search)

이진 탐색은 분해 기법을 사용하여 데이터를 탐색할 수 있는 간단하면서도 효율적인 탐색 기법이다. 이진 탐색은 데이터가 정렬되어 있다는 전제조건이 필요하다. 다음과 같이 10개의 숫자 중 25를 찾는다고 가정해보자. 숫자가 정렬되어 있다는 사실을 이용하여 탐색 영역을 반씩 분해해가면서 탐색한다.

먼저 리스트의 중앙에 있는 값 10과 찾고자 하는 값 25를 비교한다. 10은 25보다 작으므로 10보다 작은 영역은 더 이상 탐색할 필요가 없으므로 배제한 후, 나머지 영역의 중간에 위치한 35와 25를 비교한다. 이러한 기법을 나머지 영역에 동일하게 적용하여 원하는 값을 쉽게 찾을 수 있다.

〈이진 탐색의 예〉

여기서 생각해야 할 것은 한번 비교할 때마다 탐색의 범위가 절반으로 줄어든다는 것이다. 즉 1,024개의 숫자에서 원하는 숫자를 찾을 경우 1024, 512, 256, 128, 64, 32, 16, 8, 4, 2로 영역이 줄어들므로 최악의 경우 2^{10}=1024이므로 10번의 비교로 원하는 값을 찾을 수 있다. 물론 비교하는 중간에 값을 찾을 수 있으므로 평균 5번의 비교로 찾을 수 있다. 그렇다면 5,000개의 숫자는 이진 탐색을 이용하여 최악의 경우 몇 번의 비교로 찾을 수 있을까? 2^{12}=4096, 2^{13}=8192 이므로 최악의 경우 13번의 비교로 원하는 값을 찾을 수 있다. 이러한 원리로 2^{30}(1,073,741,824 ; 약 10억)개의 숫자라 할지라도 30번의 비교로 원하는 숫자를 찾을 수 있다.

이진 탐색의 원리는 일상의 문제에서도 적용하여 효과적으로 해결 할 수 있다. 예를 들어 누군가 내 차에 흠집을 내고 연락도 없이 사라졌다고 생각해보자. 블랙박스의 영상을 보고 언제 사건이 벌어졌는지 빨리 찾으려면 어떻게 해야 할까? 이진 탐색의 원리를 이용하면 효율적으로 빠르게 찾을 수 있다. 블랙박스 영상의 중간 부분을 먼저 탐색한다. 차에 흠집이 있다면 시간상 그 이전에 사고가 발생했을 것이다. 따라서 흠집이 있다면 그 이전을, 없다면 이후의 영역 탐색하는 과정을 거쳐 사고의 시점을 다음과 같이 빠르게 찾을 수 있다.

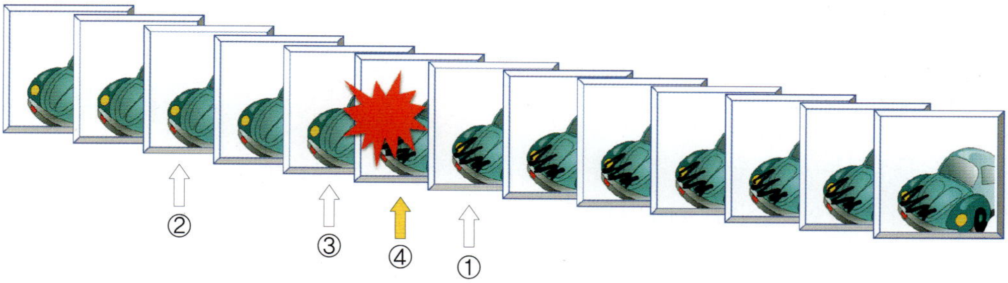

〈이진 탐색의 응용(블랙박스 영상에서 사고 시점 알아내기)〉

2.4 그 외 다양한 사례

2.4.1 해외여행 계획하기

여행을 계획할 때 무작정 해결하려면 막막하기 마련이다. 이때 우리는 해외여행에서 고려해야 할 요소들을 분해함으로써 쉽게 계획할 수 있다. 여행의 예산, 인원, 기간, 날짜, 여행의 목적, 준비물 등으로 분해해서 생각하면 어디로 갈지, 어떤 교통수단과 숙소를 이용할지 등의 일정들을 체계적으로 결정하기 쉬워진다.

2.4.2 주민등록번호 체계

우리가 사용하는 주민등록번호의 앞의 6자리는 생년월일, 뒤의 7자리는 성별과 출생지 등의 정보를 담고 있다. 이 원리를 이용하여 우리는 주민등록번호를 쉽게 암기할 수 있고 연령이나 성별 등의 정보를 쉽게 파악할 수 있다. 이는 필요한 정보를 나누고 자릿수에 체계적으로 의미를 부여하여 식별번호를 효율적으로 해결한 예이다.

※ 2020년부터는 출생지역의 의미가 사라지고 임의부여하고 있다.

2.4.3 우편번호 체계

우편번호 5자리 숫자 역시 (시도) + (시군자치구) + (시군자치구 내 일련번호)의 의미를 담고 있다. 우리는 이를 기반으로 용이하게 우편물을 분류할 수 있고 지역별로 체계적인 관리를 할 수 있다.

2.4.4 화학 기호

물질을 구성하는 작은 단위인 원소를 기호로 표현한 원소주기율표 역시 문제 분해의 예이다. 원소기호는 전 세계 사람들이 한눈에 알아볼 수 있도록 나타낸 약속이다. 이를 이용해 우리는 분자가 어떤 원소로 이루어져 있는지 파악할 수 있다. 예를 들어 H_2O와 같은 물의 분자는 수소 2개와 산소 1개로 분해된다.

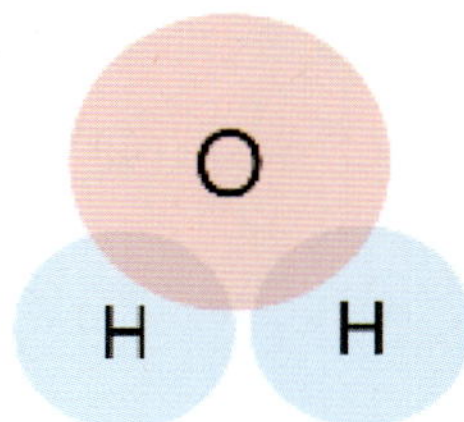

〈H_2O 분자구조〉

2.4.5 다각형 면적 구하기

다각형의 면적을 구할 때 다음과 같이 정오각형의 경우 삼각형 5개로 분해해서 생각하면 쉽게 구할 수 있다.

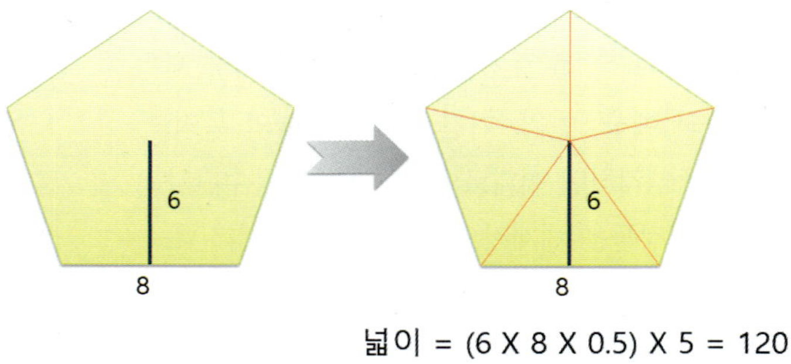

생각해보기

- 실생활의 문제 중 문제 분해를 통해 더 효과적으로 해결할 수 있는 어떤 경우가 있는가?

- 일상생활의 문제 중 프로그래밍 구현을 통해 해결하고 싶은 문제는 무엇인가?

- 문제를 여러 단계나 여러 기능으로 나누어 생각하면 좋은 점은 무엇인가?

- 컴퓨터로 문제를 해결하기 위해 왜 문제를 나누어 생각해야 하는가?

3 언플러그드 - 눈사람 그리기 분해

문제 분해	나누어 그려요.	학번	
		이름	

- 아래 눈사람 모양의 그림을 그리도록 다음과 같이 명령하였다. 이를 4부분으로 분해하여 본다면 각 부분은 어떤 부분을 그리기 위한 것일까?

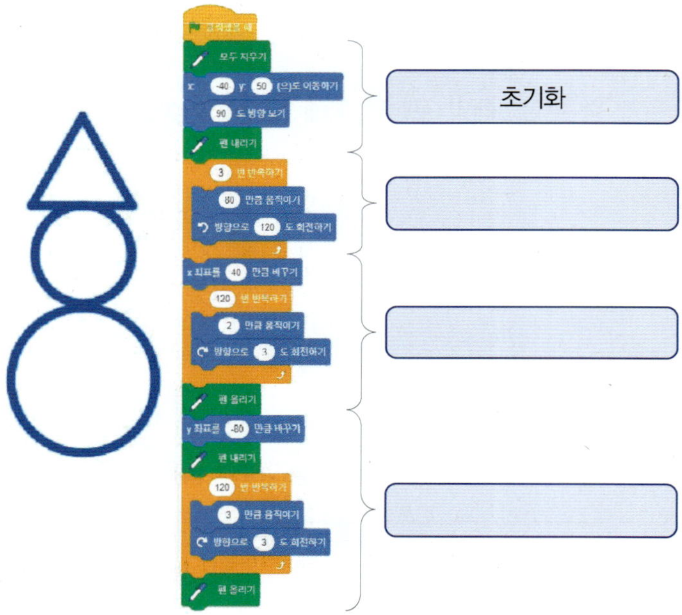

- 위 코드를 스크래치로 구현해 봅시다.

- 다른 모양의 그림도 그려봅시다.

원하는 그림	분해

문제 분해	핵심역량강화활동	학번	
		이름	

우리 주변의 문제 중에서 문제 상황을 하나 정하고, 해결을 위해 문제 분해를 해봅시다.

문제 상황	
현재 상태	
목표 상태	

위 문제를 해결하기 위한 단계 혹은 필요 기능을 나누어 적고 그 세부 내용을 적으시오.

단계(기능)	세부 내용

예시 1)

우리 주변의 문제 중에서 문제 상황을 하나 정하고, 해결을 위해 문제 분해를 해 봅시다.

문제 상황	나를 잘 표현하는 이력서를 작성하고 싶다.(이력서 쓰기)
현재 상태	이력서 작성을 위한 자료가 없다.
목표 상태	나를 잘 표현하는 이력서를 완성한다.

위 문제를 해결하기 위한 단계 혹은 필요 기능을 나누어 적고 그 세부 내용을 적으시오.

단계(기능)	세부 내용
개요 작성하기	주제별로 분해하기, 주제 나열하기
주제별 작성하기	주제별 자료 수집하기, 자료 정리, 자료를 바탕으로 내용 작성하기
글 가다듬기	내용 흐름에 맞게 배치하기, 내용 검토하기, 내용 수정하기

예시 2)

우리 주변의 문제 중에서 문제 상황을 하나 정하고, 해결을 위해 문제 분해를 해 봅시다.

문제 상황	화장실 사용 가능 칸 확인 시스템
현재 상태	화장실 어느 칸이 사용 중인지 입구에서 알기 어렵다.
목표 상태	화장실 어느 칸이 사용 중인지 입구에서 확인 가능하도록 한다.

위 문제를 해결하기 위한 단계 혹은 필요 기능을 나누어 적고 그 세부 내용을 적으시오.

단계(기능)	세부 내용
화장실 각 칸의 사용여부 확인	문을 잠그고 열린 것을 센싱하여 확인할 수 있도록 한다.
사용여부 표시기능	각 칸의 사용여부에 따라 색을 달리하여 화면에 표시해 준다.
대기 인원 표시	현재 화장실 대기를 신청하고 그 인원을 표시해 준다.

4 스크래치 - 실습하기

4.1 스프라이트 모양

제공된 스프라이트 중 원하는 스프라이트가 없을 경우 스프라이트 모양을 편집하거나 새로 그려서 사용할 수 있다. 다음과 같이 스프라이트 그리기를 클릭한 후 나타나는 그리기 도구 중 원형 도구를 선택하고 드래그하여 원을 그린다.

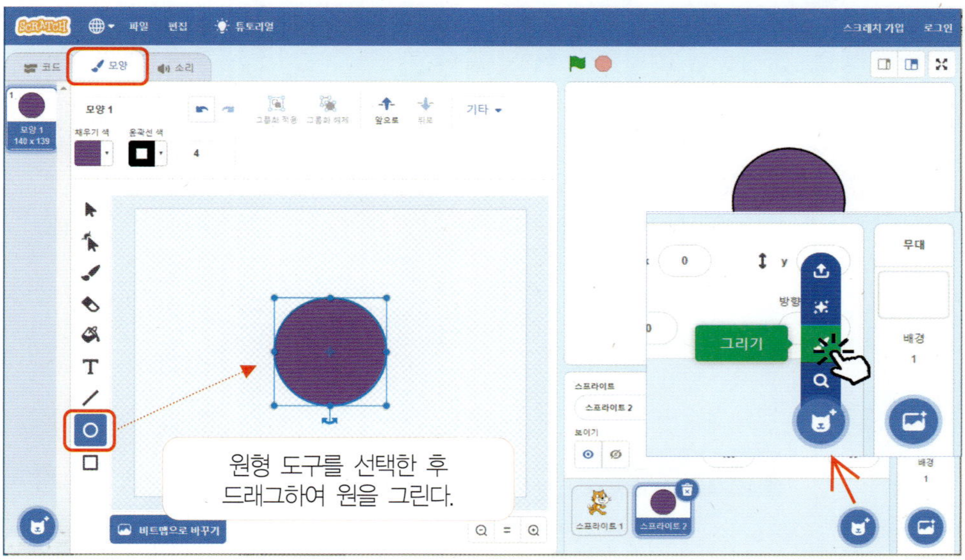

형태 고치기 도구를 이용하면 어떤 모양이든 그려낼 수 있다. 선, 원, 사각형 도구를 이용하여 그린 후 형태 고치기 도구로 편집하면 수월하게 작업할 수 있다. 선분상에서 마우스를 클릭하면 정점이 생성된다. 그리고 아래 그림과 같이 정점을 드래그하거나 모양변경 선분점을 드래그하여 꼭짓점 모양 및 곡률을 변경하여 원하는 모양을 생성 할 수 있다. 다음과 같이 형태 고치기 도구를 이용하여 그림을 완성해보자.

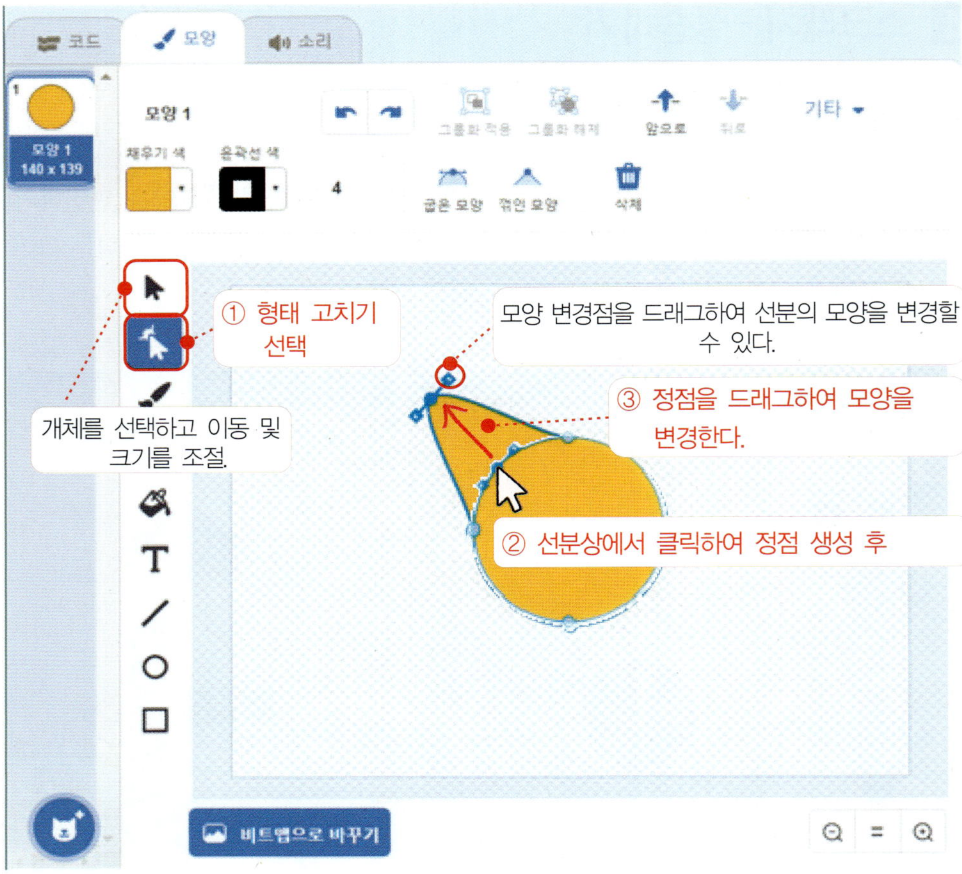

코드
모양
소리
모양 1
140 x 139
채우기 색
윤곽선 색
4
앞으로
뒤로
기타
굽은 모양
꺾인 모양
삭제
① 형태 고치기 선택
모양 변경점을 드래그하여 선분의 모양을 변경할 수 있다.
③ 정점을 드래그하여 모양을 변경한다.
개체를 선택하고 이동 및 크기를 조절.
② 선분상에서 클릭하여 정점 생성 후
비트맵으로 바꾸기

다음과 같은 그리기의 다양한 기능을 이용하여 아래와 같이 나만의 캐릭터를 그려보자.

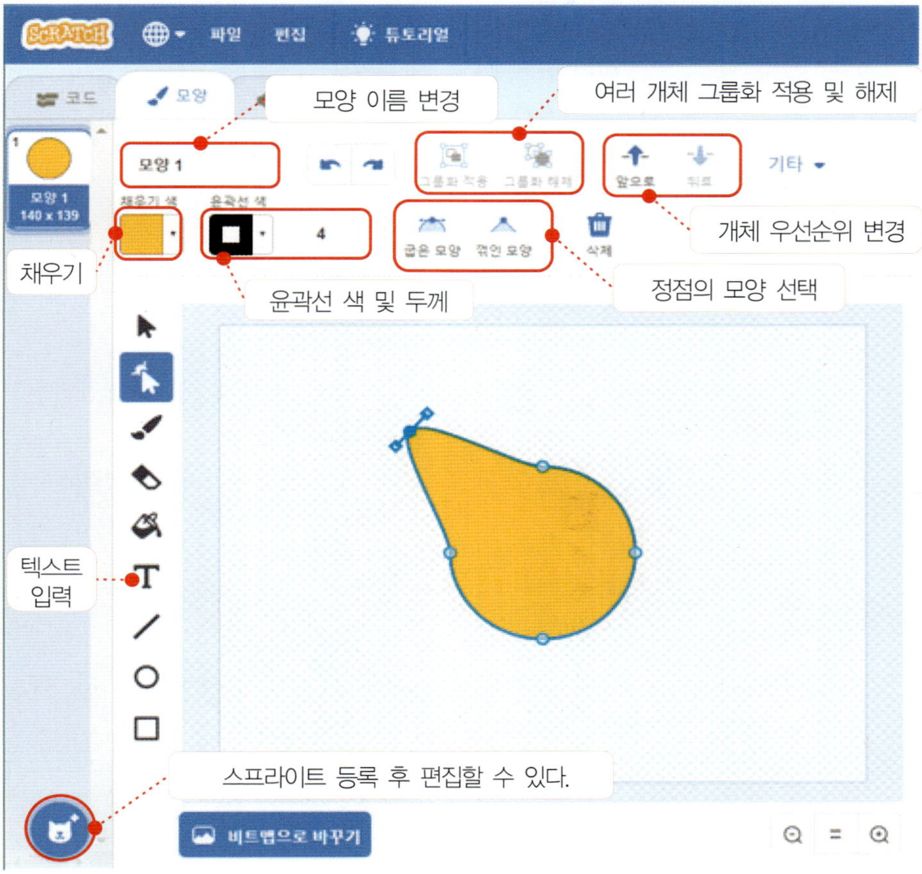

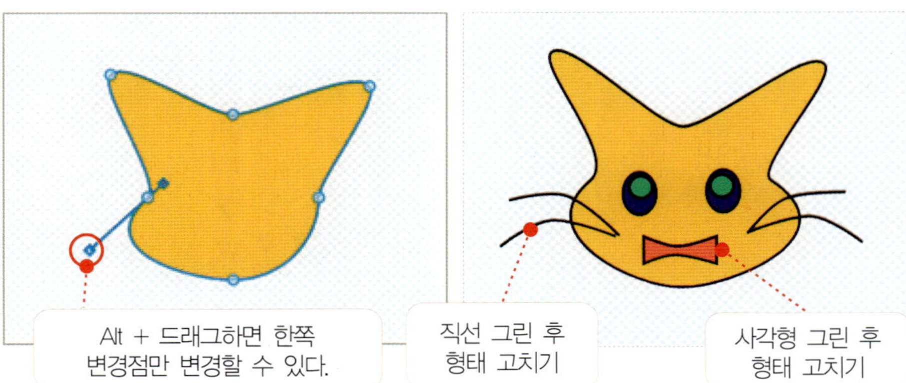

스프라이트는 그대로 복사 후 모양을 변경하여 모양이 변하는 애니메이션을 만들 수 있다. 아래와 같이 귀와 입 모양을 간단히 수정해보자.

모양변경 후 [코드]탭에서 다음과 같이 블록을 완성하여 실행해보자.

4.2 마우스를 따라다니는 고양이

동작 블록을 이용하여 마우스를 따라다니는 고양이를 만들 수 있다. 4.1에서 만든 스프라이트 이름을 '본인이름'으로 수정하고 알맞은 크기의 비율로 크기를 조정해보자.

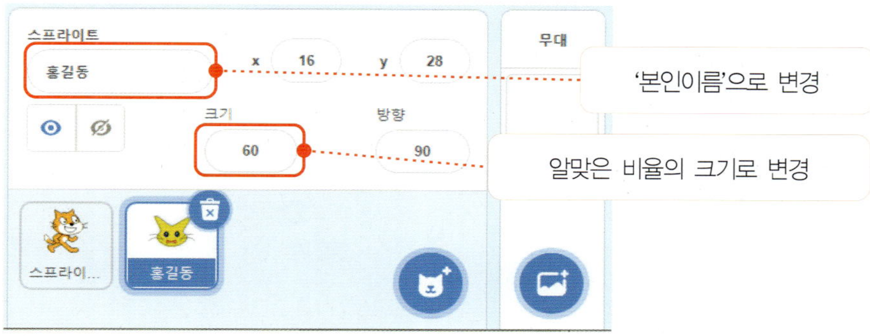

모양변경 스크립트가 을 클릭하여 실행하게 되어 있으므로 고양이 스프라이트는 '스페이스바'키를 눌러 시작하게 이벤트 설정하여 동시에 시작하지 않도록 해보자.

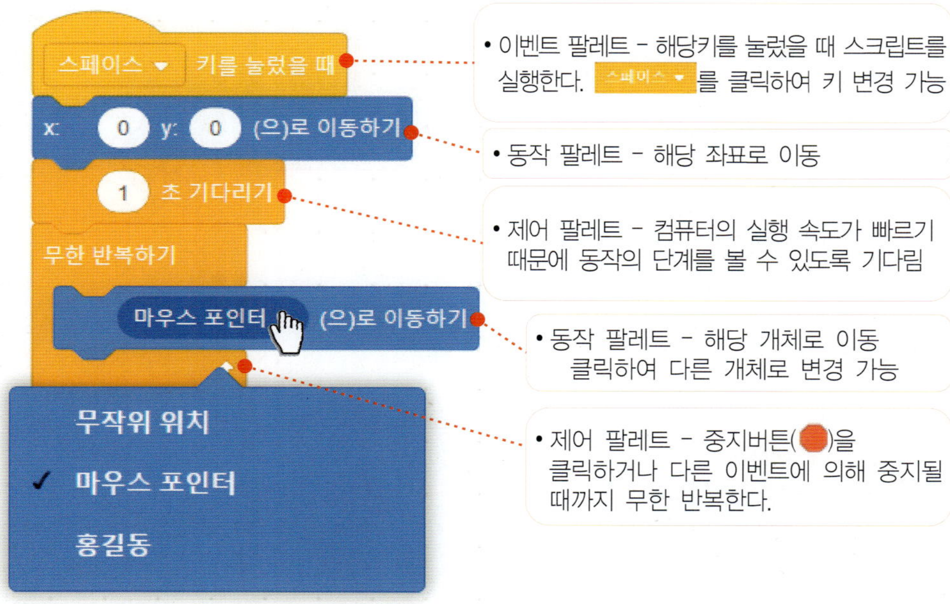

스크립트를 완성한 후 와 '스페이스바'키를 눌러 다음과 같이 스크립트를 실행시켜보자.

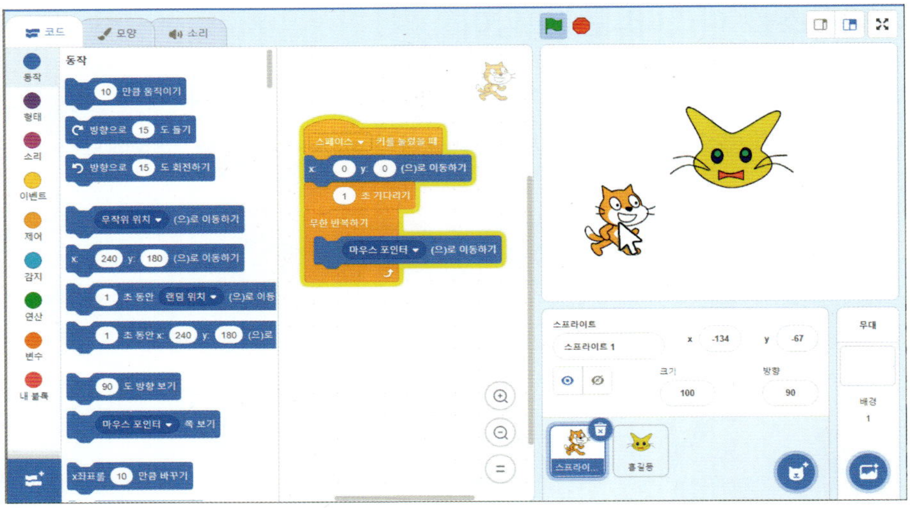

[스프라이트 따라다니기]

이번엔 마우스를 따라다니는 고양이를 '본인이름' 스프라이트가 쫓아다니도록 스크립트를 작성해보자. '본인이름' 스프라이트에 다음과 같이 스크립트를 추가하여 모양이 변하면서 고양이를 추적하도록 동시에 실행시킬 수 있다.

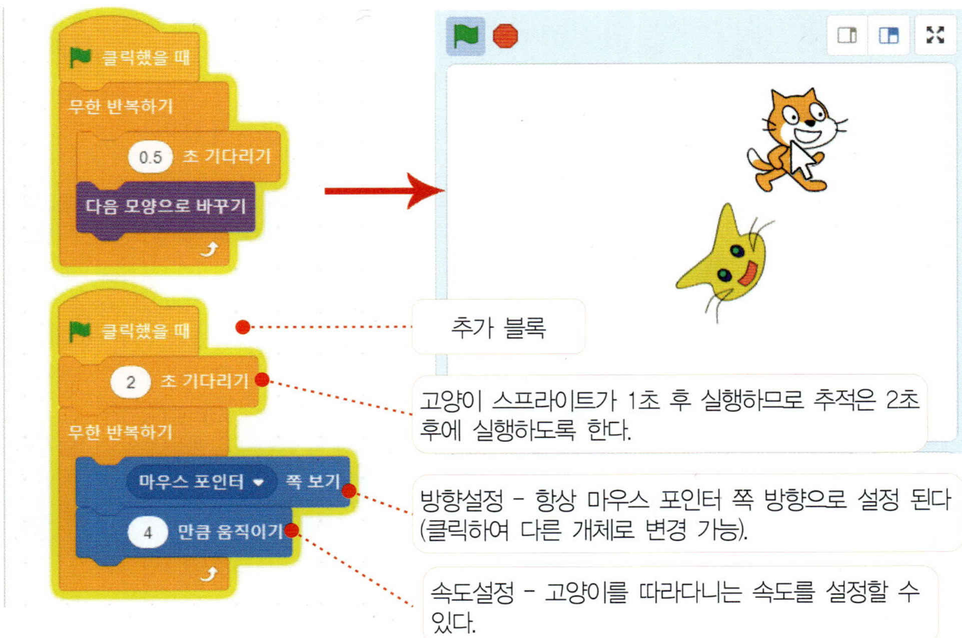

[프로젝트 저장]

프로젝트명을 “동작및모양-본인이름”으로 입력한 후 [바로 저장하기] 혹은 [파일] 메뉴의 [저장하기]를 클릭한다.

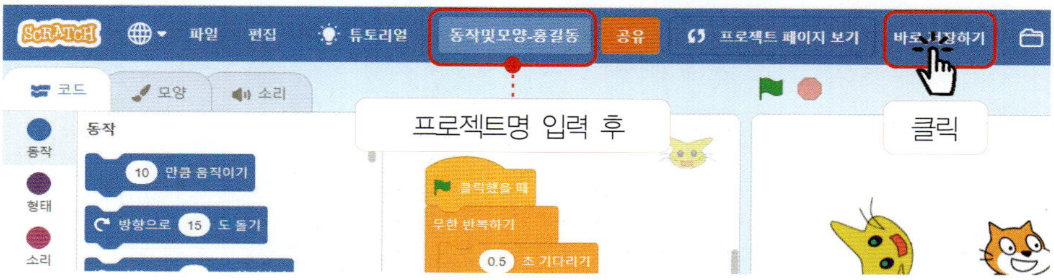

컴퓨터에 따로 저장하려면 [파일]-[컴퓨터에 저장하기]를 클릭한다.

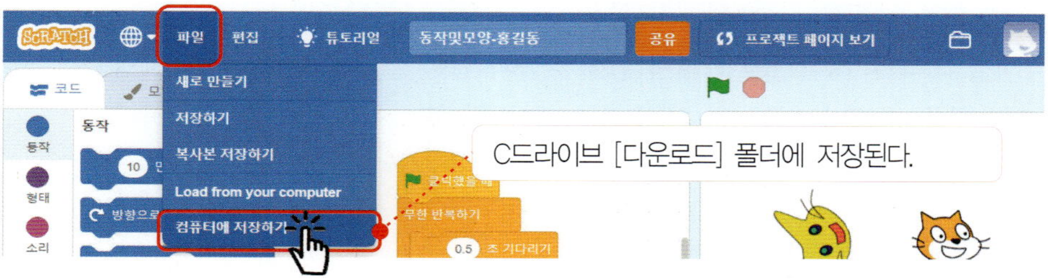

[새로 만들기]

새로운 프로젝트를 만들기 위해 [파일]-[새로 만들기]를 클릭한 후 “Pencil” 스프라이트를 등록한다. 고양이 스프라이트는 삭제한다.

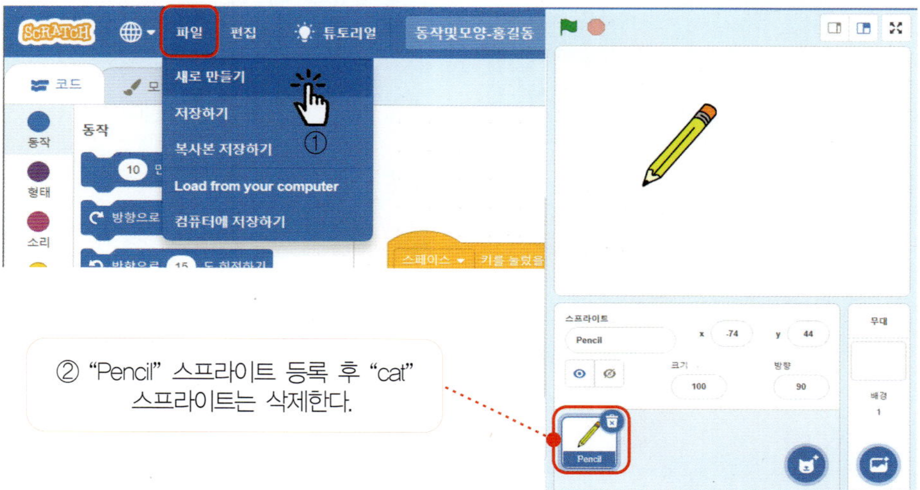

4.3 확장 기능 추가 - 펜 블록

집 그리기 분해 활동을 위해 [확장 기능 추가하기]로 「펜」 블록을 추가한다.

[삼각형을 그리기] 삼각형을 그리기 위해 다음과 같이 블록을 연결하여 스크립트를 작성한다. 삼각형을 그리기 위해 몇 도를 회전해야 할까?

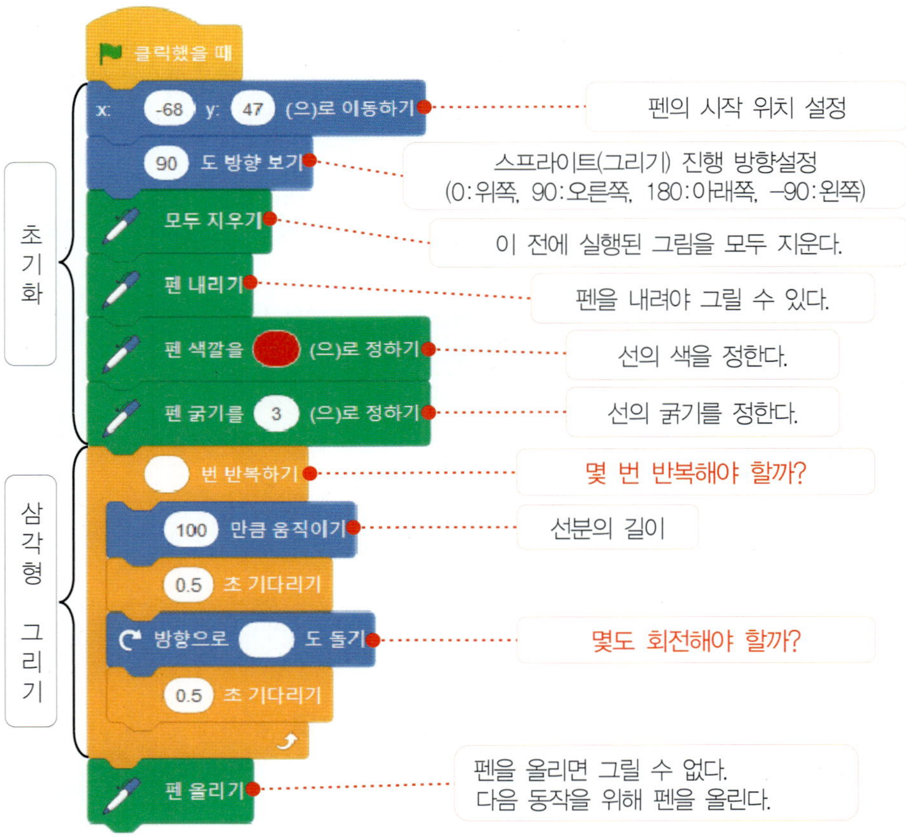

반복 횟수와 회전 각도를 위해 삼각형 그리기의 단계를 순서대로 생각해보자.

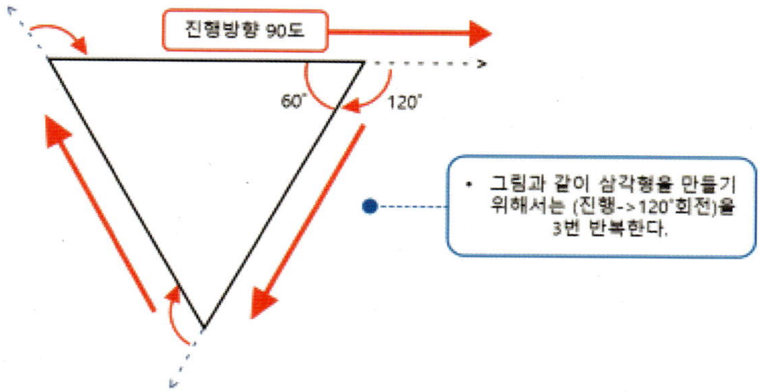

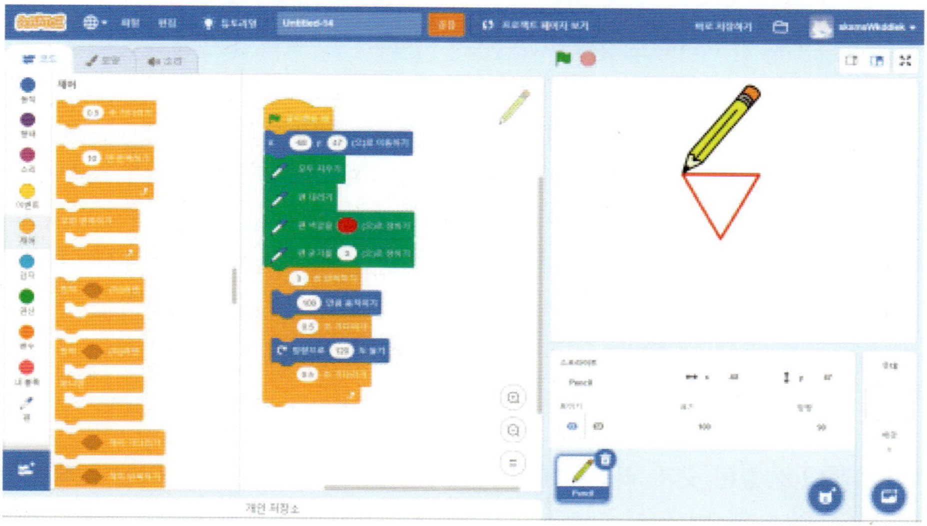

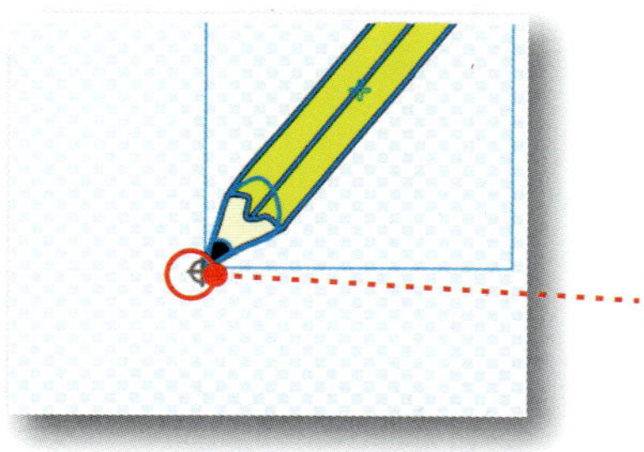

펜 스프라이트의 [모양] 탭에서 펜의 끝을 스프라이트 중앙점에 맞추면 연필이 삼각형을 그리는 것처럼 자연스럽게 만들 수 있다.

생각해보기

사각형을 그리려면 삼각형 그리기 블록의 반복 횟수와 회전 각도를 어떻게 변경하면 될까? 5각형, 6각형으로 확장하여 생각해보자.

5 확인학습

1. 주어진 문제를 작은 부분으로 어떻게 분해할 것인지에 초점을 맞추는 과정을 무엇이라고 하는가?

   ① 패턴　② 분석　③ 합성
   ④ 병렬처리　⑤ 분할정복

2. 다음은 컴퓨팅 사고의 기초 개념인 분해와 관련된 설명 중 옳지 않은 것은?

   ① 분할 정복 알고리즘도 분해 기법을 사용하는 대표적인 알고리즘이다.
   ② 분해된 각각의 문제에 대한 해답을 만드는 과정을 병렬처리라고 한다.
   ③ 이진 탐색은 데이터가 정렬되었을 때 사용할 수 있는 아주 빠른 탐색기법이다.
   ④ 분해는 복잡한 문제를 쪼개서 해결 가능한 크기의 작은 문제들로 나누는 기술이다.
   ⑤ 이진 탐색에서는 비교 결과에 따라서 전반부 혹은 후반부를 완전히 탐색에서 배제할 수 있다.

3. 1,000개의 정렬된 숫자 리스트에서 특정 숫자를 찾으려고 한다. 이진 탐색을 이용할 경우 최대 몇 번 만에 원하는 숫자를 찾을 수 있는가?

   ① 10번　② 50번　③ 200번
   ④ 250번　⑤ 500번

4. 복잡한 문제를 해결 가능한 크기의 작은 문제들로 나누어 해결하는 컴퓨팅 사고의 개념을 무엇이라 하는가?

   (　　　　　　　　　　　　　　　　　　　　　　　　　　　　)

New AI and computational thinking

CHAPTER 05

패턴 인식

New AI and computational thinking

CHAPTER 05

패턴 인식

1. 패턴 인식
2. 패턴 인식 사례
3. 언플러그드 – 하노이탑에서의 패턴
4. 스크래치 – 무늬만들기
5. 확인학습

CHAPTER 05 패턴 인식

1 패턴 인식(Pattern Recognition)

1.1 패턴

패턴은 동일하게 반복되는 현상이나 형태를 의미한다. 달은 지구를 공전하면서 한 달을 주기로 해서 모양이 매일 조금씩 변한다. 달의 모양이 항상 규칙을 가지고 변하기 때문에 음력이라는 달력을 만들었다. 그리고 철새들이 이동하는 경로를 보면 온도와 기압, 바람 등에 따른 패턴이 있다. 이 패턴을 알면 철새의 서식지를 보전할 수 있을 뿐만 아니라 기후 변화와 환경 변화 등을 파악할 수 있다.

1.2 패턴 인식

패턴 인식은 분해된 문제, 데이터 등에서 패턴의 특성을 관찰하고 찾는 것이다. 패턴을 찾으면, 동일한 문제가 발생할 경우 동일한 해결책을 적용할 수 있다. 또한 패턴을 이용하면, 문제 해결이 쉽고, 문제 해결 속도가 빨라진다.

1.2.1 독감 예측 시스템

2008년 구글은 독감 예측 시스템을 발표했다. 구글의 검색 엔진은 전 세계적으로 많은 사용자를 보유하고 있어 하루 이용자 수도 많고, 방대한 양의 데이터를 축적한다. 구글은 검색되는 검색어가 어느 지역에서 주목 받고 있는지 빈도수는 어느 정도 인지를 파악할 수 있다. 구글은 이 점을 활용하여 독감 예측 시스템을 만들어 미국 보건당국의 독감주의보 발령보다 2주 빨리 독감 위험을 알려 큰 관심을 끌었다. 하지만 독감 예측 시스템이 주목을 받으면서 많은 사람들이 독감에 대한 관심보다 시스템에 대한 관심으로 독감과 관련된 검색어를 입력하게 되어 시스템 정확도가 떨어졌다. 결국 현재는 서비스가 종료되었지만 지역별 검색어의 패턴이 질병을 예측하는데 도움을 준다는 것을 확인했다.

1.2.2 자동화 콜센터

기업과 공공기관에서 운영하고 있는 콜센터가 자동화되고 있다. 콜센터의 안내에 따라 숫자 버튼을 누르면 원하는 카테고리로 들어가 업무를 해결할 수 있다. 그리고 콜센터 시스템은 고객의 음성을 인식하여 텍스트로 변환하고 텍스트를 분석하여 응답하기도 한다. 이것은 많은 고객들의 문제가 무엇인지 그리고 의도가 무엇인지 패턴을 통한 유형 분석이 되었기 때문에 가능하다.

1.2.3 사람 얼굴 인식

컴퓨터는 사람의 얼굴을 어떻게 구분할까? 사람의 얼굴이 가지고 있는 특징 데이터를 사전에 처리한 후 카메라로 사람 얼굴이 인식되었을 때 사전 처리한 특징을 감지하여 사람을 구별한다. 이는 다량의 얼굴 정보를 학습해 눈, 코, 입 등의 거리와 위치 등으로 사람을 구별한다. 사람 얼굴 정보가 패턴으로 학습된 것이다.

1.3 패턴 인식의 특성

패턴 인식은 규칙성, 유사성, 공통성의 특성이 있다.

1.3.1 규칙성

아래 도형에서 보이는 규칙은 무엇인가?

1.3.2 유사성

우리 일상 속 문제 중에서 해결책 사이에 유사한 것은 무엇인가?

라면 끓이는 법 VS 우동 끓이는 법

라면 끓이는 법	우동 끓이는 법
1. 물 (550ml) 끓이기 2. 물이 끓으면 라면 넣기 3. 스프 넣기 4. 원하는 재료 추가하기	1. 물 (350ml) 끓이기 2. 물이 끓으면 우동 넣기 3. 액상 스프 넣기 4. 원하는 재료 추가하기
순서를 살펴보면 같은 패턴이 있다. 차이는 물의 양과 면의 종류가 다를 뿐 요리하는 순서에는 차이가 없다는 것을 알 수 있다.	

1.3.3 공통성

① 팽이, 자전거(바퀴), 바람개비, 선풍기, 지구, 돌림판의 공통점은 무엇인가?

② 아래 두 문장을 보고 공통된 부분과 다른 부분을 찾아보자.

> 삼각형은 세 개의 변을 가지고 있다.
> 사각형은 네 개의 변을 가지고 있다.

공통된 부분 :

다른 부분 :

2 패턴 인식 사례

2.1 수학에서의 패턴 인식

수학에서 규칙 혹은 패턴이 있는 경우로 등차수열, 등비수열, 피보나치 수열, 가우스의 덧셈법 등이 있다.

2.1.1 등차수열

등차수열은 첫째항부터 차례대로 같은 수를 더하여 만든 수열이다. 등차수열은 무수히 많이 만들 수 있으며, 같은 수를 더한 것이 패턴이다.

3, 6, 9, 12, 15, 18, …

위 수열은 첫째항 3부터 차례대로 3을 더하여 만든 수열이다.

2.1.2 등비수열

등비수열은 첫째항부터 차례대로 같은 수를 곱하여 만든 수열이다. 등비수열 역시 무수히 많이 만들 수 있으며, 같은 수를 곱한 것이 패턴이다.

1, 2, 4, 8, 16, 32, …

위 수열은 첫째항 1부터 차례대로 2를 곱하여 만든 수열이다.

2.1.3 피보나치 수열

피보나치 수열은 첫 번째 항의 값이 0이고 두 번째 항의 값이 1일 때, 다음 항부터는 바로 앞에 두 항의 합으로 이뤄진 수열이다.

0, 1, 1, 2, 3, 5, 8, 13 ...

위 수열에서 2는 앞에 있는 두 항인 1과 1의 합의 값이고, 3 또한 바로 앞에 있는 두 개의 항인 1과 2의 합의 값이다. 그 다음 숫자들도 이와 같은 패턴으로 나열되었다.

2.1.4 가우스의 덧셈법

두 정수 사이의 합을 구할 때 가우스의 덧셈법의 패턴을 이용하면 쉽고 빠르게 값을 알 수 있다. 예를 들어 1부터 100까지의 정수를 더하는 과정에서 1 + 2 + 3 + 4 + ... + 97 + 98 + 99 + 100처럼 순서대로 계산하면 시간이 오래 걸린다. 하지만 가우스의 덧셈법을 이용하면 계산 과정에서 찾은 패턴을 사용하기 때문에 효율적으로 결과값을 구할 수 있다. 가우스의 덧셈법의 패턴은 제일 앞의 정수와 제일 마지막 정수의 합을 구하고, 반복된 수만큼 곱하는 것이다. 1부터 100까지의 정수는 (1 + 100) × 50의 식을 통해서 5050이라는 결과값을 얻을 수 있다.

가우스의 덧셈법의 패턴을 안다면 아래 식과 같이 1부터 100까지의 정수뿐만 아니라 1부터 1000, 1부터 10000까지의 숫자도 쉽고 빠르게 더할 수 있다.

1부터 100까지 정수의 합 -> (1 + 100) × 50 = 5050
1부터 1000까지 정수의 합 -> (1 + 1000) × 500 = 500500
1부터 10000까지 정수의 합 -> (1 + 10000) × 5000 = 50005000

2.2 천문학에서의 패턴 인식

천문학자들은 수세기 동안 정확한 달력을 만들기 위해 노력했다. 천체 운행의 규칙적인 주기로부터 시간의 흐름을 측정하였는데 이 주기 파악이 천체 운행의 패턴 인식을 한 것이다. 즉, 밤과 낮, 사계절, 달의 위치 등의 패턴을 이용해 하루, 한 달, 일 년의 길이를 정하였다.

2.3 의학에서의 패턴 인식

어떤 질병 혹은 바이러스에 대한 원인을 찾기 위해 유전자와 데이터에서 패턴을 찾는다. 또한 특정 질병을 일으키는 유전자를 밝혀내어 사전에 예방하거나 치료하는데 활용한다. 캐나다 온타리오 공과대병원에서 미숙아 4명 중 3명이 질병에 감염되었다. 질병 감염을 치료하는 속도가 미숙아들의 사망 속도를 따라가지 못했다. 그래서 질병 감염의 원인을 찾기 위해서 지난 데이터를 활용했다. 매일 기록되어 있던 미숙아의 심전도, 혈압, 체온 등의 데이터에서 미세하게 상승한다는 패턴을 발견하였다. 이 데이터들의 패턴을 활용한 결과 높은 치료 성공률을 기록하게 되었다.

2.4 통계학에서의 패턴 인식

누적된 통계 데이터와 패턴을 바탕으로 날씨, 지진, 주식, 스포츠 경기 등의 예측을 위해 데이터를 분석하고, 그 속에서 패턴을 찾아 다음 예측에 활용한다.

2.4.1 날씨

날씨를 예측하여 알려주는 일기예보에는 기온, 강수량, 바람, 습도의 정보 등이 포함되어 있다. 그리고 태풍이나 폭염, 한파 예보는 우리에게 큰 도움이 된다. 날씨는 대기의 흐름, 기압의 크기, 구름의 모양 등의 관측을 통해 예측할 수 있는데 이미 많은 날씨 통계 데이터를 바탕으로 예측 되는 것이다.

2.4.2 지진

땅이 흔들리고 갈라지기도 하는 지진은 화산 활동이나 지판의 움직임 등의 결과로 나타난다. 우리는 지진이 일어나는 장소, 시기, 크기와 같은 패턴을 인지하고 피해를 대비한다. 큰 지진 후에 따라오는 작은 지진인 여진은 오모리법칙을 따르는 패턴으로 발생한다. 따라서 여진도 패턴을 통해 대비할 수 있다.

2.4.3 주식

주식시장을 분석하고 예측하는 투자전략가는 정보를 수집하고 여러 요인들의 인과관계를 통해 주가를 예측한다. 이들은 주식시장에 영향을 주거나 주가의 변동과 높은 상관관계에 있는 시장의 패턴을 분석해서 보고서를 만들거나 추천종목을 제시한다.

2.4.4 스포츠

스포츠 경기 결과 혹은 우승 확률을 예측하는데 기존의 통계 데이터가 사용된다. 지난 모든 경기의 데이터, 상대팀, 출전 선수, 선수들의 건강 상태, 외부환경요소 등이 중요한 통계자료가 된다.

2.5 컴퓨터에서의 패턴 인식

동일한 패턴으로 반복되는 코드는 반복 구조를 사용하거나 코드를 묶어 만든 함수로 이미 작성된 코드를 재사용 할 수 있다. 다음과 같이 일련의 명령어가 반복적으로 필요할 때, 반복구조를 사용하면 적은 수의 명령어 블록으로 실행의 효율성을 높일 수 있다.

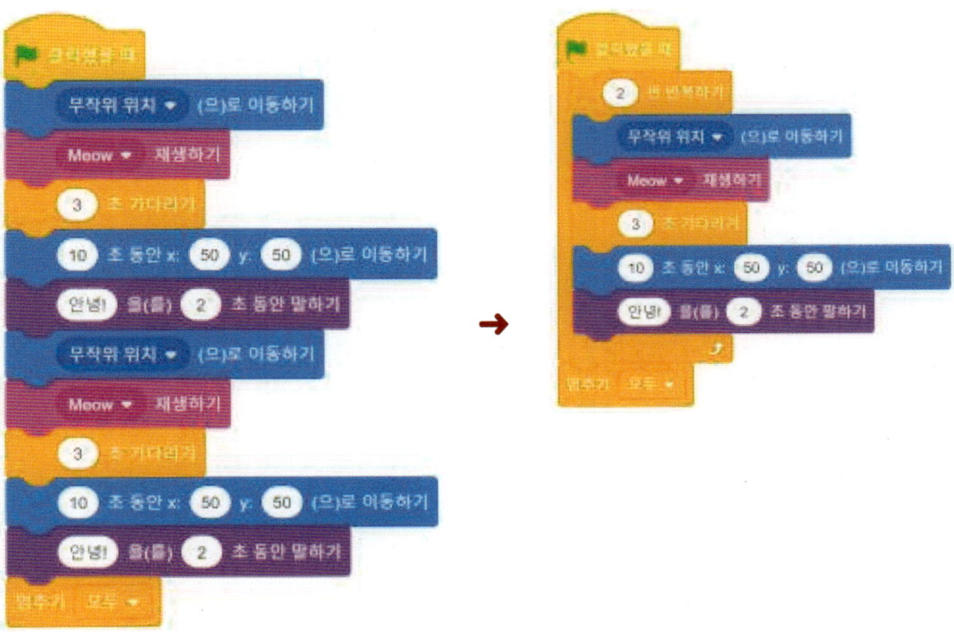

3 언플러그드 - 하노이탑에서의 패턴

패턴인식	하노이탑에서의 패턴	학번	
		이름	

하노이탑의 패턴을 찾아보자.

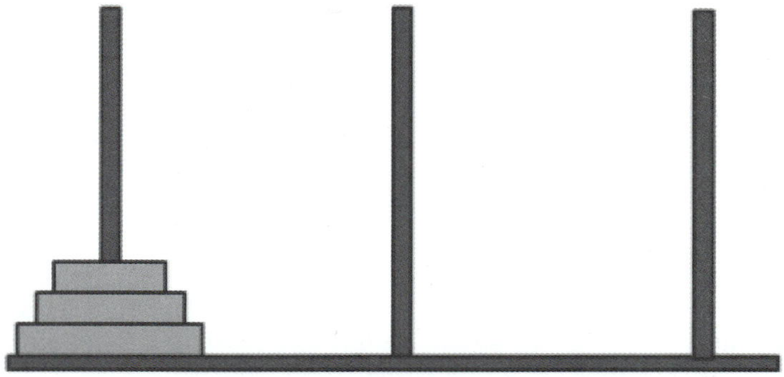

하노이탑 놀이는 한 기둥에 꽂힌 원판들을 그 순서 그대로 다른 기둥으로 옮겨서 다시 쌓는 것이다. 단, 주의 사항은 한 번에 하나의 원판만 옮길 수 있고, 큰 원판이 작은 원판 위에 있어서는 안 된다.

4 스크래치 - 무늬 만들기

4.1 개념 이해

4.1.1 주요 블록

아래의 각 블록의 기능을 적어보자.

블록	기능
모두 지우기	
펜 내리기	
x: 0 y: 0 (으)로 이동하기	
10 만큼 움직이기	
방향으로 15 도 회전하기	

4.1.2 반복 구조 블록

반복되는 명령어가 있을 때 중복을 제거하여 효율성을 높이는 구조이다.

반복 구조 블록	기능
무한 반복하기	감싼 코드를 계속해서 반복한다.
10 번 반복하기	감싼 코드를 정해진 횟수만큼 반복한다.
까지 반복하기	조건을 만족하면 감싼 코드를 반복한다.

4.2 무늬 만들기

반복되는 패턴을 이해하여 선을 이용한 다양한 도형과 꽃무늬를 만들어 보자.

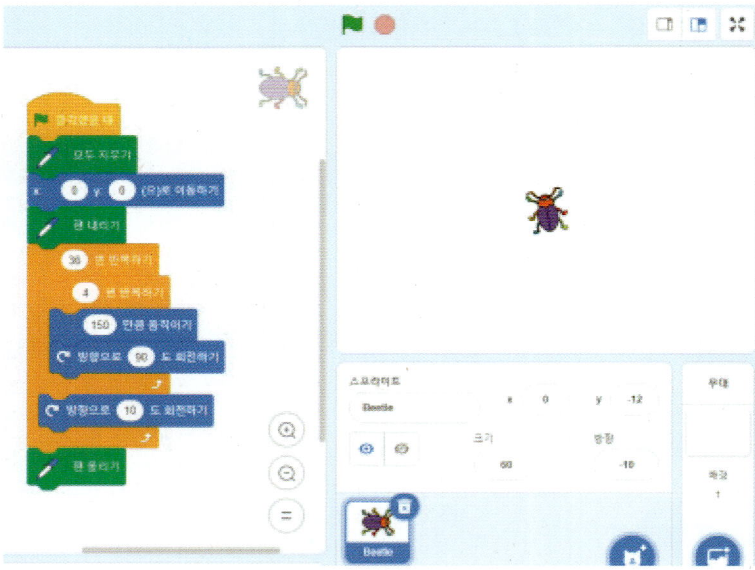

아래 링크를 통해 스크래치 프로젝트 파일을 열어 보자.
https://scratch.mit.edu/projects/323382772

기본 조건

숫자 값을 3군데 이상 바꿔 보자.
스프라이트를 추가하여 반복 블록을 이용하여 다른 무늬를 만들어보자.

5 확인학습

1. 패턴 인식에 대한 내용으로 옳지 않은 것은?
   ① 각각의 문제에는 다양한 패턴이 있을 수 있다.
   ② 암호학, 물리학, 수학에서 패턴 인식의 예가 있다.
   ③ 패턴에 근거하여 추측과 규칙을 만들 수 있다.
   ④ 패턴을 분석하여 일반화할 수는 있으나 재사용 할 수 없다.
   ⑤ 패턴 인식은 분해된 작은 문제 사이의 유사성을 찾는 것이다.

2. 다음 표에서 패턴을 인식하여 물음표에 해당하는 적절한 숫자는?

2048	512	?	32	8	2

3. 다음은 컴퓨팅 사고력의 요소 중 어떤 요소에 대한 설명인가?
   - 분해된 작은 문제들을 해결하는 과정에서 이전에 해결한 유사 문제를 검사한다.
   - 만약 유사한 문제들이 있었다면 유사한 문제들을 해결했던 해결책을 그대로 가져온다.

4. 다음 숫자의 패턴을 찾아내서 빈칸을 채워 보자.

1	3		7	11	18

5. 컴퓨팅사고력의 요소 중 패턴 인식에 대한 설명이다. 빈칸에 공통적으로 들어가는 단어를 작성해 보자.

> 패턴 인식은 분해된 문제, 데이터 등에서 [   ]의 특성을 찾는 것이다. [   ]을 찾으면, 동일한 문제가 발생할 경우 동일한 해결책을 적용할 수 있다. 또한 [   ]을 이용하면, 문제 해결 작업이 쉬워지고, 문제 해결 속도가 빨라진다.

6. 반복 패턴을 찾아요!

좀비가 해바라기 있는 곳까지 갈 수 있도록 움직임의 반복 패턴을 찾아 적어보자.

※ 출처 : code.org

	반복 3번 오른쪽으로 회전 ________________ ________________
	반복 _____번 ________________ ________________ ________________ ________________
	반복 _____번

생각해보기

- 내 생활 속(취미, 전공, 관심사 등)의 패턴을 찾아보자.

- 문제 상황에서 패턴을 찾아 해결하면 좋은 점은 무엇인가?

New AI and computational thinking

CHAPTER 06

추상화

New AI and computational thinking

CHAPTER 06

추상화

CHAPTER

06 추상화

1 추상화

1.1 추상화(Abstraction)

추상화는 불필요한 세부 사항을 제거하여 문제를 명확하게 파악하고, 비슷한 문제들을 해결할 수 있는 공통적인(일반적인) 방법을 찾는 것이다. 컴퓨팅 사고에서의 추상화는 복잡한 자료, 모듈, 시스템 등에서 핵심적인 요소 또는 기능을 간추려 내는 것으로 자동화를 위한 단계이다.

1.1.1 지하철 노선도

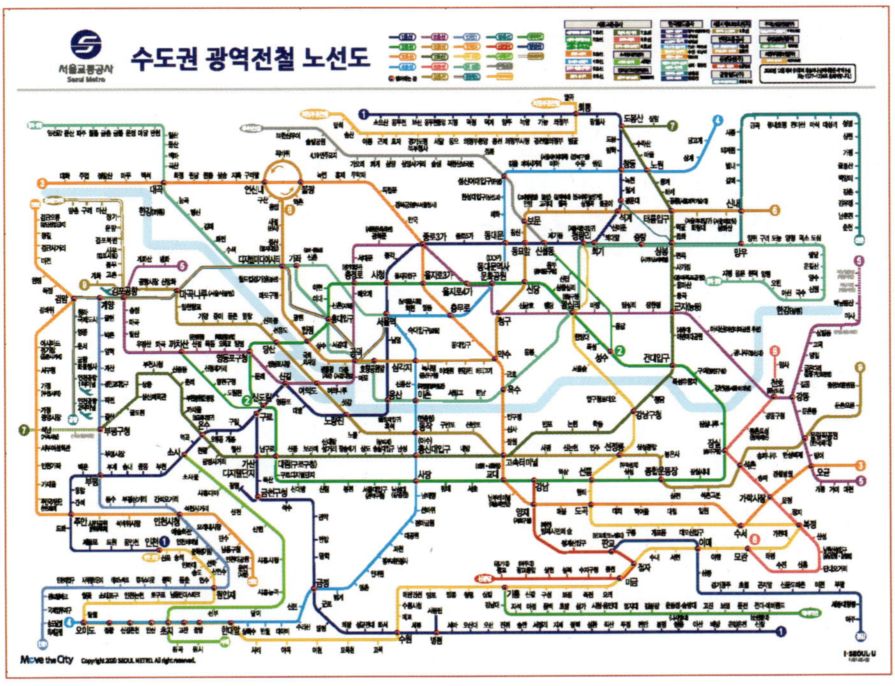

※ 출처 : 서울교통공사

지하철 노선도는 복잡한 현실의 지도가 아닌 지하철역을 중심으로 간략화한 것이다. 지하철 노선도에 그려진 역과 역 사이의 거리는 실제 거리의 비율에 비례하지 않고, 정확한 위치가 아니다. 실제 거리와 정확한 위치는 불필요한 정보이므로 생략되었다. 추상화 과정을 거친 이 지하철 노선도는 지하철을 이용하는 사람들이 원하는 여정을 확인 하는데 최적화 되어있다.

1.1.2 표지판

우리가 일상속에서 흔히 볼 수 있는 표지판들은 세부사항을 생략하고 간단히 한 것이다. 대중교통을 이용하면 일부 좌석에 노약자, 임산부 배려석이 표시되어 있다. 노약자와 임산부의 특징을 그림으로 표현하여 한눈에 알 수 있도록 하였다. 또한 금지한다는 의미의 표지판도 있다. 실내 수영장에서의 다이빙 금지, 실내 흡연 금지, 교통안전을 위한 통일된 방식의 금지 표지판 등이다.

〈표지판 추상화의 예〉

1.1.3 교통수단 작동

자전거, 오토바이, 차, 배, 비행기 등의 교통수단을 작동하는 것도 추상화이다. 이들을 각각 작동시키는 데는 조금씩의 차이는 있으나 핸들, 엑셀 페달, 브레이크 등으로 조작하는 것이 실제로는 아주 복잡하고 많은 부품들이 사용되어 만들어진 것이다.

〈자전거 추상화의 예〉

1.1.4 가계도

가계도는 한 가문 대대의 계통을 그림으로 나타내서 가족 관계를 쉽게 알아볼 수 있도록 한 것이다. 역사 속의 왕실 가계도를 말로 설명하면 복잡하다. 조선시대를 예로 들면 연산군에게 중종은 엄마가 다른 동생이기도 하면서 처조카의 남편이기도 하다. 이 문장을 가계도로 그리면 서로의 관계가 구조화된 정보로 잘 표현되어 이해하기 쉽다.

〈가족관계도 추상화〉

1.2 추상화 특성

사물이 가지고 있는 공통적인 특성을 바탕으로 일반적인 특성을 추출할 수 있다. 예를 들어 자신의 집에 있는 강아지를 그리는 경우에 검은 눈, 긴 다리, 긴 꼬리가 있다는 세부사항을 바탕으로 그리지만 일반적인 강아지를 그리는 경우 눈, 귀, 꼬리가 있다는 일반적인 사실을 바탕으로 그린다.

1.3 추상화 과정

1.3.1 추상화 과정

일반적인 특징을 수집한 후, 문제 해결을 위해 관련 없는 세부사항은 제거하고 공통적인 특성을 바탕으로 일반적인 사항만을 도출한다. 추상화 과정을 거치면 해결하고자 하는 문제의 모델을 생성할 수 있다.

1.3.2 모델 (Model)

모델(Model)은 해결해야 하는 문제에 대한 일반적인 것을 나타낸다. 생태계 시스템을 예를 들어서 포식자와 먹이의 안정성을 위한 시스템을 연구한다고 가정해보자. 초식동물들과 식물이 존재하는데 이들은 개체수가 자동으로 증가하거나 감소한다. 특정한 종이 멸종되거나 폭발적으로 증가하면 시스템은 불안정한 것이고, 시스템이 안정적으로 유지되는 것이 중요하다. 시스템의 안정적인 유지를 위해 개체 수를 조절을 할 때 원리와 방법, 주의할 등이 모두 합쳐져서 모델이 된다.

1.3.3 모델링 (Modeling)

모델링(Modeling)은 모두에게 공통적으로 이해될 수 있도록 약속된 방식으로 표현하는 것이다. 약속된 방식은 수식, 비교, 관계와 절차 등을 그림으로 표현할 수 있다. 모델에서 예를 든 생태계 시스템을 모델링 해보자.

사자는 사슴을 먹으면 에너지가 2씩 증가하고 하루가 지나면 에너지가 1씩 감소한다. 사슴이 풀을 먹으면 에너지가 1씩 증가하고, 일정 시간 달리면 에너지가 1씩 감소한다. 풀은 하루가 지나면 2배 증가한다.

위 내용은 약속된 방식을 사용해서 사자, 사슴, 풀의 먹이사슬 관계를 표현할 수 있고, 에너지의 증가와 감소를 수식으로 나타낼 수 있으며, 개체 수를 비교하여 표현 할 수 있다.

1.4 추상화 방법

복잡한 상황인 실세계에서 일반화, 집단화, 연관화를 통해 간결하고 명확한 추상화를 할 수 있다.

1.4.1 일반화(Generalizaion)

개개의 것에서 얻은 특성이나 관계 등을 바탕으로 새로운 결론을 도출하는 것이다.

1.4.2 집단화(Aggregation)

개개의 것에서 얻은 특성의 집합이다.

1.4.3 연관화(Association)

개개의 것에서 얻은 특성의 관계를 연결하는 것이다.

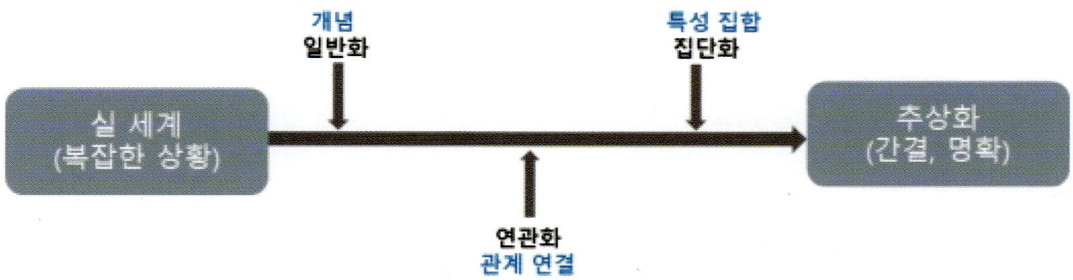
개념
일반화
특성 집합
집단화
실 세계
(복잡한 상황)
추상화
(간결, 명확)
연관화
관계 연결

2 추상화 사례

2.1 미술에서의 추상화

미술에서의 추상화는 사물을 눈에 보이는 것처럼 사실적으로 그리는 것이 아니라, 목적과 관점에 따라서 세부사항을 생략하고, 점, 선, 면 등으로 주요 특징을 표현하는 기법이다.

2.1.1 QUICK, DRAW!

퀵드로우는 머신 러닝 기술이 학습을 통해 그림을 인식한다. 6개의 단어가 순차적으로 제시된다. 제한된 시간안에 제시어를 표현하는 그림을 그려야 하는데 이때 중요한 것은 제시어의 특징을 정확하게 잡아서 그려야 한다. 이것이 바로 추상화이다. 6개의 제시어를 모두 그리고 나면 퀵드로우가 몇 개의 제시어를 인식했는지 어떤 제시어를 인식하지 못했는지를 확인 할 수 있다. 또한 많은 사람들이 한 제시어를 표현한 그림이 수집되어 있다. 이 그림들을 보면 해당 제시어가 그림을 통해 어떻게 추상화되었는지를 볼 수 있다.

https://quickdraw.withgoogle.com

2.1.2 피카소의 소

파블로 피카소가 1945년에 그린 소 그림이다. 왼쪽과 오른쪽에 있는 그림은 모두 소이다. 왼쪽의 소들은 자세하게 표현이 되어 있고, 명암도 사용했다. 하지만 오른쪽으로 갈수록 소는 점과 선만 사용해서 소의 중요한 특징만을 표현하여 단순화하고 있다. 따라서 오른쪽으로 갈수록 추상화가 되어진 그림이다.

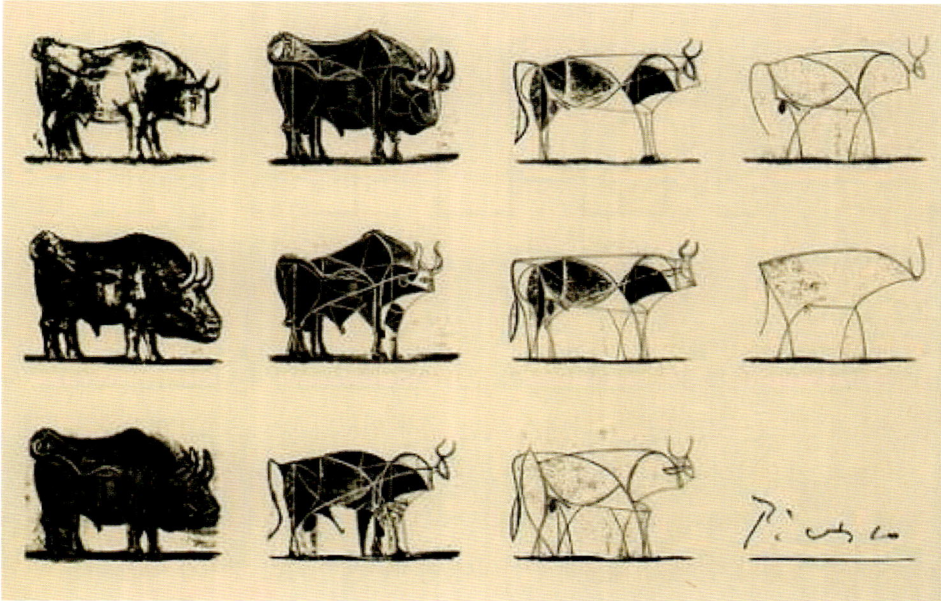

〈Pablo Picasso의 소 드로잉〉

2.2 컴퓨터에서의 추상화

컴퓨터는 모든 연산을 포함해 텍스트, 이미지, 사운드와 같은 데이터를 입출력 받을 때 이진수를 사용한다. 하지만 우리는 이진수를 사용하지 않아도 십진수와 데이터를 편하게 컴퓨터에 입력하고 출력 받는다. 이것은 컴퓨터가 추상화 과정을 통해 이진수를 십진수와 데이터로 변환하여 사용자가 필요한 정보만을 보여주기 때문이다.

2.2.1 이진수

우리는 컴퓨터에 숫자를 입력 할 때 십진수를 사용하고 출력 역시 십진수로 받는다. 이것은 컴퓨터가 입력된 십진수를 이진수로 바꿔 입력받아 연산한 다음에 다시 십진수로 바꿔 출력을 해주기 때문이다.

0볼트에서 5볼트의 전기신호를 1과 0으로 표현하는 것도 추상화이다. 전기가 통하지 않는 0볼트는 이진수의 0으로, 5볼트는 이진수의 1로 표현한다.

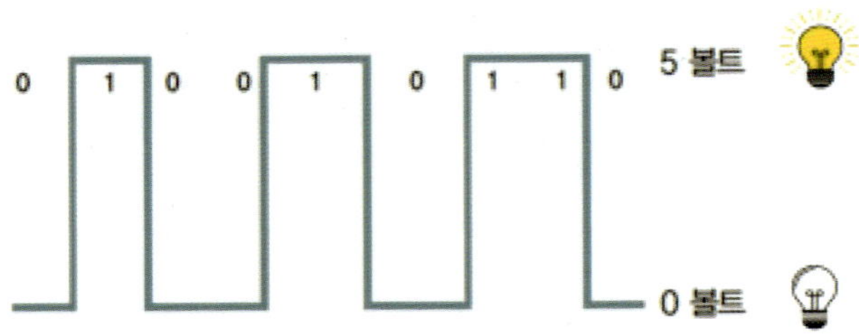

2.2.2 텍스트

컴퓨터는 모든 텍스트를 표현할 때 아스키 코드(ASCII code)와 유니코드(Unicode)를 사용한다. 아스키 코드는 로마자를 나타내기 위한 문자 인코딩 방식으로 128자를 표현할 수 있는 8비트를 사용하여 하나의 글자를 나타낸다. 유니코드는 아스키 코드 보다 더 많은 텍스트를 표현하기 위해서 16비트를 사용해서 하나의 글자를 나타낸다. 유니코드는 이진수로 65,536자를 표현할 수 있기 때문에 한글이나 한자뿐만 아니라 영어가 아닌 다른 언어를 표현할 수 있다.

구분	아스키 코드	유니코드
C	01000011	0000000001000011
T	01010100	0000000001010100
컴	표현 불가능	1100111011110100
사	표현 불가능	1100000010101100

2.2.3 이미지

컴퓨터는 이미지를 픽셀들로 분해하고 하나의 픽셀값을 이진수로 표현한다. 픽셀의 개수가 많을수록 고해상도 이미지가 된다. 우리는 컴퓨터가 이진수에서 추상화 과정을 통해 색상과 채도, 명도 등이 표현된 이미지를 볼 수 있다.

2.2.4 사운드

컴퓨터는 자연에서 발생하는 아날로그 신호를 처리하기 위해서 디지털 신호로 바꾼다. 공기의 진동에 의해 사운드 파형이 생기는데 이것을 아날로그 신호라고 한다. 컴퓨터는 아날로그 신호를 잘게 나눈 후 높낮이 값을 측정하여 디지털 신호로 바꾼다. 컴퓨터가 추상화를 통해 디지털 신호로 변환했기 때문에 우리가 사운드를 들을 수 있다.

2.3 수학에서의 추상화

2.3.1 숫자

숫자는 실제 사물을 추상화 한 것이다. 숫자 3은 사물이 세 개라는 의미이다. 삼각형 또한 꼭지점 세 개와 선분 세 개, 각도 세 개가 이뤄진 도형이라는 뜻으로 추상화된 것이다.

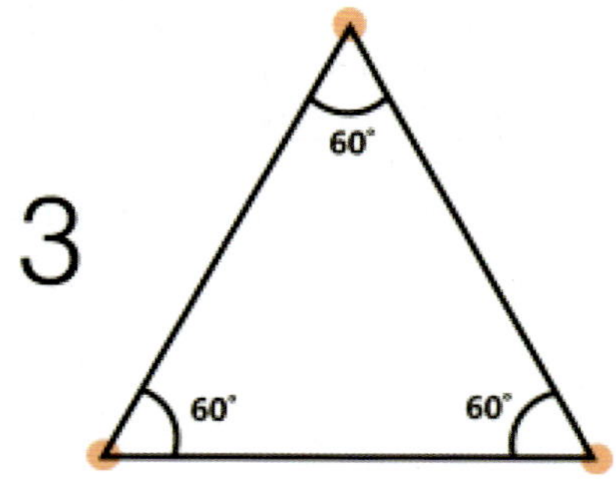

2.3.2 함수

함수는 입력되는 변수 x와 출력되는 결과 y로 구성된다. 이 함수는 입력으로 들어오는 입력값 x에 따라서 결과값 y가 결정되기 때문에 함수를 한번 만들어 놓으면 필요할 때마다 재사용할 수 있다.

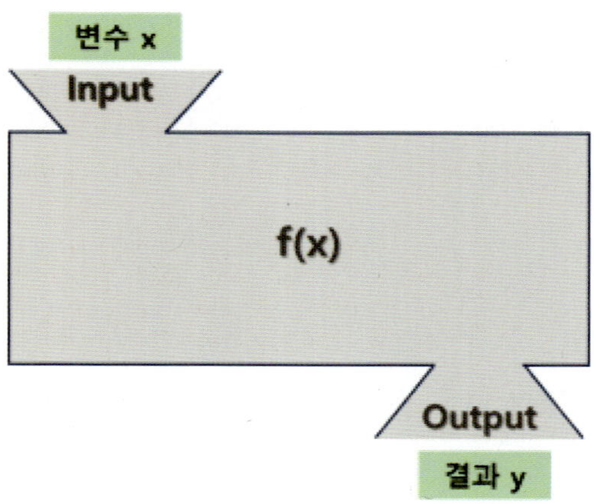

2.4 화학에서의 추상화

화학의 원소 주기율표는 원자 번호 순서로 가로로 늘어놓다가 비슷한 성질을 지니는 원소가 같은 세로줄에 놓이도록 배열한 표이다. 지구상의 모든 물질을 간략하게 표현한 것이다.

3 언플러그드 - 문장 모델 만들기

문장 모델 만들기	문장모델 만들기(예시)

다음 문장들의 공통점(글자)을 찾아 모델을 만들어 보자.

나는 경희와 커피를 마셨다. 나는 수지와 춤을 췄다. 나는 가족들과 산에 갔다.
나는 (①)와/과 (②)다.

빈칸에 어울리는 다양한 단어(서술어)를 아래 빈칸에 써보자.

구분	주사위1	주사위2	주사위3	주사위4	주사위5	주사위6
①	첫사랑	옆 친구	강아지	연예인	외계인	꼬마
②	영화를 봤	피자를 먹었	PC방에 갔	호수를 걸었	눈이 마주쳤	춤을 췄

순서대로 주사위를 굴려 나온 숫자에 해당하는 단어를 넣어 문장을 완성하여 써 보자.

1) 나는 첫사랑과 눈이 마주쳤다.
2) 나는 강아지와 PC방에 갔다.
3) 나는 외계인과 춤을 췄다.

문장 모델 만들기	문장 모델 만들기	학번	
		이름	

● 다음 문장들의 공통점(글자)을 찾아 모델을 만들어 보자.

나영이는 매일 시험공부를 했는데 B를 맞았다.
혜원이는 1분 동안 시험공부를 했는데 4.5점이 나왔다.
민아는 지난주부터 시험공부를 했는데 다 틀렸다.

● 빈칸에 어울리는 다양한 단어(서술어)를 아래 빈칸에 써보자.

구분	주사위1	주사위2	주사위3	주사위4	주사위5	주사위6
①	나					
②	밤을 새서	당일 쉬는시간				
③	A+를 받았다	이름을 안 썼다	늦잠을 잤다			

● 순서대로 주사위를 굴려 나온 숫자에 해당하는 단어를 넣어 문장을 완성하여 써 보자.

1)

2)

3)

4 스크래치 - 다각형 그리기

4.1 주요 블록

아래의 각 블록의 기능을 적어보자.

블록	기능
( ) 만큼 움직이기	
↺ 방향으로 ( ) 도 회전하기	
↻ 방향으로 ( ) 도 회전하기	
( ) 초 동안 x: ( ) y: ( ) (으)로 이동하기	
펜 굵기를 ( ) 만큼 바꾸기	

4.2 다각형 그리기

4.2.1 정삼각형

아래 스크래치 프로젝트와 같이 정삼각형을 만들어 보자.

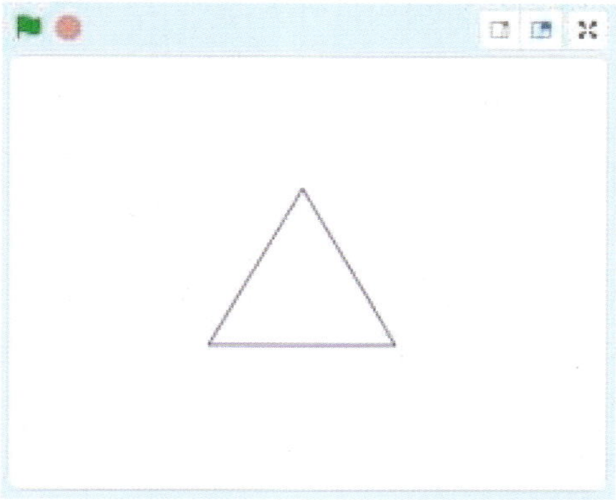

아래 링크를 통해 스크래치 파일을 열어 보자.
https://scratch.mit.edu/projects/471438597

4.2.2 다각형

아래 스크래치 프로젝트와 같이 정삼각형을 기준으로 정사각형, 정오각형, 정육각형을 추가로 만들어보자.

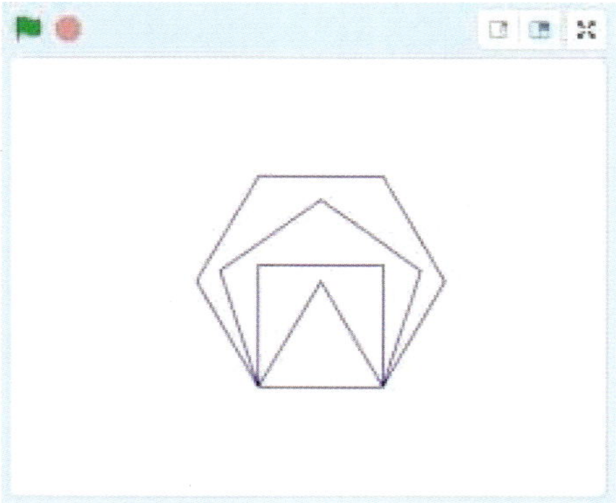

아래 링크를 통해 스크래치 파일을 열어 보자.
https://scratch.mit.edu/projects/471451091

5 확인학습

1. 추상화를 통해 얻을 수 있는 이점이 아닌 것은?
   ① 문제가 무엇인지 명확하게 할 수 있다.
   ② 문제를 해결하는 일반적인 아이디어를 얻을 수 있다.
   ③ 이 과정은 불필요한 모든 세부사항을 제거한다.
   ④ 문제에 대한 개념을 형성하게 한다.
   ⑤ 일반화된 모델이 불필요하다.

2. 추상화를 통한 문제 해결에 대한 설명이 아닌 것은?
   ① 추상화 과정은 더 명확한 모델을 형성하는데 도움이 된다.
   ② 추상화하면 문제해결을 위해 올바른 해결책을 만들 수 있다.
   ③ 찌개 모델은 구체적인 찌개가 아니라 모든 찌개를 나타낸다.
   ④ 문제에 대한 모델을 가지게 되면 다른 문제를 해결하는 알고리즘을 설계할 수 있다.
   ⑤ 시스템의 일반적인 개념으로부터 다양한 특성으로 구체적인 사례를 만드는 과정이다.

3. 도로 위의 표지판, 지하철 노선도, 함수, 영어 문법 등은 컴퓨팅 사고의 어떤 분야에 해당하는가?
   ① 패턴인식　② 알고리즘　③ 분해　④ 추상화　⑤ 변환

4. 다음 중 추상화가 적용된 사례는?
   ① 일기예보를 보고 우산을 챙겨 외출한다.
   ② 1부터 100까지 더하는 효율적인 계산 공식을 만들어낸다.
   ③ 강아지를 종별로 세부적으로 분류한다.
   ④ 이번 주 공부 계획을 영어, 과학, 수학, 국어 순으로 정한다.
   ⑤ 인터넷 지도에서 건물명과 도로명 등을 하나도 빠짐없이 자세히 표기한다.

5. 다음은 컴퓨팅 사고력의 요소중 하나이다. 빈칸에 알맞는 말은 무엇인가?

(　　)는 불필요하게 자세한 부분은 숨기고 핵심적인 요소만을 남겨 단순하게 표현하고 사용하는 것이다.

생각해보기

- 전공 또는 다양한 학문에서 추상화의 예를 찾아보자.

- 컴퓨터로 문제를 해결하기 위해 추상화는 왜 필요한가?

우리 실생활에서의 여러 가지 일 중에서 추상화에서 해결해야 하는 경우는 무엇인가?

CHAPTER 07

알고리즘과 프로그래밍(1) 알고리즘 표현 방법

1. 알고리즘
2. 알고리즘 표현 방법
3. 언플러그드 - 순차 알고리즘
4. 스크래치 - 순차구조
5. 확인학습

CHAPTER 07

알고리즘과 프로그래밍(1) 알고리즘 표현 방법

CHAPTER

07 알고리즘과 프로그래밍(1) 알고리즘 표현 방법

1 알고리즘

1.1 알고리즘이란?

알고리즘(algorithm)이란 문제를 효율적으로 해결하기 위한 절차나 방법이다. 문제를 해결하기 위해서는 여러 가지 해결방법을 구상한다. 해결하는 과정에서 공통된 패턴과 예외적인 상황을 찾아 해결방법을 이해하기 쉽게 논리적으로 정리할 수 있다.

알고리즘은 주어진 입력으로부터 원하는 결과를 유도해 내는 정의된 규정이나 규칙들의 집합으로 특정 작업을 수행하기 위한 명령으로 구성된다. 문제의 해결방안이 알고리즘이다.

정리한 알고리즘에 다른 자료를 입력하더라도 입력된 단계에 따라 순차적으로 실행되며 미리 계산해 볼 수 있다. 이후 알고리즘을 컴퓨터에서 실행할 수 있도록 프로그래밍하여 자동화로 연결할 수 있다.

알고리즘을 공부하는 이유는, 문제 해결을 위한 효율적인 과정을 습득하기 위해 알고리즘을 작성하거나 기존의 알고리즘을 분석하여 체계적으로 생각하는 훈련을 수행하기 위해서이다.

1.1.1 코드, 알고리즘, 프로그램

- **코드** : 코드란 컴퓨터가 알아들을 수 있는 언어이다.
  프로그램은 컴퓨터가 수행해야 할 일의 명령들을 모아놓은 목록이다.
- **코딩** : 명령들은 컴퓨터가 이해할 수 있는 언어로 작성되어야 하는데, 코드는 이러한 프로그램을 만들기 위한 컴퓨터용 언어를 의미한다. 이러한 코드를 작성하는 과정을 코딩(coding)이라고 한다.

- **프로그래밍** : 프로그램을 만들기 위해서 여러 명령문들을 기호나 문자로 간단하게 정한 코드로 바꾸는 과정을 코딩 또는 프로그래밍이라고 한다. 컴퓨터는 수많은 프로그램들의 집합으로 이루어져 있다. 컴퓨터 프로그램을 통해 반복적으로 같은 결과를 도출할 수 있는 것은 바로 알고리즘 때문이다.
- **알고리즘** : 어떤 문제를 효율적으로 해결하기 위한 절차나 방법이다. 문제해결의 절차를 표현하는 알고리즘의 표현 방법에는 자연어, 순서도, 의사코드, 프로그래밍 언어가 있다.

1.1.2 알고리즘의 유래

알고리즘이라는 말은 9세기 페르시아의 수학자 무하마드 알콰리즈미(Muhammad al-Kharizmi)의 이름을 라틴어화 한 algorismus에서 유래했다고 알려져 있다. 알콰리즈미는 대수학의 아버지라 불리며 수학과 천문학, 지리학 등에도 많은 업적을 남겼다.

〈알콰리즈미〉

1.1.3 일상생활에서 접할 수 있는 알고리즘

- 내비게이션 최적의 길 찾기 알고리즘
- 구글 검색 알고리즘
- 추천 알고리즘 (상품, 뉴스, 맛집, 유투브)
- 로봇 청소기 알고리즘
- 요리의 절차, 연주의 절차, 기계 조작 절차

〈일상생활에서 볼 수 있는 알고리즘의 예〉

이와 같이 알고리즘은 눈에 잘 보이도록 표현하여 이해가 쉽도록 사람들에게 전달하여야 한다. 또한, 알고리즘은 프로그래밍에만 사용되는 것은 아니다.

일상생활에서 우리가 어딘가 가고자 할 때 내비게이션을 켜고 가고자하는 목적지를 입력한다. 그러면 내비게이션은 실시간 교통량이나 사고 상황을 몇 초 단위로 파악하여 최적의 길을 안내한다. 여기에는 거리 계산, 교통량을 조사 그리고 사고 상황 적용 등 여러 가지 발생상황을 적용하여 최적의 길을 찾아내는 알고리즘이 사용된다.

〈최적의 길 안내하기〉

그리고 제품을 구매하는 알고리즘은 구매를 원하는 단어를 검색하면 어떤 제품을 구매해야 할지, 어떤 상품을 구매하지 말아야 할지를 판단하여 적당한 제품을 추천한다. 이것은 사람들의 반복적인 행동이나 구매율 그리고 상품평이나 반품률 등을 계산하여 최고의 상품을 검색목록 상단에 노출시키는 것이다. 이렇게 알고리즘은 효율적 또는 비효율적인 자료를 구분하여, 추천하거나 제거하는데 사용할 수 있다.

〈상품 추천 알고리즘〉

1.2 알고리즘의 조건

모든 명령어들의 집합이 알고리즘이 되는 것은 아니며 알고리즘이 되기 위해서는 다음의 조건을 만족해야 한다.

- **입력과 출력** : 정의된 입력을 받아들이고 답으로 출력을 가져야 한다.
- **명확성** : 각 명령어는 모호하지 않고 명확하게 정의해야 한다.
- **유한성** : 한정된 수의 단계 실행 후에는 반드시 종료해야 한다.
- **유효성(실행 가능성)** : 알고리즘의 모든 연산들이 종이와 연필을 이용해서 유한한 시간 안에 정확하게 실행 가능한 연산이어야 한다.

위 조건들을 만족하는 알고리즘이 존재하면서 컴퓨터에서 실행되어야 하므로 실용성과 효율성이 필요하다.

1.3 알고리즘 작성의 3가지 제어 구조

문제의 해결 과정을 알고리즘으로 표현해보면 여러 가지 구조를 가질 수 있다.

- **순차구조** : 알고리즘은 명령어를 나열한 순서대로 실행한다.
- **선택구조** : 조건에 따라 둘 중 하나의 명령어를 선택하여 실행한다.
- **반복구조** : 조건이 만족할 때까지 동일한 명령이 반복하여 실행한다.

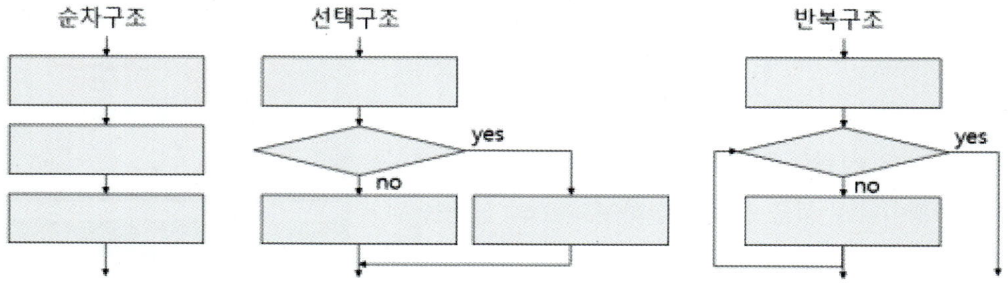

〈알고리즘 순차, 선택, 반복구조〉

실생활에서 발생할 수 있는 예로 엘리베이터를 탈 때 5층으로 올라간다고 생각해보자. 나 혼자 엘리베이터를 타고 있을 때는 5층을 눌러 한 번에 갈 수 있다. 그러나 여러 사람이 2층, 5층, 7층에서 내리기 위해 버튼을 눌렀을 때는 5층인지 확인하고 내려야 한다. 이것을 여러 가지 제어 구조로 표현해보자.

1.3.1 순차구조

순차구조는 이름 그대로 순차적으로 나열된 명령을 위에서 아래로 처리한다. 명령을 하나씩 차례대로 수행하는 논리 구조이다. 간단하게 처리할 수 있는 문제에 사용한다.

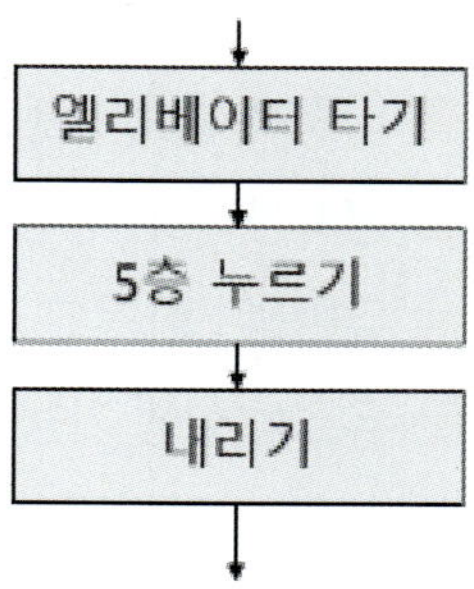

예 엘리베이터를 타고 5층을 누른 후 내리는 순차처리를 표현하였다.

1.3.2 선택구조

선택구조는 주어진 조건에 따라 실행 순서가 다르게 진행되는 구조이다. 명령이 수행되다가 조건에 맞으면 참으로, 그렇지 않으면 거짓으로 분기하는 논리 구조이다. 프로그래밍에서는 이를 조건문이라 한다.

예 엘리베이터를 타고 5층으로 이동할 때 다른 사람이 누른 층이 있다면 5층인지 확인하고 내려야 한다. 엘리베이터를 타고 조건문에 '5층인가?'를 묻고 참이면 내리고 그렇지 않으면 올라가는 선택구조를 표현하였다.

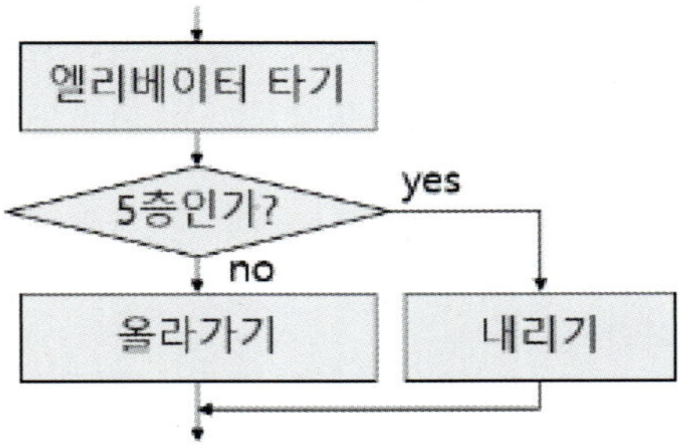

1.3.3 반복구조

반복구조는 특정 횟수를 반복하거나 조건을 만족할 때까지 반복하도록 만드는 구조이다. 명령을 수행하다가 조건을 만족하면 참으로 분기하고 조건을 만족하지 않으면 해당 명령을 반복하는 논리 구조이다.

예 엘리베이터를 타고 5층으로 이동할 때 조건문에 '5층인가?'를 묻고 참이면 내리고 거짓이면 올리가기를 반복하는 구조를 표현하였다.

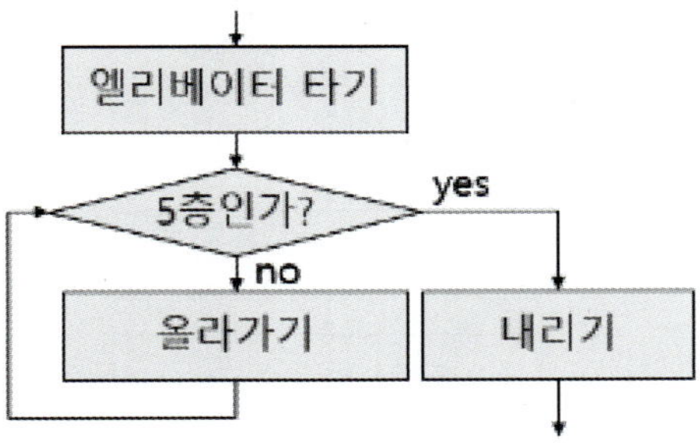

2 알고리즘 표현 방법

문제 해결 과정이 제대로 설계되었는지 검수받거나 소통의 기반으로 사용하기 위해 여러 가지 알고리즘 표현 방법을 사용한다. 원화를 달러로 환전하는 예를 자연어, 순서도, 의사코드의 표현 방법으로 설명한다.

2.1 자연어

우리가 일상생활에서 사용하는 언어로 알고리즘을 기술하는 것을 말한다. 자연어로 표현하게 되면 알아보기 쉬운 장점이 있으나, 읽는 사람에 따라 다른 의미로 해석할 수 있는 모호성과 용어를 통일하기 위한 노력이 필요하다는 단점도 있다.

❶ 원화 금액 입력받기
❷ 원달러 환율 입력받기
❸ 달러로 환산하기
❹ 달러 출력하기

2.2 순서도

도형과 화살표를 이용하여 알고리즘을 기술하는 것을 순서도라 하며 흐름도 또는 플로우차트(flowchart)라고 하기도 한다. 순서도는 명령의 흐름을 명확히 나타내기 때문에 이해하기 쉬운 장점은 있으나 복잡한 프로그램에는 적합하지 않다는 단점도 있다.

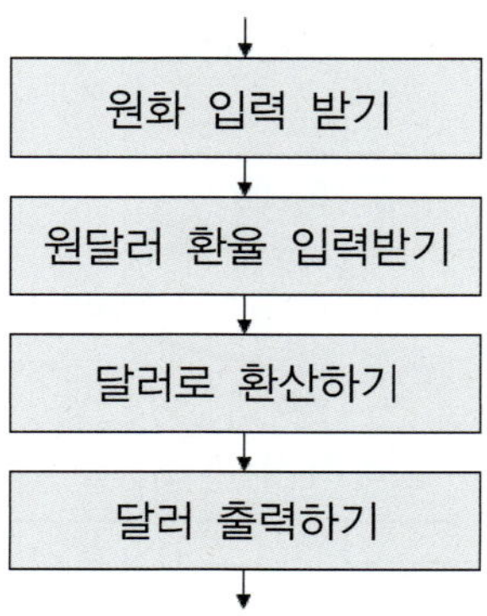

기호	의미
	화살표는 알고리즘이 진행하는 방향을 나타낸다.
	수행의 시작(start), 종료(end)를 나타낸다.
	처리(process)를 나타낸다. 예를 들어 변수 a와 b를 더하는 연산이 여기에 해당한다.
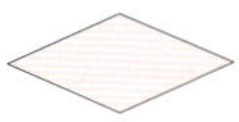	판단(decision)을 나타낸다. yes/no로 답할 수 있는 질문이나 true/false로 판단할 수 있는 조건이 여기에 해당한다. 일반적으로 이 도형에서 나가는 두 개의 화살표가 있다.
	입력(input)이나 출력(output)을 나타낸다. 예를 들어 사용자로부터 정수를 입력받아 변수에 저장하는 연산이 여기에 해당한다.

〈순서도 주요 기호와 의미〉

2.3 의사코드(슈도코드 : pseudo code)

한 줄에 한가지씩 쉬운 코드로 기능을 표현한다. 의사코드 또는 유사코드라고도 하며 특정 언어의 문법을 반드시 따를 필요가 없기 때문에 알아보기 쉽게 작성하면 된다. 사용자가 많은 C나 C++ 등의 언어 스타일로 적는 경우가 대부분이며 그렇기 때문에 프로그래밍 언어로 쉽게 바꿀 수 있다는 장점이 있다.

❶ 원화 ← 5000
❷ 환율 ← 1200
❸ 달러환산 ← 원화 / 환율
❹ 달러환산 결과 보여주기

위의 알고리즘에서 사용자가 입력하는 5000원과 1200원을 '원화'와 '환율'이라는 변수에 보관하였다. 이렇게 사용자가 입력하는 값이나 데이터를 보관하는 용도로 사용하는 저장공간을 변수라고 한다.

먼저 변수에 대해 이해하고 변수의 선언 그리고 변수에 데이터를 지정하는 방법에 대해 알아보고 이번 장에서는 순차 알고리즘에 대해 학습한다.

2.4 변수

2.4.1 변수란?

변수는 데이터를 저장하기 위한 공간으로 '데이터를 저장하는 그릇'이라고 이해하면 된다. 요리를 시작하기 전에 먼저 그릇을 준비해야 하듯이 프로그램을 만들 때 먼저 변수를 만들어두어야 하는데 이를 변수 선언이라 한다. 변수에 데이터를 담을 때는 지정하기 또는 대입하기라고 한다.

먼저 변수 이름을 [원화]으로 변수를 만든다. 그리고 변수 [원화]에 0 또는 5000과 같은 다른 데이터를 대입할 수 있다.

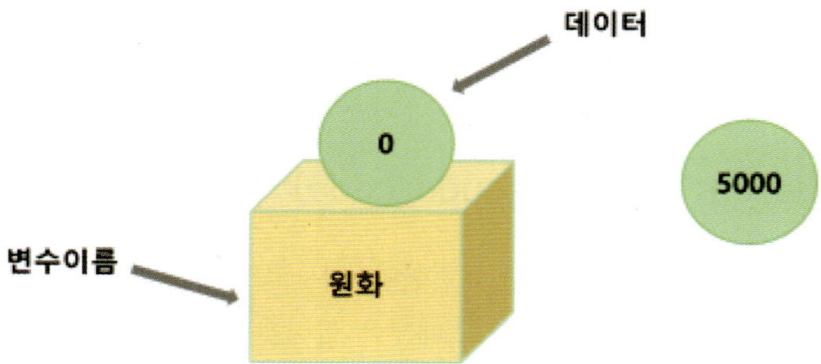

2.4.2 변수의 개념과 특징

❶ 프로그램 내에서 값을 저장하는 공간이다.

❷ 컴퓨터 내부 메모리 공간에 저장된다.

❸ 변수는 다른 변수와 구별되게 이름 지어야 한다.

❹ 변수의 역할을 알 수 있게 만든다.

예 월급을 구하는 일을 처리할 때에 변수는 a, b라는 변수 이름보다는 salary, hours로 선언하여 그 내용을 짐작할 수 있게 한다. 변수의 이름은 영어 또는 한글로 만들 수 있다.

```
a ← 10
b ← a * 10000
```

나쁜 예

```
hours ← 10
salary ← hours * 10000
```

좋은 예

❺ 변수를 사용하면 프로그램이 더 유용해진다.

❻ 변수 a에 10을 저장하기 위해서는 오른쪽의 데이터를 왼쪽의 변수에 저장한다. 오른쪽의 데이터는 변수나 상수의 연산을 주로 사용한다.

예 a = 10, a = b + 3

기호	의미
a + b	a와 b를 더한다.
a − b	a에서 b를 뺀다.
a * b	a와 b를 곱한다.
a / b	a를 b로 나눈다.

컴퓨터 키보드에 ÷ 기호가 없기 때문에 나누기는 /를 사용한다.

3 언플러그드 - 순차 알고리즘

컴퓨팅 사고력 알고리즘	순차 알고리즘의 표현1	학번	
		이름	

다음의 내용을 읽고 알고리즘을 순서도로 완성하시오.

원화를 달러로 변환

사용자로부터 원화의 금액과 환율을 입력받아 달러로 환산하는 알고리즘을 의사코드를 참고하여 완성하시오.

1) 시작
2) [원화] 변수 만들기
3) [환율] 변수 만들기
4) [달러환산] 변수 만들기
5) [원화] 입력받기
6) [환율] 입력받기
7) [달러환산]=[원화]*[환율] 계산하기
8) [달러환산] 출력하기
9) 끝

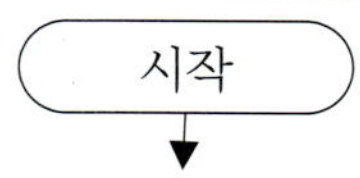

[도형과 기능]

: 프로그램의 흐름

: 프로그램의 시작과 끝

: 입력하기, 출력하기

: 변수 만들기, 연산 처리

컴퓨팅 사고력 알고리즘	순차 알고리즘의 표현2	학번	
		이름	

다음의 내용을 읽고 알고리즘을 의사코드와 순서도로 완성하시오.

실수령액 구하기

급여에서 세금을 제외한 실수령액을 계산하고자 한다. 급여와 세율을 입력받아 실수령액을 계산하는 알고리즘을 작성하시오. [급여], [세율], [실수령액] 변수를 만든다.

(1) 시작

(2)

(3)

(4)

(5)

(6)

(7)

(8)

(9)

[도형과 기능]

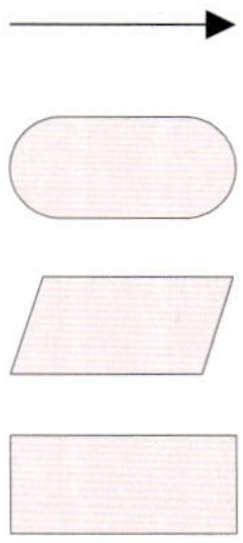

: 프로그램의 흐름

: 프로그램의 시작과 끝

: 입력하기, 출력하기

: 변수 만들기, 연산 처리

컴퓨팅 사고력 알고리즘	알고리즘의 코드화	학번	
		이름	

알고리즘 코드화 해보기

→	←	↑	↓	
오른쪽으로 한 칸 이동	왼쪽으로 한 칸 이동	위로 한 칸 이동	아래로 한 칸 이동	해당 칸 색칠하기

※ 출처 : code.org

☆의 위치에서 시작하기
↓

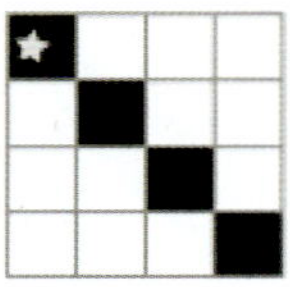

1단계	2	3	4	5	6	7	8	9	10
11	12	13	14	15	16	17	18	19	20

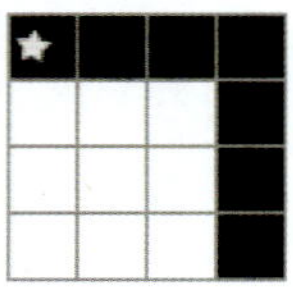

1단계	2	3	4	5	6	7	8	9	10
11	12	13	14	15	16	17	18	19	20

1단계	2	3	4	5	6	7	8	9	10
11	12	13	14	15	16	17	18	19	20

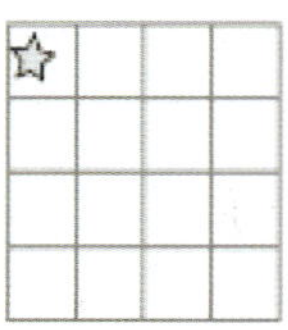

→ 1단계	 2	→ 3	↓ 4	 5	← 6	↓ 7	 8	→ 9	↓ 10
 11									

4 스크래치 - 순차구조

4.1 원화를 달러로 환산하기

사용자로부터 원화의 금액과 환율을 입력받아 달러로 환산하는 프로그램을 완성하시오.

참고파일 : https://scratch.mit.edu/projects/469174334/editor

(1) 변수 만들기를 이용하여 아래와 같이 변수를 선언한다.
[원화], [환율], [달러환산] 변수를 추가로 만든다.

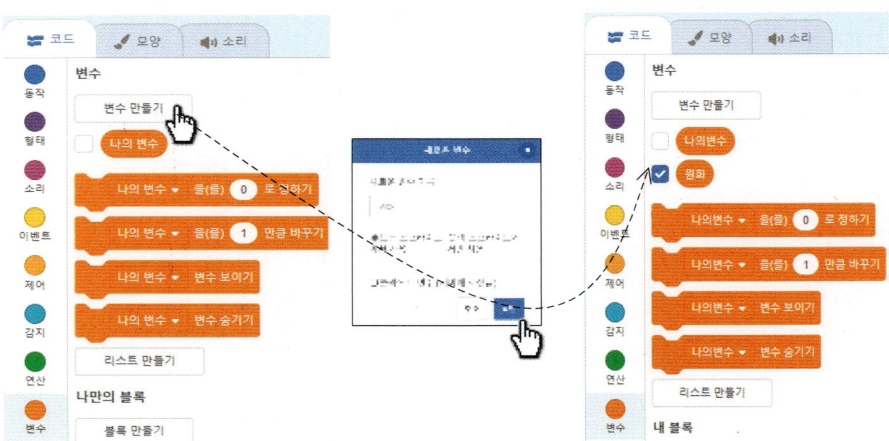

(2) [~라고 묻고 기다리기] 블록을 사용하여 사용자로부터 [원화]을 입력받는다.
(3) [~변수를 ~로 정하기] 블록을 사용하여 (대답)을 [원화]에 저장한다.
(4) [~라고 묻고 기다리기] 블록을 사용하여 사용자로부터 [환율]을 입력받는다.
(5) [~변수를 ~로 정하기] 블록을 사용하여 (대답)을 [환율]에 저장한다.
(6) [원화]÷[환율]을 계산하여 [달러환산] 변수에 저장한다.
(7) [~초 동안 말하기]를 실행하여 [달러환산]의 결과값을 사용자에게 보여준다.

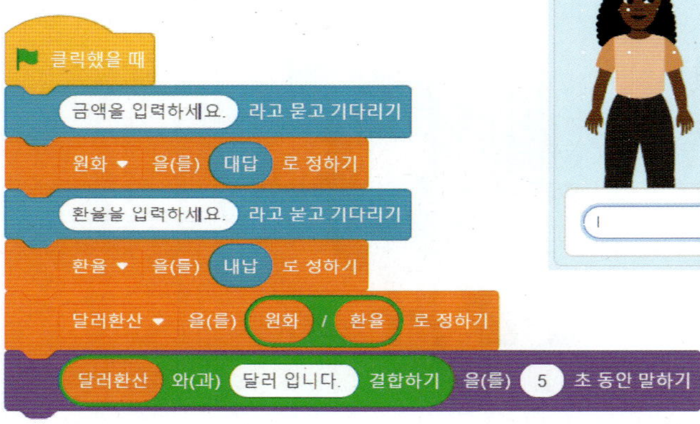

[원화]에 5000을 입력하고 [환율]에 1200원이 입력된다고 가정하면 [달러환산]값은 얼마인가?

정답 :

4.2 급여 실수령액 구하기

사용자로부터 급여와 세율을 입력받아 실수령액을 계산하는 프로그램을 완성하시오.

참고파일 : https://scratch.mit.edu/projects/469292513/editor

(1) 변수 만들기를 이용하여 아래와 같이 변수를 선언한다.
    [급여], [세율], [실수령액] 변수를 만든다.

(2) [~라고 묻고 기다리기] 블록을 사용하여 사용자로부터 [급여]를 입력받는다.

(3) [~변수를 ~로 정하기] 블록을 사용하여 (대답)을 [급여]에 저장한다.

(4) [~라고 묻고 기다리기] 블록을 사용하여 사용자로부터 [세율]을 입력받는다.

(5) [~변수를 ~로 정하기] 블록을 사용하여 (대답)을 [세율]에 저장한다.

(6) [급여]-([급여]*[세율])을 계산하여 [실수령액] 변수에 저장한다.

(7) [~초 동안 말하기]를 실행하여 [실수령액]의 결과값을 사용자에게 보여준다.

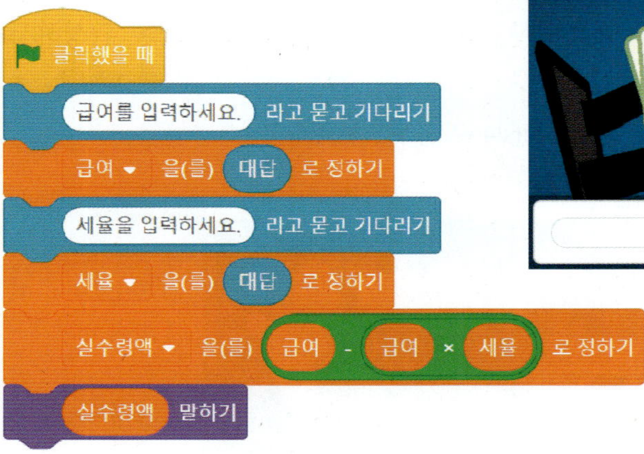

[급여]에 3000000을 입력하고 [환율]에 12.6%를 입력한다고 가정했을 때 [실급여]는 얼마인가?

정답 :

- 실수령액은 급여에서 세금을 뺀 값이다. 세금은 급여의 12.6%이다.
  이때 실수하는 것이 12.6%를 입력할 때 %를 제외하고 입력하는 경우가 많다. 그런 경우 수식을 12.6/100으로 작성하여 0.126으로 계산해야 한다.

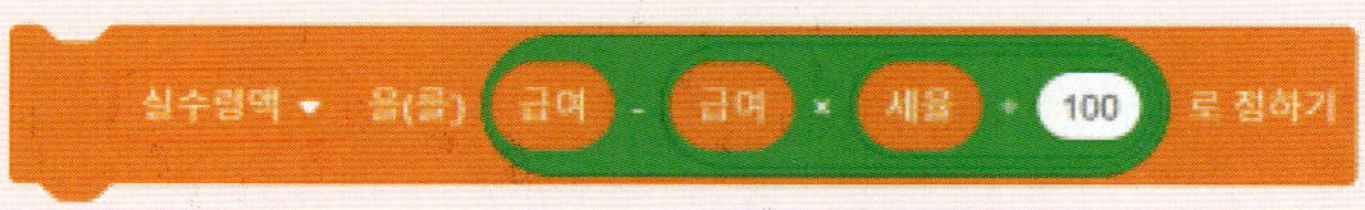

컴퓨팅 사고력 알고리즘	변수의 활용	학번	
		이름	

다음의 내용을 읽고 알고리즘을 완성하시오.

'도넛'과 '선물' 그리고 '풍선' 스프라이트가 있다. 깃발을 클릭하면 모든 스프라이트의 변수값은 0으로 지정한다. 또, 각 스프라이트를 클릭하면 해당 변수값이 1씩 증가하도록 완성해 보자.

참고파일 : https://scratch.mit.edu/projects/469268225/editor/

- 이 기능을 사용해서 게임, 놀이, 대화 등 여러 가지 프로젝트로 확장해보시오.

  예 스프라이트를 클릭하면 말하기, 소리내기, 다른 스프라이트 등장 등

생각해보기

- 그림을 그리는 과정은 프로그램, 알고리즘, 코딩 중 무엇을 나타내는 것인가?

- 알고리즘을 정확히 순서대로 작성해야 하는 이유는 무엇인가?

- 알고리즘을 효율적으로 작성해야 하는 이유는 무엇인가?

- 10명의 성적을 입력받아 평균을 계산하는 알고리즘을 의사코드로 표현해보자.

5 확인학습

1. 다음 중 알고리즘에 대한 설명으로 바르지 않은 것은?
   ① 문제를 해결하기 위한 단계적인 절차이다.
   ② 모든 명령어들의 집합이 알고리즘이 된다.
   ③ 컴퓨터를 위한 알고리즘은 명령어들의 순서 있는 집합이다.
   ④ 알고리즘을 프로그래밍 언어로 구현하면 컴퓨터 프로그램이 된다.

2. 다음 중 ☆ 위치에서 시작하여 해당 칸에 색칠을 하기 위해 순서대로 표현하는 것으로 아래와 같은 명령을 사용할 때 결과로 옳은 것은?

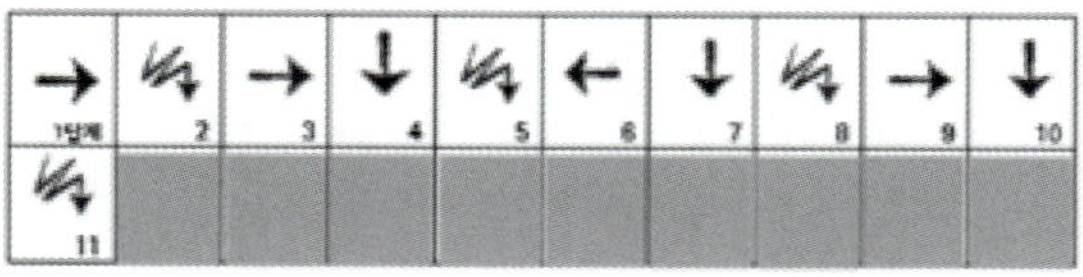

①
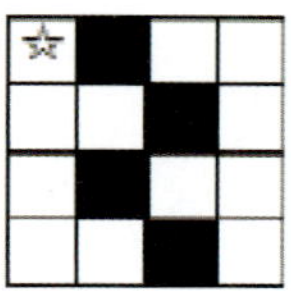
②

③
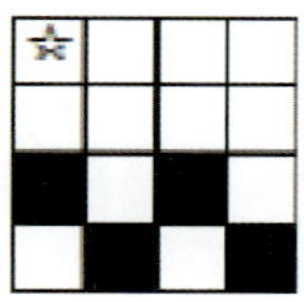
④
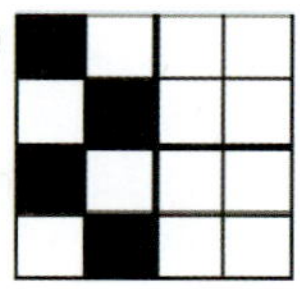

3. 알고리즘을 컴퓨터가 수행하기 위한 조건으로 바르게 설명한 것이 아닌 것은?
   ① 입력과 출력을 가져야 한다.
   ② 각 명령어는 모호하지 않고 명확해야 한다.
   ③ 문제를 해결하는 단계적인 절차는 필요 없다.
   ④ 한정된 수의 단계 후에는 반드시 종료되어야 한다.

4. 알고리즘의 기술 방법과 특징에 대한 설명으로 바르지 않은 것은?
   ① 단순한 기하학적 기호들을 사용하여 표현할 수 있다.
   ② 명령어를 한글이나 영어로 한 줄씩 적는 의사 코드를 사용한다.
   ③ 도형과 화살표를 이용하여 알고리즘을 기술하는 순서도를 사용한다.
   ④ 의사 코드는 자연어보다는 체계적이지 않지만 프로그래밍 언어보다 엄격한 언어이다.

New AI and computational thinking

CHAPTER 08

알고리즘과 프로그래밍(2) 선택 알고리즘

1. 알고리즘과 프로그래밍
2. 선택 알고리즘 표현 실습
3. 언플러그드 - 카드 게임
4. 스크래치 - 선택구조
5. 확인학습

New AI and computational thinking

CHAPTER 08

알고리즘과 프로그래밍(2) 선택 알고리즘

1. 알고리즘과 프로그래밍
2. 선택 알고리즘 표현 실습
3. 언플러그드 – 카드 게임
4. 스크래치 – 선택구조
5. 확인학습

CHAPTER

08 알고리즘과 프로그래밍(2) 선택 알고리즘

1 알고리즘과 프로그래밍

1.1 선택 구조

선택구조는 특정 조건에 따라 다른 선택을 할 수 있다. 선택 구조는 상호작용하는 프로젝트를 만드는 핵심적인 기능이다. 조건 검사 결과에 따라 '참', '거짓'을 판단하여 한 가지를 선택할 수 있다.

1.2 선택구조의 표현

1.2.1 의사코드

의사코드1	의사코드2

만약, 조건 이 참이라면
        명령어1
그렇지 않으면
        명령어2
	만약, 조건 이 참이라면
	        명령어1

만일 조건이 참이면 명령어1을 선택하고 그렇지 않으면 거짓으로 명령어2를 선택한다. 이때 실행해야 할 명령어가 2개 이상이라면 들여쓰기를 잘 맞추어야 한다. 때에 따라 조건이 참이면 명령어1을 실행하지만 거짓인 경우 선택할 명령어가 없는 경우가 있다. 이 경우 거짓일 때 조건 다음의 명령이 실행된다.

의사코드3

만약, 조건 이 참이라면
        명령어1
        명령어2
그렇지 않으면
        명령어3
        명령어4

1.2.2 순서도

순서도1	순서도2
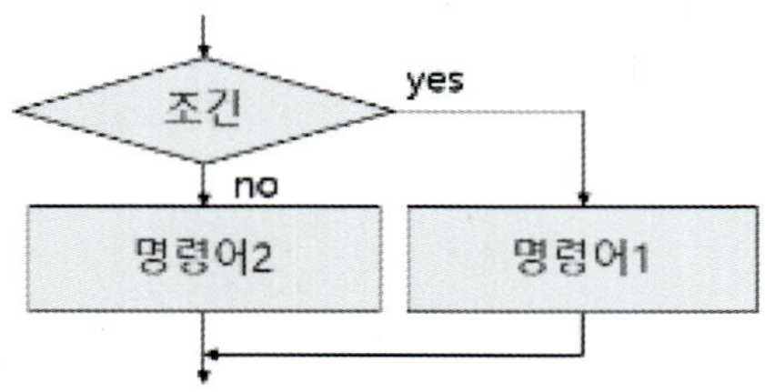	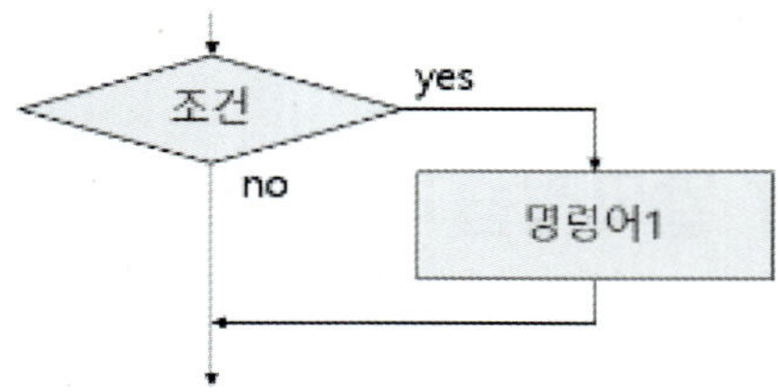

의사코드를 순서도로 나타내었다. 순서도가 문제의 해결과정을 기술하고 이해하는데 용이하다.

1.3 일상생활에서 접하는 선택구조의 예

- 점수가 70점 이상이면 '합격' 그렇지 않으면 '불합격'
- 가위바위보에서 이기면 가방 들어주기
- 내일 비가 오면 캠핑을 가지 못함
- 실내 온도가 26도 이상이면 에어컨 켜기
- 조도가 30럭스 이하이면 가로등 켜기
- 드론 배달 주소가 정확하면 물건 내려놓기

일상생활에서 '~하면, ~하기' 와 같은 형태의 구조를 '선택 구조'라 한다. 컴퓨터에서는 이러한 선택 구조를 조건문으로 표현하고, if~ else를 사용해서 나타낸다.

최근 우리 생활에 도움을 주기 위해 많이 활용하고 있는 드론은 사람이 탑승하지 않은 항공기이다. 점차 소형화되면서 비행놀이를 취미로 하는 사람부터 배달이나 항공농약살포, 산지답사, 고공촬영, 드론쇼 등으로 그 활용도가 넓어지고 있다. 중국에서는 코로나19 확산을 방지하기 위해 열화상카메라를 탑재하여 체온이 높은 사람을 감지하고 마스크를 쓰지 않은 사람을 찾아 내여 착용을 권고하는 용도로 사용 중이기도 하다.

아래의 위치 감지에 따른 드론 선택구조의 예는 드론이 택배 발송을 하는 예를 보여준다. 택배는 누군가에게 배달할 것을 목적으로 한다. 드론에 입력된 배달 위치에 도착하면 택배를 내려놓고 그렇지 않으면 목적지를 향해 계속 날아간다.

〈위치 감지에 따른 드론 선택구조의 예〉

※ 출처 : MMCUAV youtube

실내온도를 감지하고 실내온도가 26도 이상이면 자동으로 에어컨을 켜거나, 비닐하우스에서 온도가 10도 이하로 내려가면 보일러가 작동하도록 조절하는 등 선택구조의 기능이 탑재된 예를 어디서든 찾아볼 수 있다.

〈온도에 따른 보일러 기능 선택구조의 예〉

※ 출처 : LG WHISEN, KITURAMI

어두운 밤 골목길을 걷다보면 가로등이 사람이나 물체를 인지하고 켜지는 것을 보았을 것이다. 이 또한, 물체를 감지하는 센서와 LED를 사용하여 물체가 감지되면 LED를 켜도록 하는 선택구조가 적용된 예이다.

〈물체 감지에 따른 가로등 선택구조의 예〉

스크래치에서는 이러한 선택구조를 표현할 때 다음과 같은 블록을 사용한다. [만약 ~ 라면, 아니면] 블록은 육각형 모양에 참과 거짓을 판단할 수 있는 블록을 넣고 이 조건이 참이면 첫 번째 홈에 있는 블록을 실행하고 거짓이면 아니면 두 번째 홈에 있는 블록을 실행한다.

위 블록은 가로등과 물체와의 거리가 50보다 작아졌다면 가로등을 켜고, 아니면 가로등을 끄도록 하는 코드이다.

2 선택 알고리즘의 표현 실습

2.1 합격여부 판단하기

2.1.1 문제

학생으로부터 성적을 입력받아서 성적이 70점 이상일 경우 합격 그렇지 않으면 불합격을 출력하는 알고리즘 작성하기

2.1.2 필요한 변수, 선택구조 파악하기

- **필요한 변수** : [성적]
- **조 건** : 성적 >= 70
- **선 택 구 조** : 참이면 "합격", 거짓이면 "불합격"

2.1.3 알고리즘 표현하기

의사코드	순서도

시작
입력 "성적을 입력하시오."
[성적] ← 입력값
만약, [성적] >= 70 이면
        "합격" 출력하기
그렇지 않으면
        "불합격" 출력하기
만약 끝
끝
	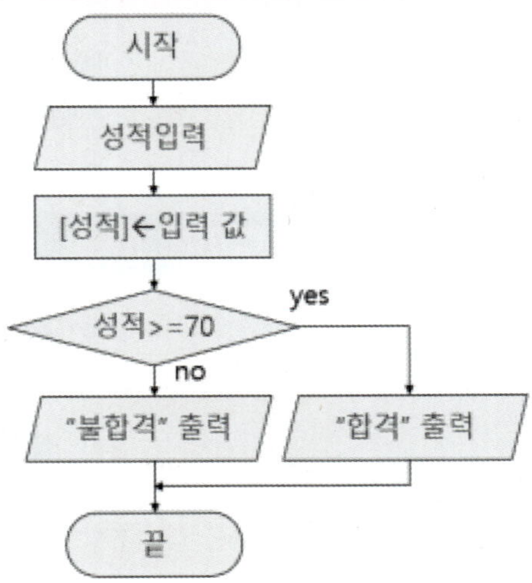

2.1.4 자동화하기

알고리즘을 기초로 스크래치에서 적절한 블록을 찾아 자동화하기

참고파일 : https://scratch.mit.edu/projects/469344359/editor/

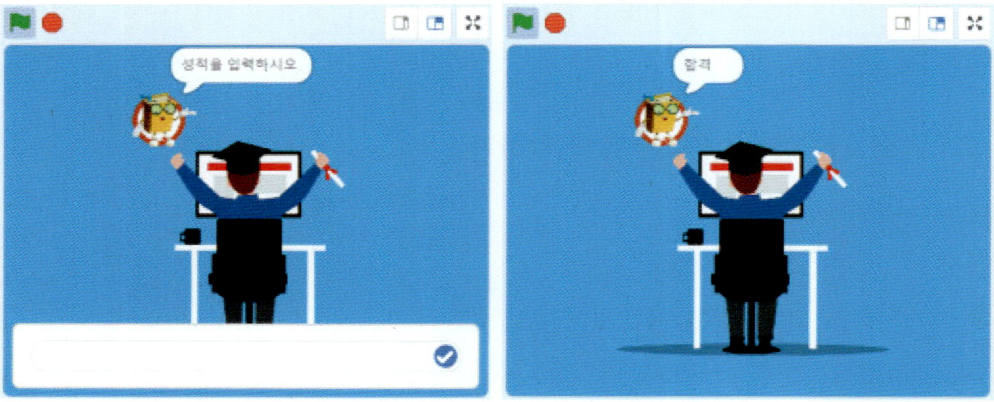

아래 블록을 사용하여 코드를 완성하시오.

2.2 배송료 결정하기

2.2.1 문제

10만원 이상 물건을 구입하면 배송료가 0원, 2만원 이상 구입하면 배송료가 3000원, 2만원 미만을 구입하면 배송료가 5000원이라는 것을 알려주는 프로그램

2.2.2 필요한 변수, 선택구조 파악하기

이 작업을 하기 위해서는 [가격] 그리고 [배송료]를 담을 변수가 필요하다.

- **필요한 변수** : [가격], [배송료]
- **조건**

구입가격	10만원 이상	2만원~10만원 미만	2만원 미만
수식	가격>=100000	가격>=20000	
배송료	0원	3000원	5000원

2.2.3 알고리즘 표현하기

의사코드

```
시작
[가격] 입력받기
만약, [가격] >= 100000 이면
        [배송료] ← 0원
그렇지 않으면
        만약, [가격] >= 20000 이면
                [배송료] ← 3000원
        그렇지 않으면
                [배송료] ← 5000원
        만약 끝
만약 끝
끝
```

순서도

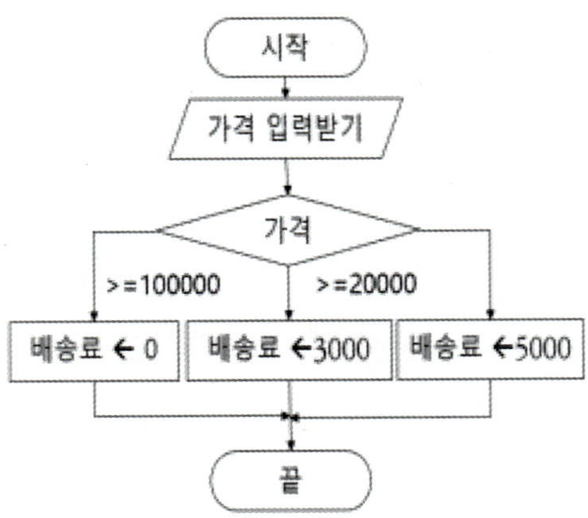

2.2.4 자동화하기

알고리즘을 기초로 스크래치에서 적절한 블록을 찾아 자동화하기

참고파일 : https://scratch.mit.edu/projects/400251348/editor

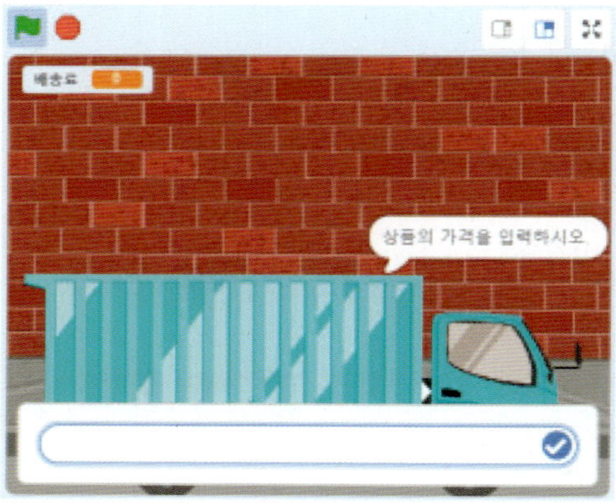

아래 블록을 사용하여 코드를 완성하시오.

2.3 선택 구조

선택구조는 특정 조건에 따라 다른 선택을 할 수 있다. 선택 상황이 두가지 일때는 스크래치 블록 중 [만약 ~라면, 아니면] 블록을 사용한다. 예를 들어 '합격'과 '불합격'의 판단만이 존재한다면 이 블록으로 충분하다.

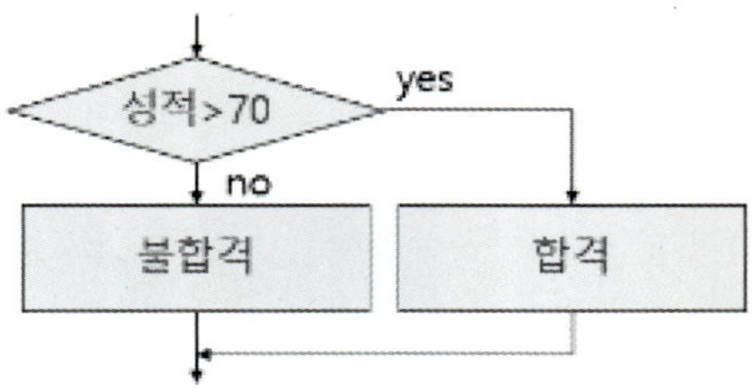

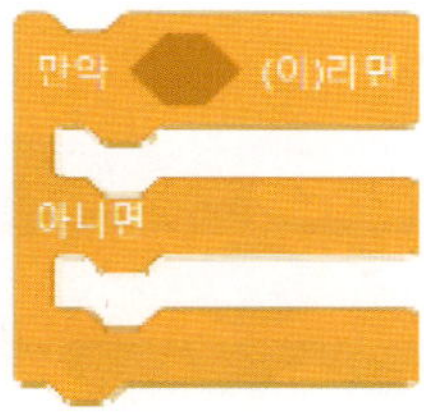

그런데 선택상황이 세 가지 라면 어떻게 사용해야 할까? 아래 블록과 같이 [만약 ~라면, 아니면] 블록을 아래쪽 홈에 두 개 겹쳐 사용한다.

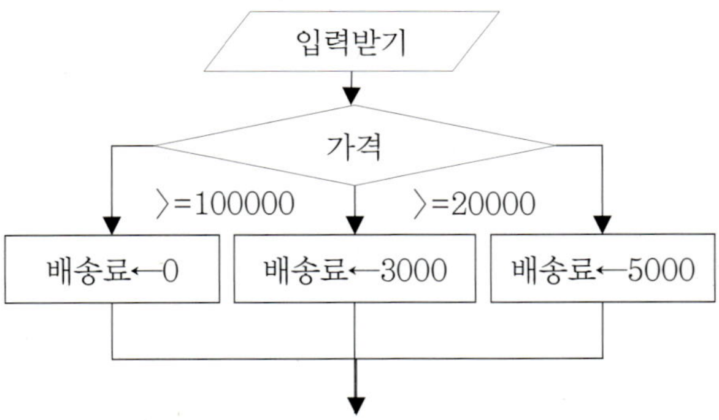

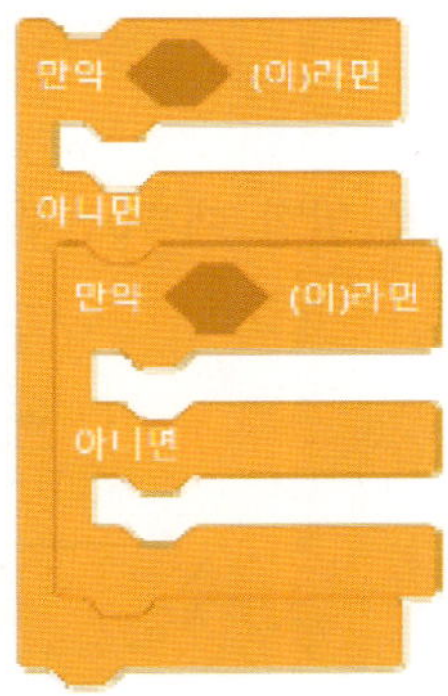

2.4 그리고, 또는

선택구조를 처리할 때 동시에 만족해야 하는가? 하나만 만족하면 되는가? 의 상황에 따라 다른 선택 조건을 만들 수 있다. 예를 들어 "점수가 70점 이상일 때 합격" 의 경우 수학적인 표시는 "점수>=70"과 같이 할 수 있다. 그러나 스크래치에서는 다음과 같이 조건을 입력한다.

왼쪽의 블록은 엄밀히 수학적으로 말하면 "성적>70"이다.

"성적>=70"을 정확하게 스크래치로 표현하면 오른쪽과 같은 블록이어야 한다. 이 블록은 "성적이 70보다 크거나 70과 같은 경우"를 의미한다.

전체 블록은 다음과 같다.

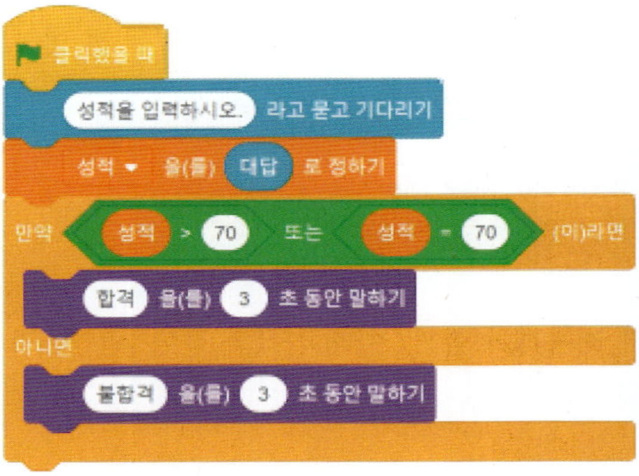

또, 성적을 말할 때 70점부터 80점까지의 범위를 나타내는 의미는 다음과 같이 표현할 수 있다.

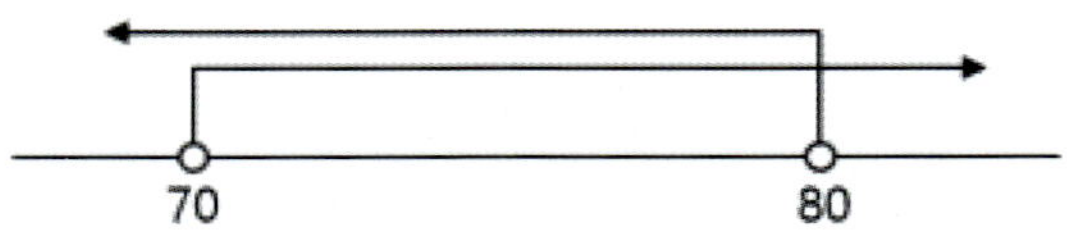

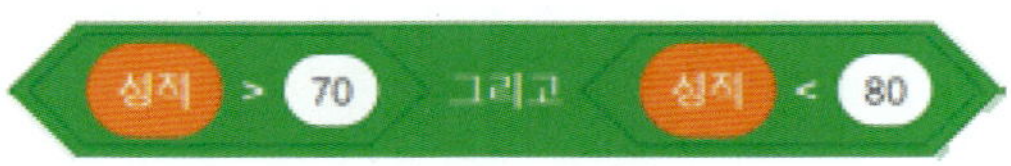

성적이 70보다 크고 80보다 작다면, 즉 70~80까지를 말한다. 이 경우 C학점을 준다면 다음과 같은 블록을 만들 수 있다.

3 언플러그드 - 카드 게임

컴퓨팅 사고력 알고리즘	선택 구조 카드 게임	학번	
		이름	

선택 구조 카드 게임 해보기

〈놀이 규칙〉

① 옆 짝꿍과 가위바위보를 통해 순서를 정한다. 이긴 사람부터 중앙에 있는 카드를 한 장 뒤집는다.

② 주어진 조건문에 따라 카드에 대한 점수를 매긴다. 뒤집기를 4번 반복한 후 얻은 점수를 더한다.

※ 출처 : code.org

1. 다음 조건문에 따라 카드놀이를 해봅시다.

1. 만약 내가 뒤집은 카드가 하트라면
   내가 1점을 얻는다. 아니라면 상대방이 1점을 얻는다.
2. 만약 내가 뒤집은 카드가 5보다 큰 숫자라면
   내가 1점을 얻는다. 아니라면 상대방이 1점을 얻는다.

※ 계산 방법 예 : 만약 내가 뒤집은 카드가 하트♥면서 5보다 큰 숫자라면? 2점을 얻는다.

라운드 / 이름	1	2	3	4	합계
나					
상대					

2. 조건문을 직접 만들어 카드놀이를 해봅시다. 카드 모양, 숫자, 색깔 사용 가능

1. 만약 내가 뒤집은 카드가 ________________라면
   내가 _______점을 얻는다.
   아니라면 상대방이 _______점을 얻는다.
2. 만약 내가 뒤집은 카드가 ________________라면
   내가 ______점을 얻는다.
   아니라면 상대방이 _______점을 얻는다.

라운드 / 이름	1	2	3	4	합계
나					
상대					

생각해보기

- 만일, 선택구조가 컴퓨터와 같은 기계에만 적용되는 것이 아니라, 일상생활에 존재하는 것들을 선택구조로 표현하면 어떤 것들이 있는가? (예 만약 비가 온다면 우산을 가져가고, 그렇지 않으면 선그라스를 가져간다.)

- 세 가지 이상의 선택 상황에서는 선택구조를 어떻게 사용해야 하는가?

4 스크래치 - 선택구조

컴퓨팅 사고력 알고리즘	선택 알고리즘의 표현1	학번	
		이름	

로봇청소기

1. 문제

로봇청소기가 랜덤하게 바닥을 청소한다. 쓰레기가 쌓이는 것을 알기 위해 [쓰레기] 변수를 사용한다. 각 쓰레기와 만나면 [쓰레기] 변수값이 1 증가하고 소리내며 흡수한다. [쓰레기] 값이 4가 되면 청소를 마치고 처음 위치로 돌아가 충전을 시작한다.

2. 필요한 변수, 선택구조 파악하기

이 작업을 하기 위해서는 여러가지 쓰레기를 담을 [쓰레기] 변수가 필요하고, 청소기는 변수값에 따라 청소를 계속할지 충전할지 선택한다.

- **필요한 변수** : [쓰레기]
- **각 스프라이트 조건**

① [청소기]는 계속 움직이고 벽에 닿으면 튕기도록 한다.
[쓰레기] 변수가 4이면 충전자리로 돌아간다.

② [휴지]는 [청소기]와 닿으면 숨기기하고, "Rip" 소리를 재생하고, [쓰레기] 변수를 1만큼 증가한다.

③ [빵]은 [청소기]와 닿으면 숨기기하고, "Chomp" 소리를 재생하고, [쓰레기] 변수를 1만큼 증가한다.

④ [보석]은 [청소기]와 닿으면 숨기기하고, "Whistle Thump" 소리를 재생하고, [쓰레기] 변수를 1만큼 증가한다.

⑤ [돌맹이]은 [청소기]와 닿으면 숨기기하고, "Rip" 소리를 재생하고, [쓰레기] 변수를 1만큼 증가한다.

⑥ [충전기]는 초록색으로 대기하다가 [청소기]가 보내는 [충전하기] 신호를 받았을 때 모양을 충전중으로 바꾸고 프로그램을 종료한다.

3. 알고리즘 표현하기

각 스프라이트의 알고리즘을 생각해보자.

참고파일 : https://scratch.mit.edu/projects/469497476/editor/

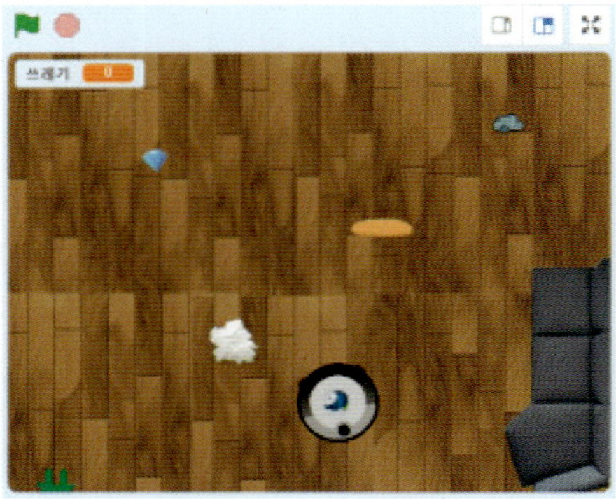

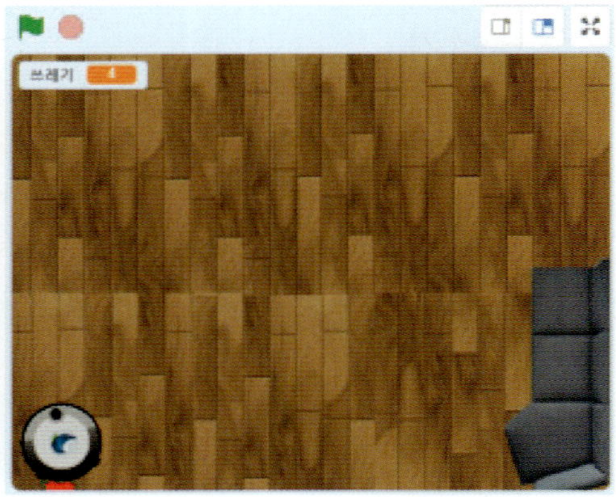

로봇청소기	휴지	충전하기

4. 자동화

알고리즘을 사용하여 자동화해보자.

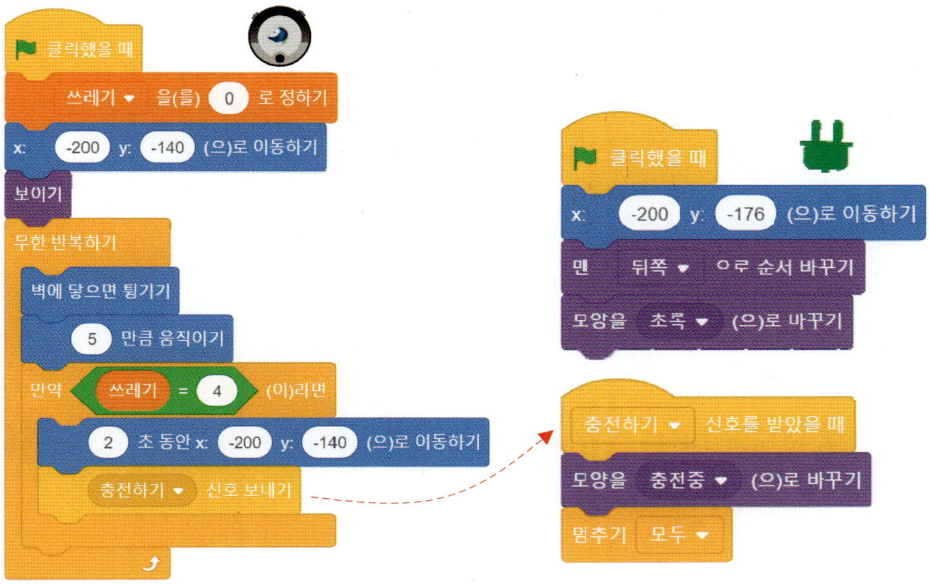

휴지, 빵, 보석, 돌맹이 스프라이트의 코드는 모두 동일하다.
복사 후 소리만 다르게 변경한다.

컴퓨팅 사고력 알고리즘	선택 알고리즘의 표현2	학번	
		이름	

자판기 사용하기

1. 문제

자판기에서 700원짜리 음료를 구입하기 위해 동전을 투입하기 시작하면 금액에 따라 선택 가능한 음료를 표시해서 알려준다. 이때 버튼을 눌러 음료를 구입할 수 있다.

만일 500원짜리 2개를 투입하면 700원짜리 음료 구입 후 거스름돈을 받아야 한다. 이를 처리하는 간단한 자판기 프로그램을 만들어보자.

2. 필요한 변수, 선택구조 파악하기

이 작업을 하기 위해서는 각 음료의 가격을 담을 변수 그리고 사용자가 입력한 금액을 담을 변수가 필요하다. 가장 저렴한 제품의 가격은 700원이다.

필요한 변수 : [입금액], [콜라1], [콜라2], [콜라3], [콜라4], [거스름돈]

조건

- 금액 : 동전스프라이트를 클릭할 때마다 100원씩 증가한다.
  [입금액]이 700원 이상이면 [사용가능여부] 표시를 사용가능으로 변경한다.
- 음료 : 필요한 음료를 클릭하면 배출구로 떨어뜨린다.
- 거스름돈 : 음료를 배출구로 보내면 거스름돈을 계산하여 [거스름돈] 변수에 보여준다.

초기화작업

- 각 스프라이트의 초기 위치를 지정하여 깃발을 클릭하면 자기 자리를 찾아가도록 한다.
- 모든 변수의 초기값을 지정한다.

3. 알고리즘

각 스프라이트의 알고리즘을 표현해보자.

참고파일 : https://scratch.mit.edu/projects/469682492/editor/

순서도로 자판기 알고리즘 표현하기

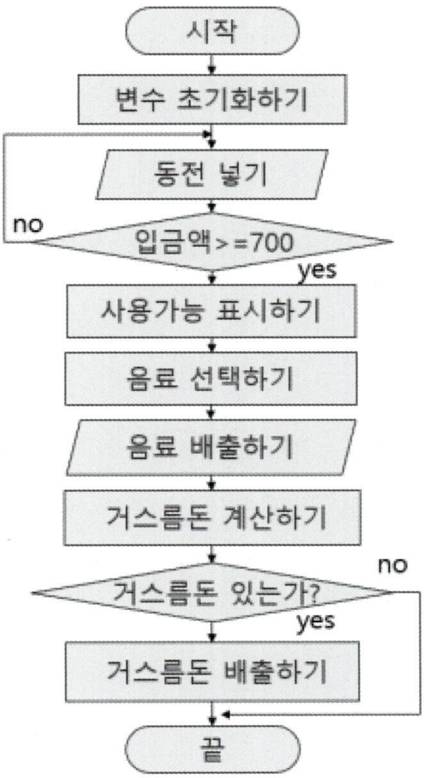

자판기를 사용하기 위해 입금액은 0으로 초기화한다.

동전을 하나씩 넣어주면 입금액에 100원씩 증가하고 최저 물품 금액인 700원보다 크거나 같으면 [사용가능표시]를 초록색으로 만든다.

사용자는 음료 버튼을 눌러 음료를 배출한다.

자판기는 [입금액]−[제품]을 계산하여 [거스름돈]을 지정한다.

거스름돈이 있으면 배출하고 프로그램을 종료하고 그렇지 않으면 그대로 종료한다.

전체적인 자판기 프로그램의 흐름은 순서도와 같다. 자판기의 기능은 세부적으로 들어가면 더 추가해야 하지만 간단히 작성해보기로 한다.

스크래치에서는 각 스프라이트의 기능을 분리해서 넣어주어야 한다.

각 스프라이트의 의사코드

자판기	동전	사용가능여부	콜라

4. 자동화

알고리즘을 기반으로 자동화해보자.

① 자판기

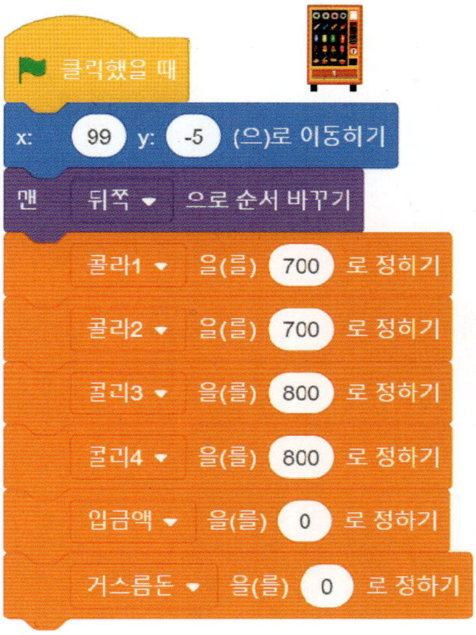

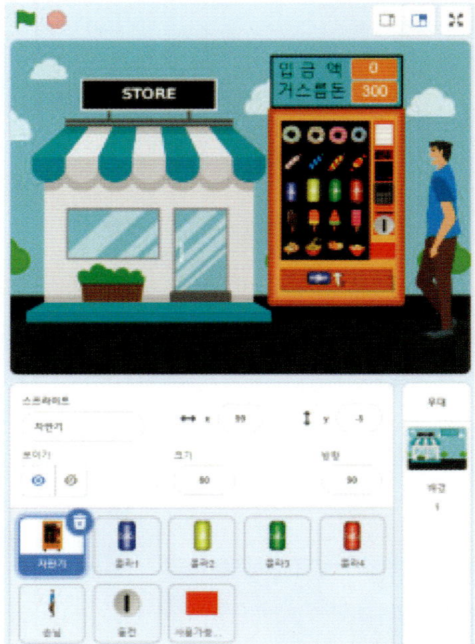

② 동전

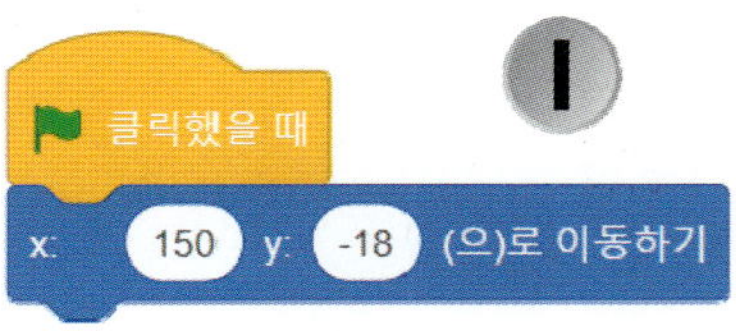

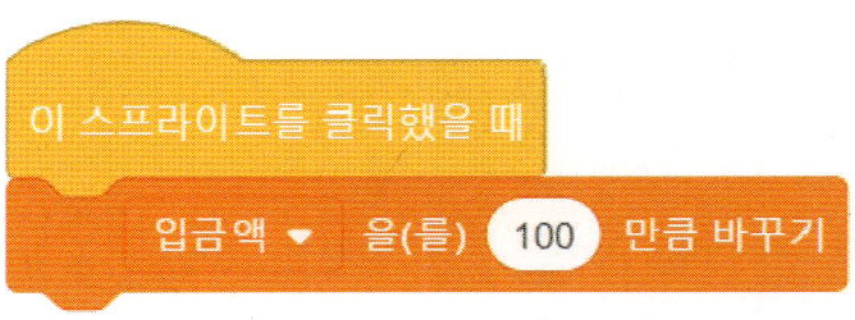

③ 사용가능여부

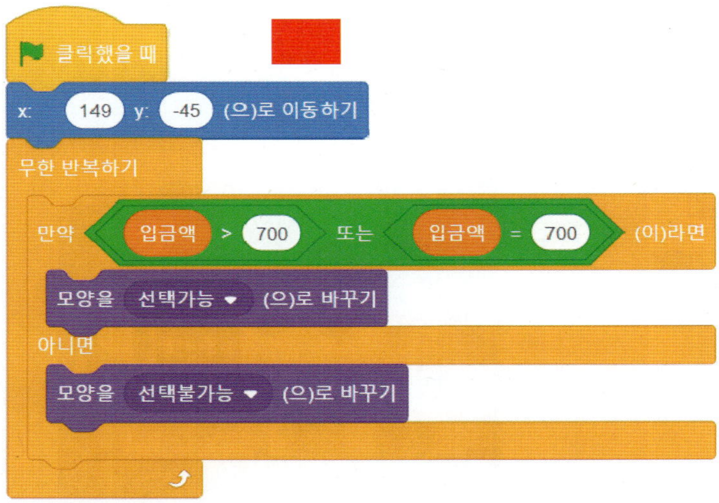

④ 콜라1

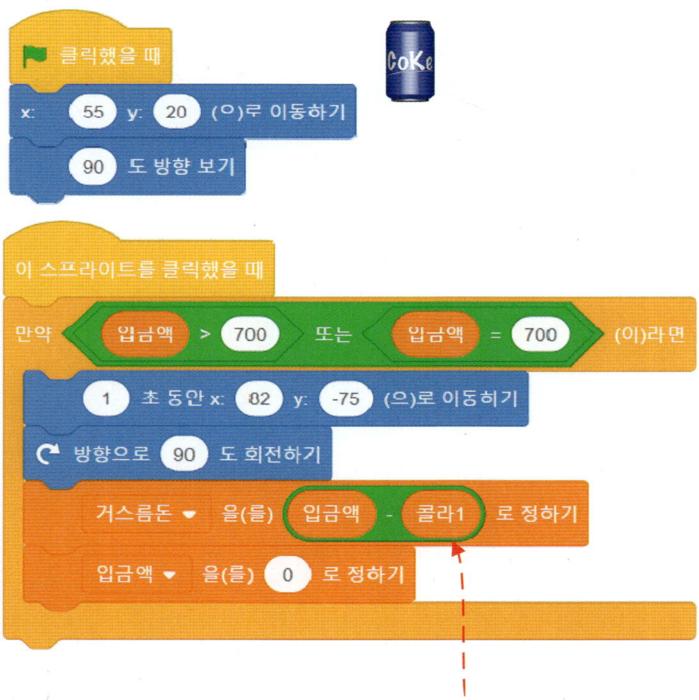

[콜라1] 변수를 [콜라2], [콜라3], [콜라4]로 변경하는 것 외에 코드는 동일하다. 음료의 금액을 다르게 하는 경우 가격도 변경해야 한다.

5 확인학습

1. 다음 중 알고리즘에 대한 설명으로 바르지 않은 것은?
   ① 알고리즘의 기본제어 구조는 순차 구조만 있다.
   ② 선택 구조는 둘 중 하나를 선택하여 실행하는 구조이다.
   ③ 반복 구조는 동일한 명령어를 반복하여 실행하는 구조이다.
   ④ 의사코드는 문법적인 제약이 없는 알고리즘 기술용 언어이다.

2. 컴퓨팅 사고의 중요한 개념 중 하나로 문제에 대한 단계적인 해결책을 개발하는 것을 무엇이라고 하는가?
   ① 분해 ② 패턴인식 ③ 추상화 ④ 알고리즘

3. 내가 뽑은 카드가 다음과 같을 때 다음 조건의 결과 값으로 바른 것은?

만약 내가 뒤집은 카드가 짝수라면 내가 3점을 얻습니다.
    아니라면 상대방이 3점을 얻습니다.

만약 내가 뒤집은 카드가 빨간색 그림이라면 내가 -2점을 얻습니다.
    아니라면 상대방이 -2점을 얻습니다.

	①	②	③	④
나 :	3	−2	3	1
상대 :	−2	3	1	3

4. 다음은 짝수와 홀수를 판별하는 알고리즘이다. ㉠, ㉡, ㉢ 에 알맞은 내용을 순서대로 나열한 것은?

```
"정수를 입력하시오:" 출력하기
정수 입력하기
만약 (정수 mod ㉠) = 0 이라면
  예, 출력하기 "㉡"
  아니오, 출력하기 "㉢"
```

① 2, 홀수, 짝수
② 2, 짝수, 홀수
③ 1, 홀수, 짝수
④ 0, 홀수, 짝수

New AI and computational thinking

CHAPTER 09

알고리즘과 프로그래밍(3) 반복 알고리즘

1. 반복구조의 이해
2. 언플러그드 - 주사위게임
3. 스크래치 - 반복구조
4. 확인학습

New AI and computational thinking

CHAPTER 09

알고리즘과 프로그래밍(3) 반복 알고리즘

1. 반복구조의 이해
2. 언플러그드 - 주사위게임
3. 스크래치 - 반복구조
4. 확인학습

CHAPTER

09 알고리즘과 프로그래밍(3) 반복 알고리즘

1 반복구조의 이해

1.1 반복구조

반복구조란 프로그램에서 어떤 특정한 명령을 여러 번 반복하도록 하는 구조를 말한다. 예를 들어 에어컨은 정해진 온도가 될 때까지 계속 반복해서 차가운 바람을 내보내고, 도로위의 신호등의 신호는 일정한 순서를 가진 규칙이나 시간의 간격으로 계속 반복한다.

아래와 같이 고양이가 이동하는 것이 보이도록 6발 앞으로 움직인 후 말하는 프로그램을 구현하고자 한다.

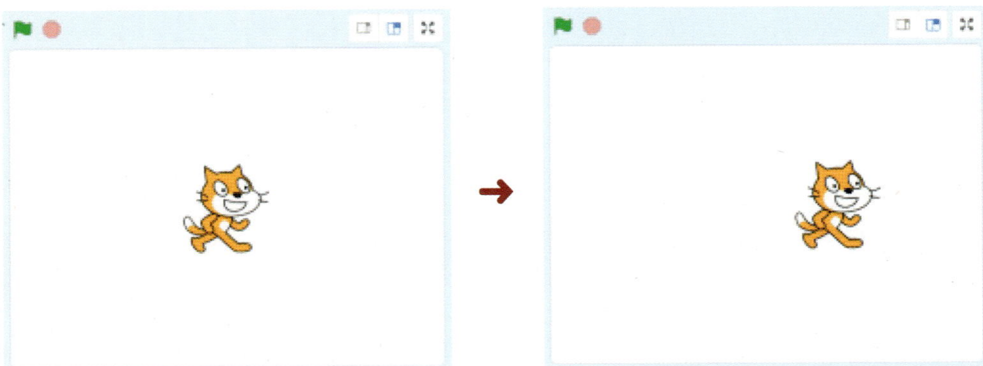

이러한 프로그램을 구현할 때, '10만큼 움직이기', '0.2초 기다리기'를 6번 반복하도록 순차구조로 구현할 수 있다. 그러나 반복되는 패턴이 명백하고 코드가 길어지기 때문에, 코드를 줄이고 간결하게 코드를 표현하고자 할 때 오른쪽과 같이 반복 블록을 이용하여 반복구조로 변경할 수 있다.

스크래치 프로그래밍 언어에서의 반복 구조에 대한 블록은 다음과 같이 3가지 종류가 있다.

무한반복	횟수반복	조건반복
해당 명령문을 무한반복	반복되는 부분을 묶어서 해당 명령문을 특정한 횟수만큼 반복	주어진 조건이 만족할 때까지 또는 조건에 만족되는 동안 반복
무한반복하기	(횟수)번 반복하기	〈조건〉까지 반복하기

즉, 반복구조는 프로그램 중에 어떤 조건이 만족되고 있는 동안 또는 종료 조건이 성립할 때까지 「반복」 실행되는 명령의 집합을 의미한다. 반복되는 상황에 따라서 필요한 횟수와 데이터를 바꾸어 같은 처리를 실행할 수 있도록 해두면 프로그램이 간결하게 될 뿐만 아니라 코드작성 시간도 단축할 수 있고, 프로그램을 실행할 때 주기억(메모리) 영역을 절약할 수 있다. 따라서 주어진 작업을 수행하기 위해 필요한 명령의 수를 줄이는 효과가 있으므로 프로그램 작성의 기본적인 기법으로서 사용된다.

1.2 반복구조의 예 (for loop)

for loop는 프로그램 문장의 반복과 수행을 위한 프로그래밍 명령어로써 반복 횟수는 구문 상에서 결정되는 변수에 의해 조절되며 주로 정해진 횟수의 반복 수행을 하기 위한 문장 구조이다. 즉, for loop는 미리 정해진 시작과 끝, 그리고 증가(간격)가 있는 반복문이다. 예를 들어, 1부터 100까지의 수의 합을 계산하기 위한 프로그램에서 1부터 100까지의 수 중에서 1씩 증가하는 값들의 합을 구하면 되므로 처음 시작이 되는 초기 값은 1이 되고, 프로그램을 끝내기 위한 마지막 값인 목적 값은 100, 그리고 1씩 증가시킨 값들이 필요하므로 증가 값은 1이 된다. 이러한 반복문은 다음과 같은 순환구조의 순서도로 표현할 수 있다.

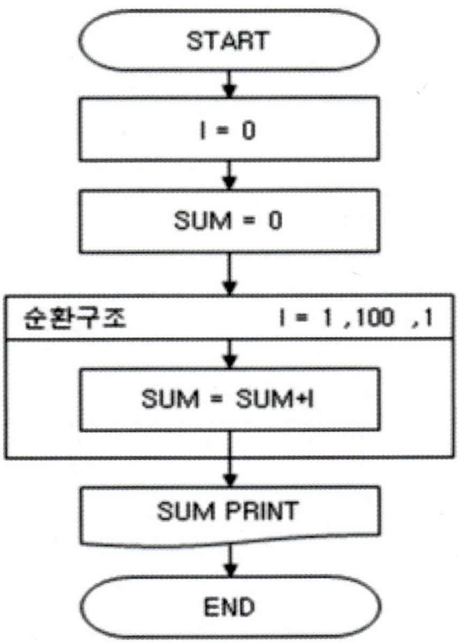

1.3 일상에서의 반복구조 찾아보기

프로그램 반복구조와 같이 우리는 삶 속에서도 특정한 일을 몇 번씩이나 반복하는 경우가 있다. 일상 속에서 loop와 for loop가 어떤 것이 있는지 고민해보는 시간을 가져보면 이 과정 속에서 loop와 구분되는 for loop만의 특징을 완전히 이해할 수 있다. 예를 들면, 우리는 일주일 시간표 속에서 반복구조를 찾을 수 있다. 월, 화, 수, 목, 금요일 내내 하루하루는 반복된다. 그리고 일주일 중 수요일마다 가는 학원은 일정한 간격을 두고 반복되고, 한 달에 4회만 반복된다. 또한, 여름방학이 될 때까지는 매일 학교를 반복해서 가고, 여름방학 기간 동안에는 아르바이트를 계속 할 수 있다. 이러한 우리의 일상 속에서도 반복구조는 존재한다.

생각해보기

- 반복구조를 사용했을 때와 사용하지 않았을 때는 어떤 차이가 있을까요?

- 만일 일상생활에 존재하는 것을 'for loop'로 표현한다면 어떤 것들이 있을까요? (ex.수업 필기, 기상학자 등)

- 1부터 100까지의 합을 구하기 위한 "시작변수", "간격변수", "끝 변수"는 얼마일까요?

2 언플러그드 - 주사위 게임

반복구조	주사위 게임	학번	
		이름	

〈1라운드〉

플레이어1　1.______에서 시작해서 2._______까지 3._______의 간격으로　점수 ______

1 2 3 4 5 6 7 8 9 10 11 12 13 14 15 16 17 18

플레이어2　1.______에서 시작해서 2._______까지 3._______의 간격으로　점수 ______

1 2 3 4 5 6 7 8 9 10 11 12 13 14 15 16 17 18

〈2라운드〉

플레이어1　1.______에서 시작해서 2._______까지 3._______의 간격으로　점수 ______

1 2 3 4 5 6 7 8 9 10 11 12 13 14 15 16 17 18

플레이어2　1.______에서 시작해서 2._______까지 3._______의 간격으로　점수 ______

1 2 3 4 5 6 7 8 9 10 11 12 13 14 15 16 17 18

〈3라운드〉

플레이어1　1.______에서 시작해서 2._______까지 3._______의 간격으로　점수 ______

1 2 3 4 5 6 7 8 9 10 11 12 13 14 15 16 17 18

플레이어2　1.______에서 시작해서 2._______까지 3._______의 간격으로　점수 ______

1 2 3 4 5 6 7 8 9 10 11 12 13 14 15 16 17 18

3 스크래치 - 반복구조

3.1 1부터 10까지의 수 차례로 출력하기

1부터 10까지의 수를 차례로 출력하기 위해서 필요한 변수, 반복구조, 알고리즘, 코드를 살펴보자.

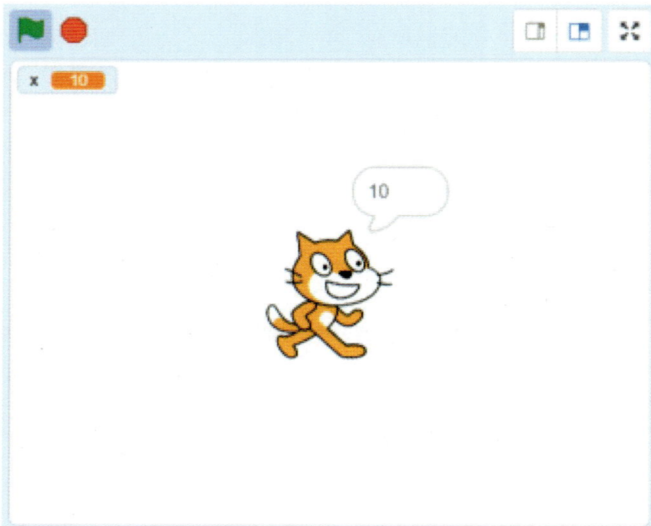

3.1.1 추상화

필 요 변 수	수(x)
반 복 구 조	횟수반복: 초기 값 1, 목적 값 10, 증가 값: 1

3.1.2 알고리즘과 자동화

변수 만들기

① [변수] 카테고리에서 [변수만들기] 버튼을 클릭한다.
② 새로운 변수의 이름을 입력한 후 [확인]을 클릭한다.
③ 새로운 변수가 생성된 것을 확인한다.

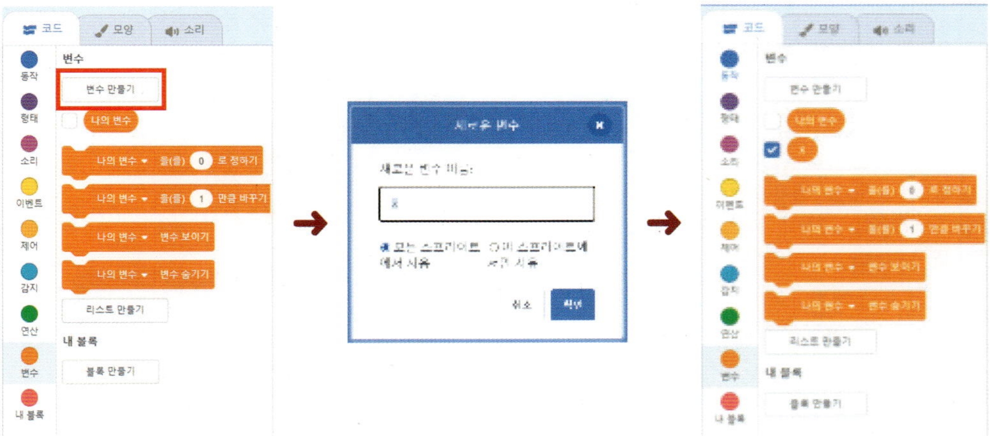

<table>
<tr><th>구현 과정</th><th>블록코드</th></tr>
<tr><td>변수 x을 선택하고 초기값을 1로 정한다.</td><td>
</td></tr>
<tr><td>아래 명령을 10번 반복하기 위해 10번 반복하기 블록을 추가한다.</td><td>
</td></tr>
</table>

구현 과정	블록코드
말하기 블록을 이용하여 변수 x를 출력한다. (변수 x값의 블록을 말하기 블록 안에 넣는다.)	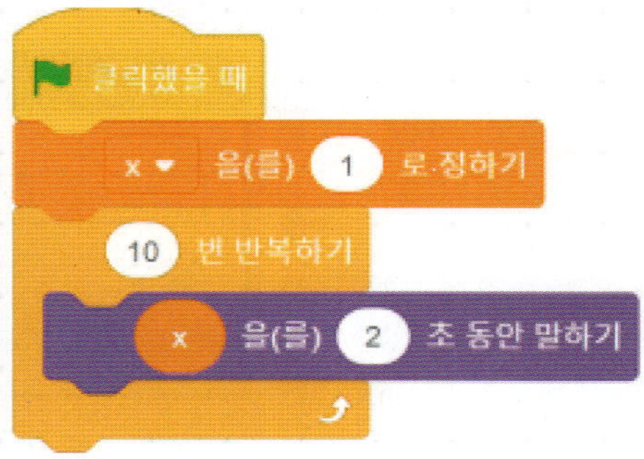
변수 x에 1을 증가시킨다.	
출력 과정을 보이게 하도록 기다리기 블록으로 시간 간격(1초)을 둔다.	

유형	의사코드	완성코드
횟수반복	x ← 1 10번 반복하기 x 출력하기 x ← x + 1 1초 기다리기	
조건반복	x ← 1 x > 10이 될 때까지 반복 x 출력하기 x ← x + 1 1초 기다리기	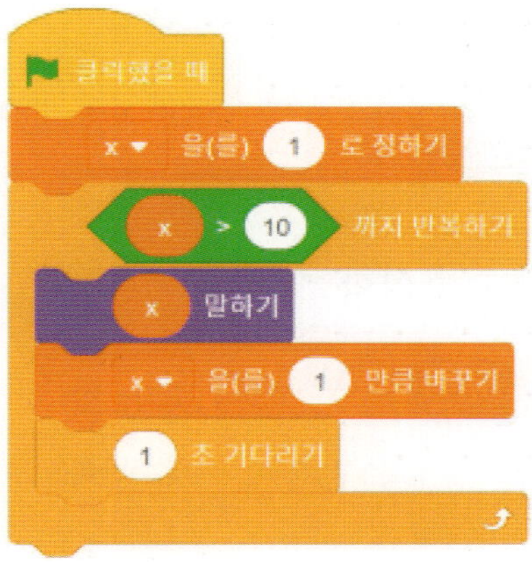

3.2 1부터 10까지의 정수의 합을 계산하여 출력하는 알고리즘

1부터 10까지의 수의 합을 계산하기 위해 필요한 변수, 반복구조, 알고리즘, 코드를 살펴보자.

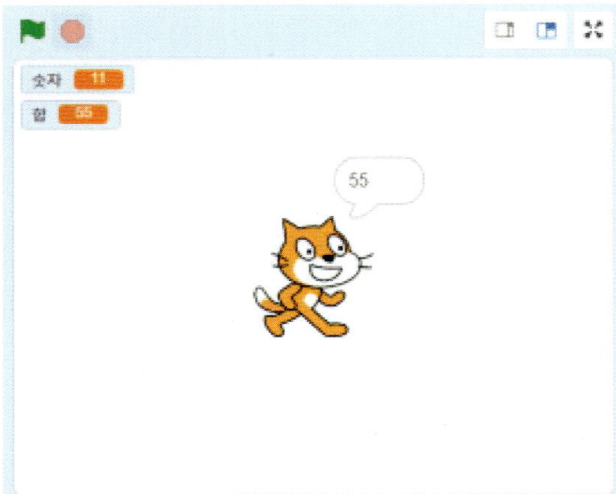

3.2.1 추상화

필 요 변 수	숫자, 합
반 복 구 조	횟수반복: 초기 값 1, 목적 값 10, 증가 값: 1

3.2.2 알고리즘과 자동화

구현 과정	블록코드
[숫자]와 [합] 변수를 만든다.	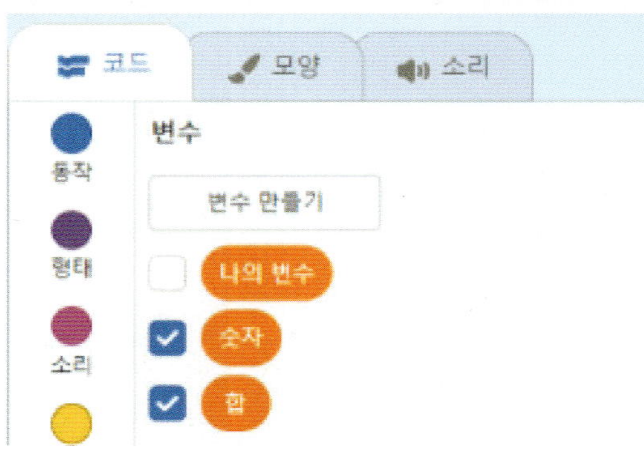

구현 과정	블록코드
변수 [숫자]을 선택하고 초기값을 1로 정한다. 변수 [합]을 선택하고 초기값을 0으로 정한다.	
아래 명령을 10번 반복하기 위해 10번 반복하기 블록을 추가한다.	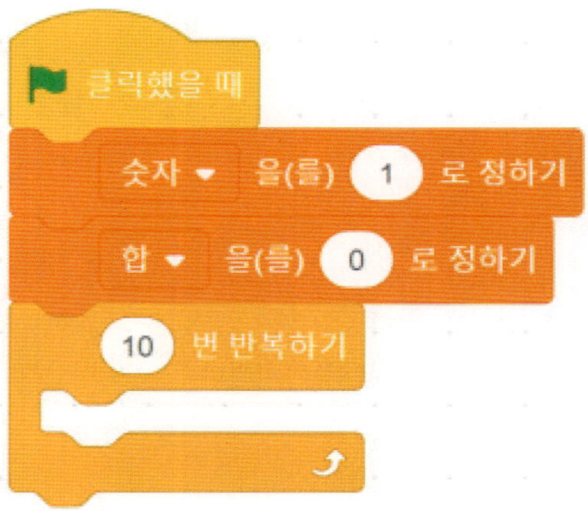
[합] 변수와 [숫자] 변수 값을 더하고, '합' 변수에 새로 저장한다.	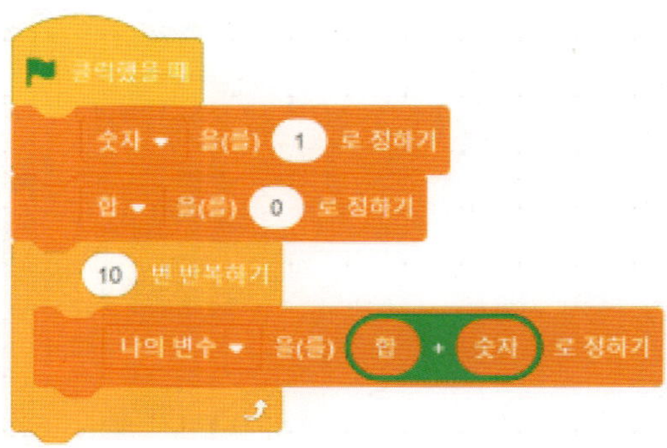

구현 과정	블록코드
말하기 블록으로 [합]의 값을 출력한다.	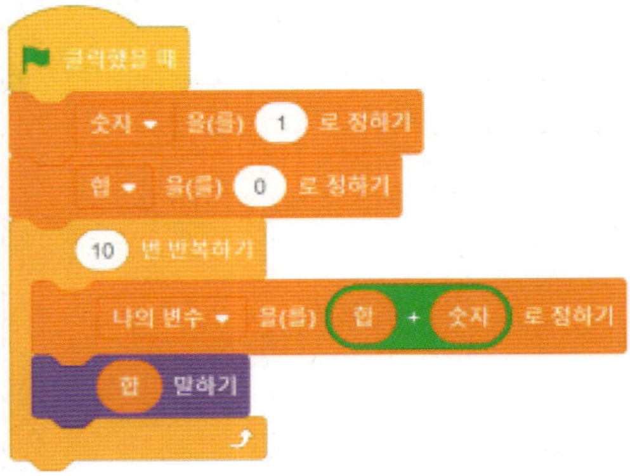
변수 [숫자]에 1을 증가시킨다.	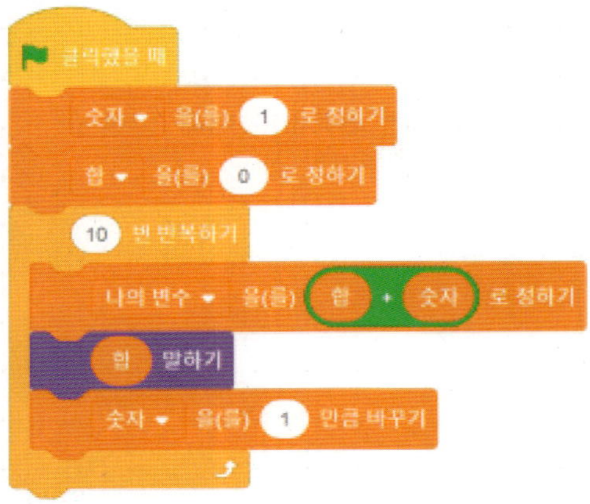
출력 과정을 보이게 하도록 기다리기 블록으로 시간 간격(1초)을 둔다.	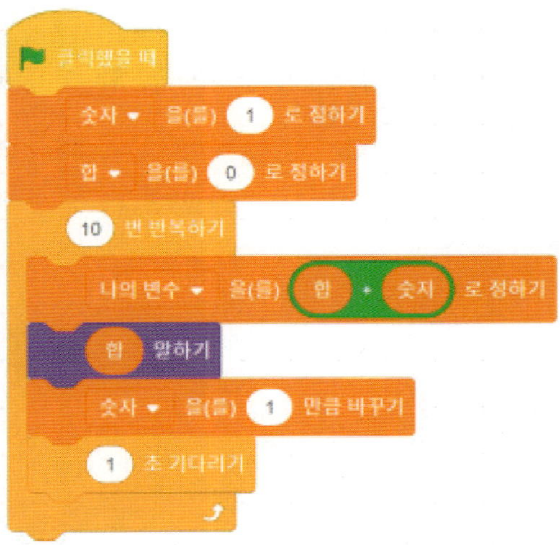

<table>
<tr><th>유형</th><th>의사코드</th><th>완성코드</th></tr>
<tr><td>횟수
반복</td><td>숫자 ← 1
합 ← 0
10번 반복하기
    합 ← 합 + 숫자
    print 합
    숫자 ← 숫자 + 1
    1초 기다리기</td><td>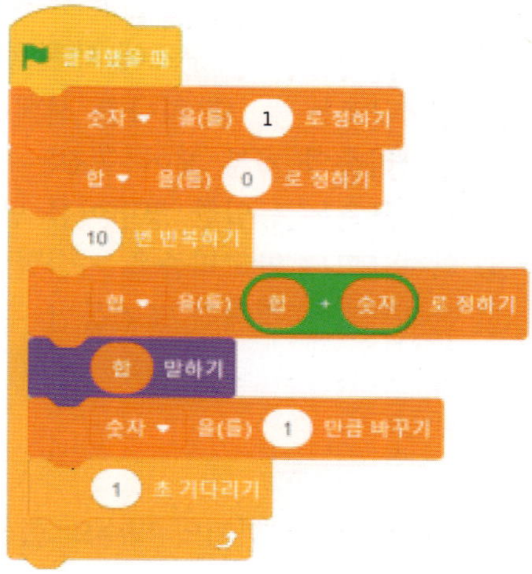
</td></tr>
<tr><td>조건
반복</td><td>숫자 ← 1
합 ← 0
숫자>10이 될 때까지 반복
    합 ← 합 + 숫자
    print 합
    숫자 ← 숫자 + 1
    1초 기다리기</td><td>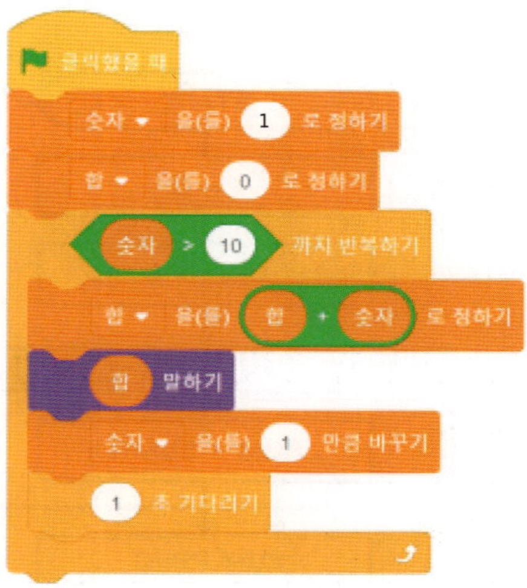
</td></tr>
</table>

4 확인학습

1. 다음 알고리즘과 그 구조에 대한 설명 중 잘못된 것은?
   ① 선택구조는 둘 중 하나를 선택하여 실행하는 구조이다.
   ② 알고리즘의 기본 제어 구조는 순차, 선택, 반복 구조이다.
   ③ 반복구조는 동일한 명령어를 반복하여 실행하는 구조이다.
   ④ 의사코드는 알고리즘을 기술할 때 문법적인 제약이 전혀 없다.
   ⑤ 반복구조는 정해진 조건동안 주어진 명령을 반복시킬 수 있다.

2. 다음은 1에서 20까지의 짝수의 합을 반복구조로 나타낸 순서도이다. 순환구조 안의 3개의 빈칸(초기 값, 끝 값, 간격 값)을 순서대로 채운 것은?

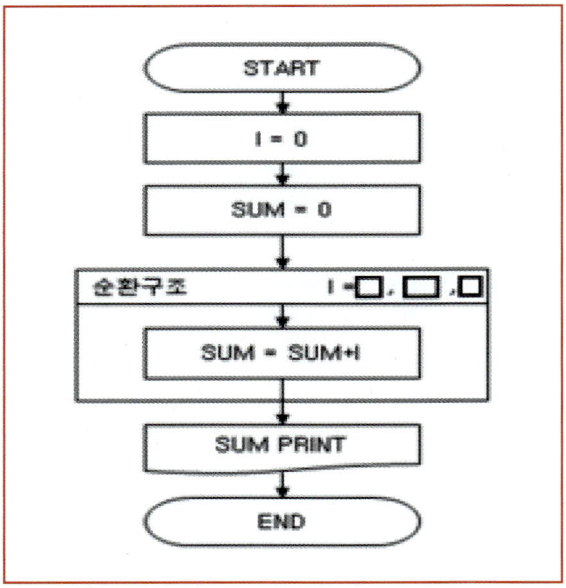

① 20,1,2
② 20,2,1
③ 1,20,2
④ 0,20,2
⑤ 2,20,1

3. 결과와 같이 육각형을 그리고자 한다. 육각형을 만들기 위해서 삼각형을 여섯 번 그리려고 한다. 아래 코드 중 빈 칸을 채워 프로그램을 완성하시오.

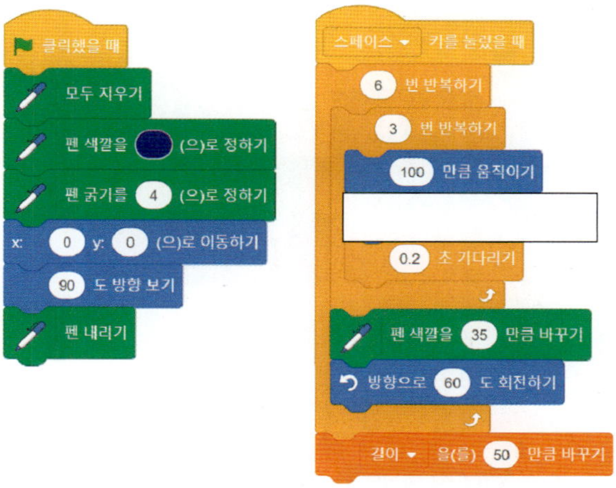

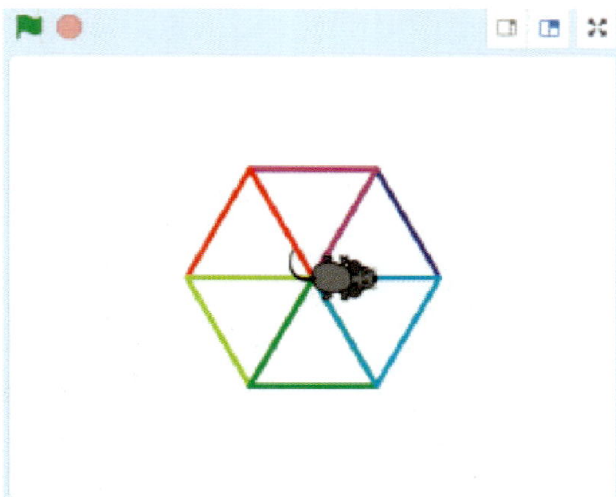

① 방향으로 90 도 회전하기
② 90 도 방향 보기
③ 120 만큼 움직이기
④ x 좌표를 10 만큼 바꾸기
⑤ 방향으로 120 도 회전하기

4. 결과와 같이 꽃잎을 그리려고 한다. 꽃잎이 10장일 경우 어떤 블록을 사용해야 결과를 얻을 수 있는지 생각하고 코드를 완성하시오.

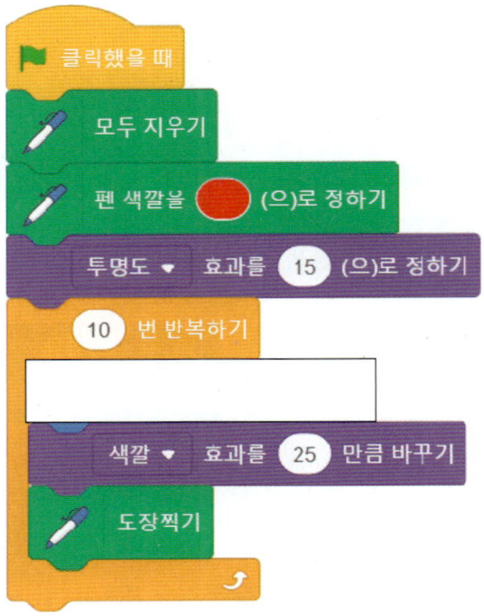

① 방향으로 10 도 회전하기 ② 방향으로 36 도 회전하기

③ 다음 모양으로 바꾸기 ④ 10 만큼 움직이기

5. 두 변수 X와 Y에 두 숫자를 입력한 후 SUM을 계산하였다. 아래의 블록을 실행하여 나오는 SUM 말하기의 결과 값은? (　　　　)

New AI and computational thinking

CHAPTER 10

컴퓨팅 사고력 프로젝트 (화장실안내 프로그램)

1. 추상화
2. 자동화
3. 확인학습

New AI and computational thinking

CHAPTER 10

컴퓨팅 사고력 프로젝트 (화장실안내 프로그램)

1. 추상화
2. 자동화
3. 확인학습

CHAPTER

10 컴퓨팅 사고력 프로젝트 (화장실안내 프로그램)

1 추상화

실제 생활에서 컴퓨팅을 이용하여 문제를 해결하는 사례 중 하나인 화장실 사용 안내 문제를 생각해 보자. 공중화장실을 이용할 때 화장실의 어느 칸이 사용 중인지 화장실 입구에서 알기 어렵다는 문제를 해결하기 위해 화장실 어느 칸이 사용 중인지를 입구에서 확인할 수 있는 프로그램을 만들어 보자. 이 프로그램을 구현하는 과정을 컴퓨팅 사고력의 요소에 따라 생각해 보자.

1.1 문제분해

패턴을 찾아내기 위해서는 주어진 문제를 작게 분해해야 한다. 화장실 안내 프로그램을 만들기 위해 필요한 기능이나 절차를 적어보자.

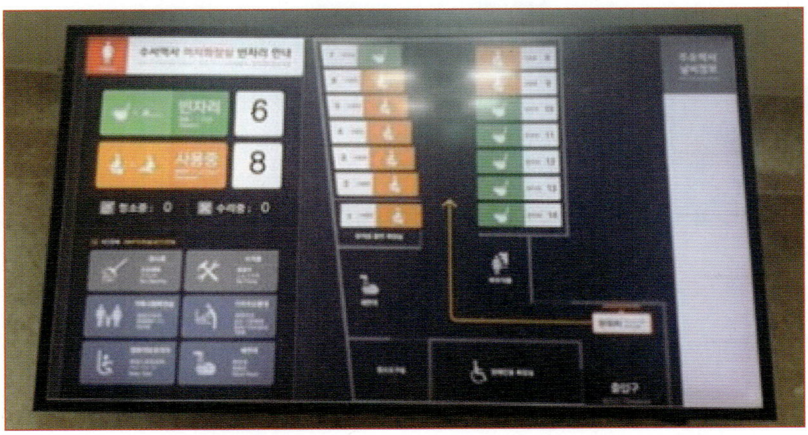

1	화장실 각 칸의 사용여부 확인	각 칸의 문 여닫음 센싱 필요
2	화장실 각 칸의 사용여부 표시	각 칸을 색깔로 구분하여 표시
3	화장실의 사용여부를 숫자 표시	전체 칸 수와 사용 중인 칸 계산

1.2 패턴인식

화장실 안내 프로그램 문제에서 찾아낼 수 있는 패턴은 다음과 같다.

1	화장실 각 칸의 문이 잠겼는지 열렸는지를 실시간으로 확인함
2	문이 잠긴 것을 인식하면 해당 화장실의 칸이 주황색으로 표시됨
3	문이 잠긴 것을 인식하지 못했다면 화장실 칸이 초록색으로 표시됨
4	문이 열릴 때는 빈자리의 수 증가, 사용 중의 수 감소
5	문이 닫힐 때는 사용 중의 수 증가, 빈자리의 수 감소

1.3 추상화

앞에서 찾은 규칙과 패턴을 다음과 같이 수식과 간단한 그래프로 표현할 수 있다.

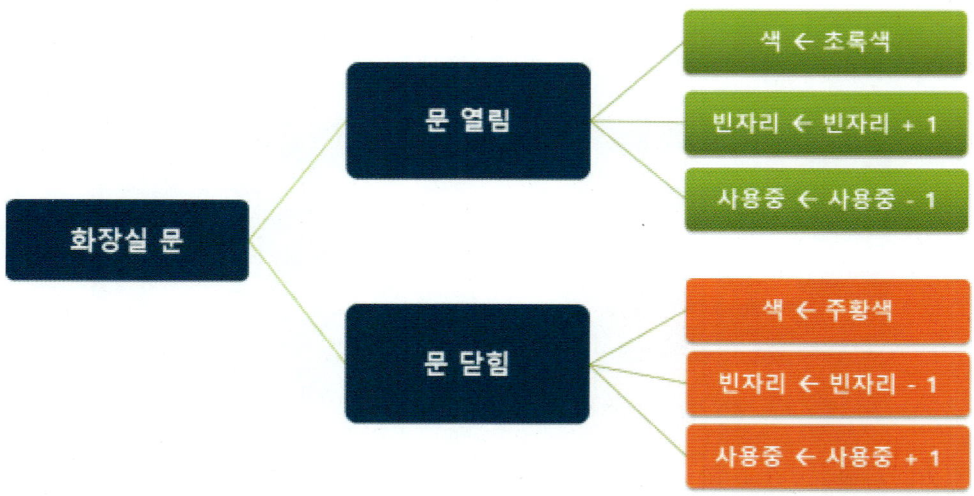

1.4 알고리즘

화장실 안내 프로그램을 구현하기 위한 핵심 알고리즘은 다음과 같이 의사코드로 작성할 수 있다.

초기화	빈자리 ← 6 사용중 ← 0 모든 화장실 ← 초록색
사용 중 (문 닫힘)	만약, 사람이 화장실 칸에 들어가면 주황색으로 변경 사용중 ← 사용중+1 빈자리 ← 빈자리-1
사용안함 (문 열림)	만약, 사람이 화장실 칸에서 나오면 초록색으로 변경 사용중 ← 사용중-1 빈자리 ← 빈자리+1

2 자동화

화장실 안내 프로그램을 프로그래밍 언어로 구현해 봅시다.
(코드 없는 버전 : https://scratch.mit.edu/projects/474915657)

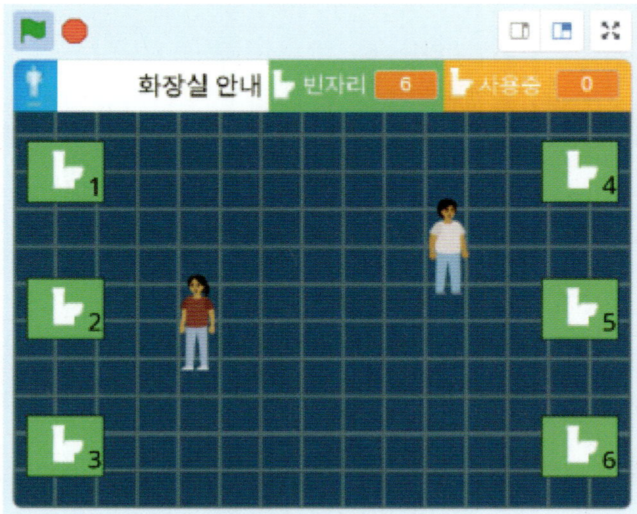

2.1 화장실 문 센싱하기(화장실)

화장실 각 칸이 빈자리일 경우는 초록색으로, 사용 중일 경우는 주황색이 되도록 두 개의 모양으로 준비한다.

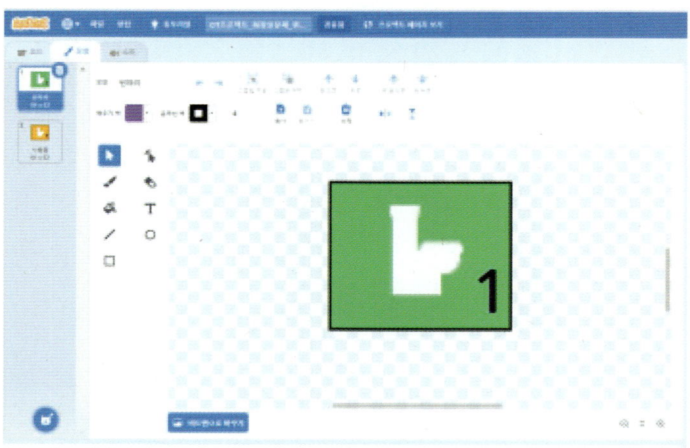

화장실1,2,3,4,5,6 스프라이트에 대해 다음과 같이 구현한다.

구현 내용	블록코드
화장실1 스프라이트의 위치를 x:-200, y:90으로 설정한다. 기본 모양을 빈자리(초록색)로 설정한다.	
사람이 화장실 칸에 닿는지 아닌지 판단한다. (무한반복하여 계속 센싱하도록 한다.)	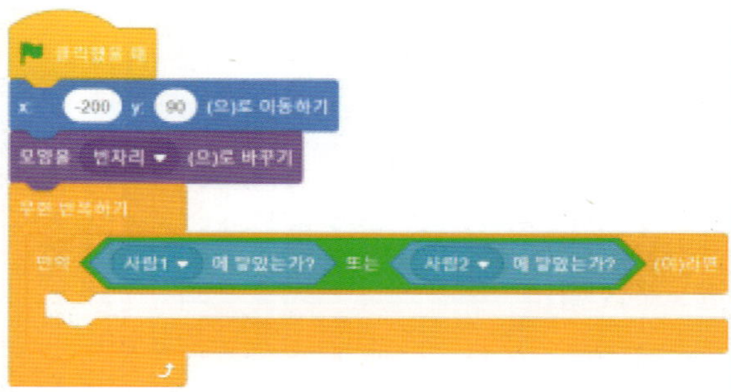
사람이 화장실 칸에 닿으면 사용중(주황색) 모양으로 바꾼다. 사람이 들어온 것을 알리는 신호(사람in)를 보낸다.(이 신호는 무대에서 받는다.)	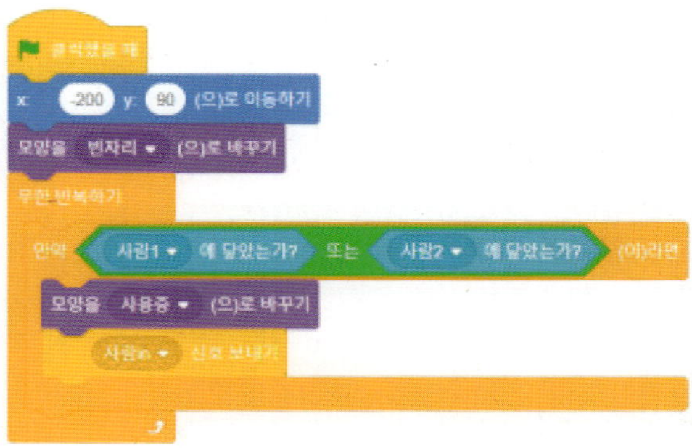
사람들이 칸을 나갈 때까지 명령을 기다린다.	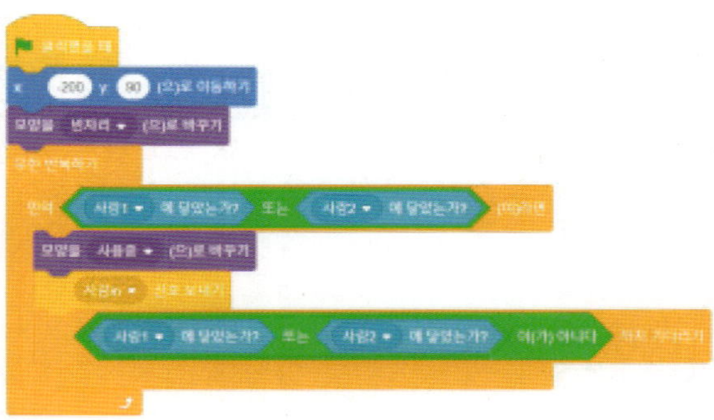

<table>
<tr><th>구현 내용</th><th>블록코드</th></tr>
<tr><td>사람이 화장실을 벗어날 때까지 기다렸으므로 모양을 빈자리로 바꾸고, 사람이 나갔다는(사람out) 신호를 보낸다.(이 신호는 무대에서 받는다.)</td><td>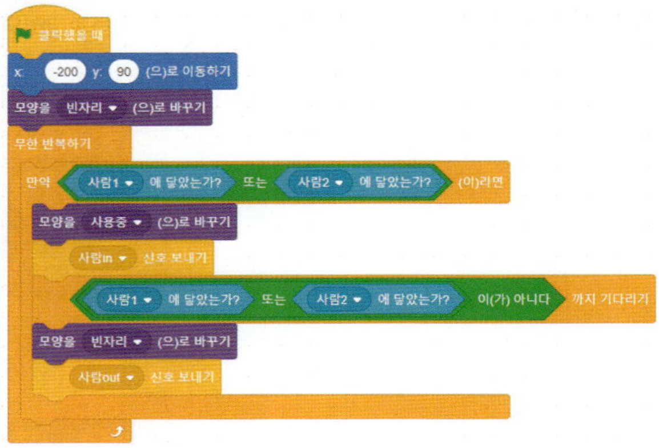
</td></tr>
<tr><td>화장실2,3,4,5,6에 대해서도 동일한 코드를 넣되, x좌표와 y좌표를 지정하여 위치가 겹치지 않도록 한다.</td><td>화장실1: x: −200, y: 90
화장실2: x: −200, y: −20
화장실3: x: −200, y: −130
화장실4: x: 200, y: 90
화장실5: x: 200, y: −20
화장실6: x: 200, y: −130</td></tr>
</table>

2.2 사용 중과 빈자리 수 계산하기 (무대)

무대 스프라이트에 대해 다음과 같이 구현한다.

구현 내용	블록코드
빈자리와 사용 중인 화장실 칸의 수를 담을 [빈자리]와 [사용중] 변수를 만든다.	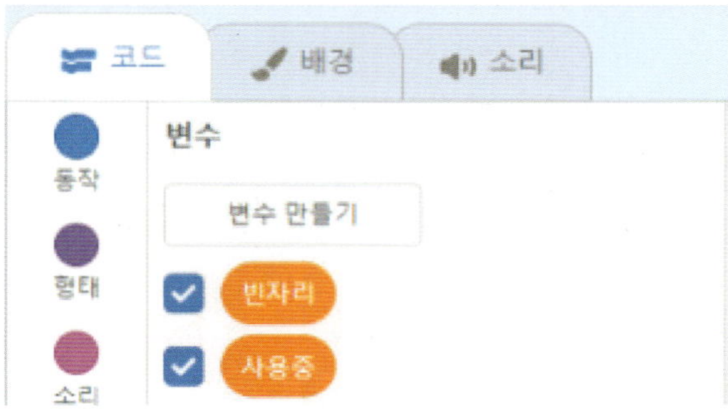
빈자리와 사용중 변수 값의 표시를 더블클릭하여 숫자만 나오도록 하고 빈자리와 사용중 푯말 옆에 배치한다.	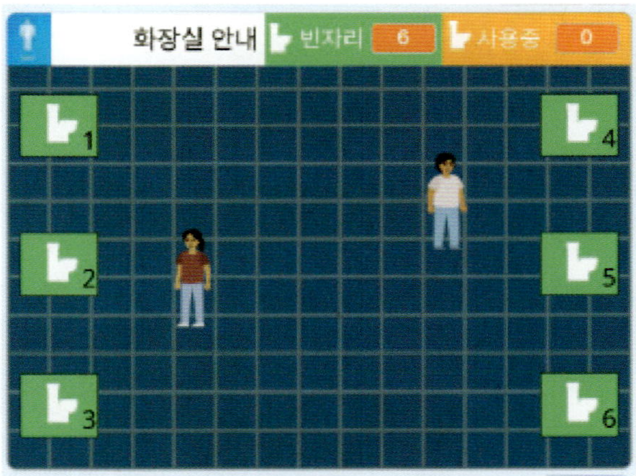
빈자리 변수에는 6, 사용중 변수에는 0으로 저장하여 초기값을 정한다.	

구현 내용	블록코드
사람이 들어왔다는 신호(사람in)를 받으면, 빈자리의 값은 -1로, 사용중의 값은 +1 만큼 바꾼다.	사람in ▾ 신호를 받았을 때 빈자리 ▾ 을(를) -1 만큼 바꾸기 사용중 ▾ 을(를) 1 만큼 바꾸기
사람이 나갔다는 신호(사람out)를 받으면, 빈자리의 값은 +1로, 사용중의 값은 -1 만큼 바꾼다.	사람out ▾ 신호를 받았을 때 빈자리 ▾ 을(를) 1 만큼 바꾸기 사용중 ▾ 을(를) -1 만큼 바꾸기

2.3 사람 움직이기(사람1/사람2)

사람1은 화살표 방향키로 움직이고 사람2는 ASDW키로 움직이도록 다음과 같이 구현한다.

구현 내용	블록코드
사람1을 맨 위에 놓이도록 순서를 정한다. 적당한 위치를 지정한다. 방향키로 움직이라는 안내 메시지를 말한다.	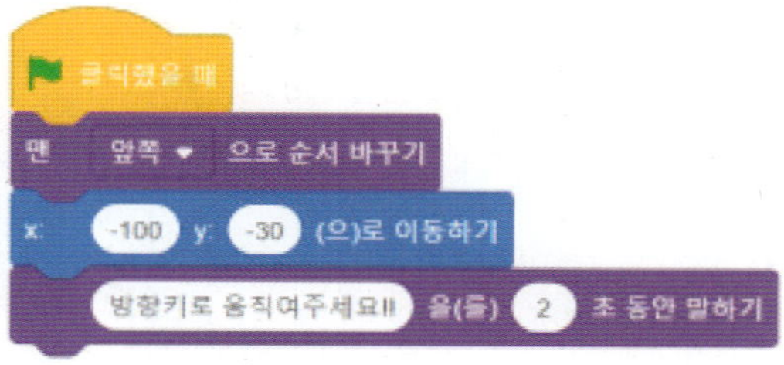
각 화살표키 방향대로 움직이도록 선택구조를 이용하여 아래와 같이 설정해 준다. • 위쪽 화살표 방향 : −90 x좌표 감소시키기(−10) • 오른쪽 화살표 방향 : 90 x좌표 증가시키기(10) • 위쪽 화살표 y좌표 증가시키기(10) • 아래쪽 화살표 y좌표 감소시키기(−10)	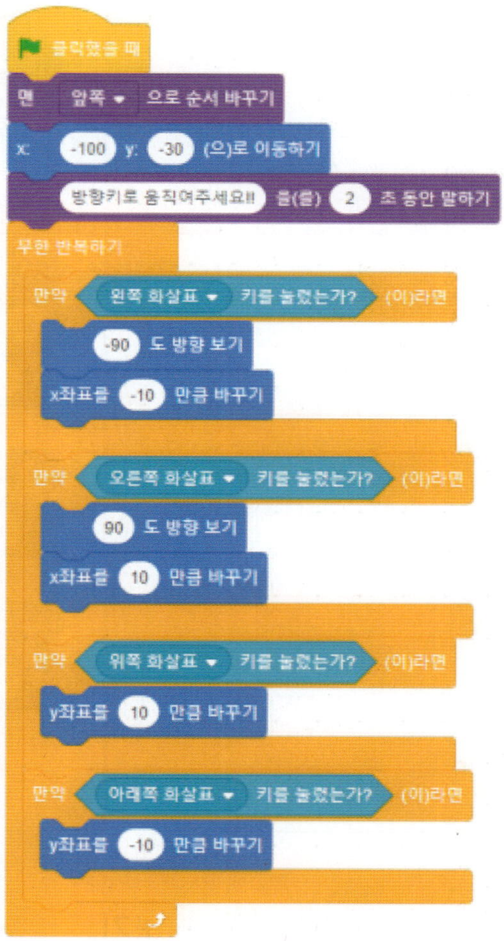

<table>
<tr><th>구현 내용</th><th>블록코드</th></tr>
<tr><td>사람2를 맨 위에 놓이도록 순서를 정한다.

적당한 위치를 지정한다.

알파벳 키(ASDW)로 움직이라는 안내 메시지를 말한다.

• A키
방향: −90
x좌표 감소시키기(−10)

• D키
방향: 90
x좌표 증가시키기(10)

• W키
y좌표 증가시키기(10)

• S키
y좌표 감소시키기(−10)</td><td>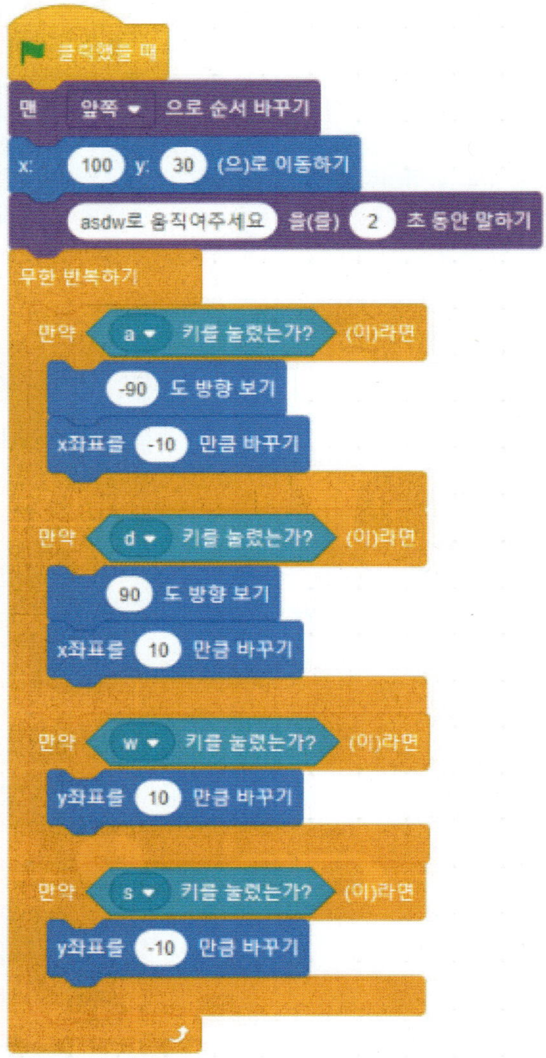
</td></tr>
</table>

2.4 다양한 상황에 적용해 보기

화장실 안내 프로그램과 비슷하게 자리를 계산하는 문제 상황을 생각하여 적용해 봅시다. 예: 열람실 자리 확인 프로그램, 좌석버스 자리 확인 프로그램, 비행기 자리 예약확인 프로그램, 식당 자리 확인 프로그램 등

3 확인학습

1. 고양이 스프라이트의 스크립트를 아래와 같이 작성하고 실행했을 때 고양이 스프라이트가 바라볼 방향은 어디인가?

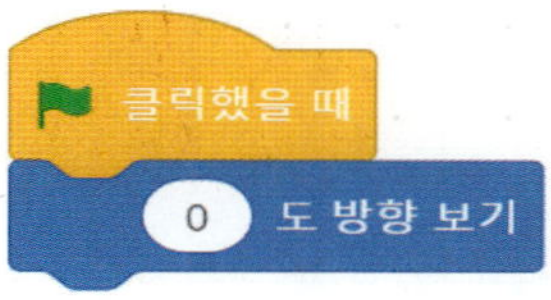

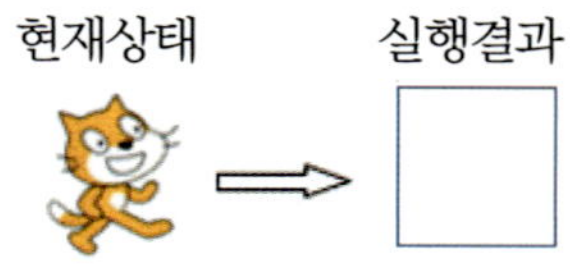

① 오른쪽　② 왼쪽　③ 위쪽　④ 아래쪽

2. 블록의 클릭을 반복할수록 그 값이 누적되는 블록이 아닌 것은?

①

②

③

④

3. 아래 블록들 중에서 다른 블록의 조건으로 들어갈 수 있는 블록은 무엇인가?

①

②

③

④

4. 클릭 한번으로 오른쪽을 보고 있던 스프라이트가 아래를 보고 있도록 할 수 있는 블록은 무엇인가?

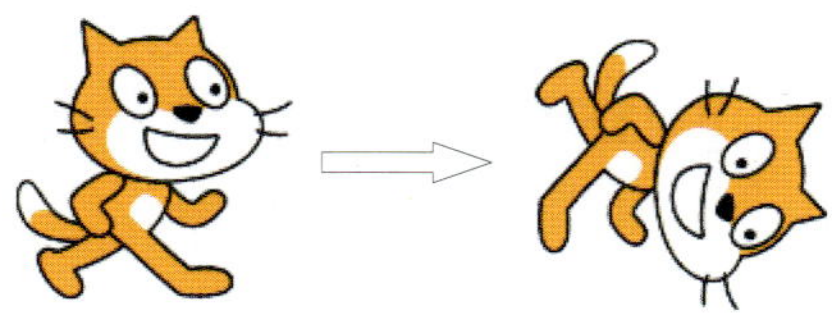

① 10 만큼 움직이기　　② 180 도 방향 보기

③ 방향으로 -90 도 회전하기　　④ 방향으로 90 도 회전하기

5. 다음 현재 문제 상황을 해결하기 위한 목표 상태를 기술해 보시오.

화장실 어느 칸이 사용 중인지 사용가능한 칸이 얼마나 되는지 화장실 입구에서 알기가 어렵다.

New AI and computational thinking

CHAPTER 11 역량강화활동

New AI and computational thinking

CHAPTER 11

역량강화활동

1. 역량기반교육
2. 문제기반학습
3. 역량강화활동
4. 역량강화활동 사례 및 활동지
5. 확인학습

CHAPTER 11 역량강화활동

1 역량기반교육

4차 산업혁명 시대, 융복합 시대라는 용어가 보편화 되면서, 사회는 우리에게 스스로 필요한 지식과 정보를 수집하고, 분석하여 활용할 수 있는 능력을 요구하고 있다.

역량 중심의 교육은 각 개인이 갖추어야 할 지식, 기술, 태도에 대한 것이다. 역량은 하버드 대학교의 White(1959)가 처음으로 언급하였다. 그는 역량은 환경과 효과적으로 상호작용하는 능력으로 특정한 어떤 직무나 직업에 제한해 발휘되는 것이 아닌 더 넓은 영역으로서 개인의 삶을 위해 필요한 능력으로 확장하여 해석한다. Sumsion & Doodfellow(2004)는 역량의 포괄적 의미는 직업에서 어떤 직무 수행에 필요한 지식, 기술, 태도 뿐만 아니라 사회와 산업의 변화에 능동적, 적극적인 대처를 할 수 있는 복합적인 능력을 의미한다고 한다. 역량은 단순히 지식을 가지고 있다는 것을 의미하지 않으며, 어떤 문제 상황이나 과제 수행에서 자신이 갖추고 있는 지식이나 기술, 전략 등을 재조정하고 능동적으로 운용할 수 있는 능력을 의미한다. 따라서 역량이 있는 사람은 주어진 문제 상황을 해석하고, 합리적 판단에 따라 필요한 행동을 취하고, 경험을 통해 지속적으로 자신의 능력을 재조정하고 확장시켜 나가는 사람을 의미한다.

역량은 공통기초역량과 차별역량으로 분류할 수 있다. 먼저, 공통기초역량은 특정 역할과 직무를 수행하는 사람이 갖추어야 할 필수능력이다. 즉, 어떤 일을 수행하거나 어떤 상황의 문제를 해결하는데 필요한 최소한 갖추고 있어야 하는 능력이며, 기본적으로 요구되는 조건이라고 할 수 있다. 다음으로, 차별역량은 최상의 성과를 창출하는 개인의 차별화된 능력이다. 이는 고성과자들이 다른 수행자들과 차이를 가져오는 결정적인 것으로 어떤 일을 해결하기 위해 자신만이 가지고 있는 차별화된 능력을 의미한다.

본 역량강화활동을 통해, 컴퓨팅사고력, 문제해결능력, 정보 처리 및 활용 능력 등을 기르고자 한다.

2 문제기반학습

2.1 문제기반학습이란?

문제기반학습(Problem-Based Learning)이란 배로우(Barrows, 1985) 정의에 의하면, 학습자들에게 실제적인(authentic) 문제를 제시하고, 그 제시된 문제를 해결하기 위해, 학습자들이 상호 공동으로 문제해결 방안을 강구하고, 개별학습과 협동학습을 통해 공통의 해결안을 마련하는 일련의 과정에서 학습이 이루어지는 교수-학습 방법이다. 즉, 문제기반학습(PBL)은 실제적(현장) 문제를 바탕으로 문제해결 과정을 통해 학습자의 능동적 학습을 촉진시키기 위한 교수-학습 방법이다. 이러한 문제기반학습(PBL) 활동을 통해, 문제해결 능력, 창의적 사고, 전략적 사고, 의사소통 능력, 자기 주도성, 팀워크 등을 배양할 수 있다.

컴퓨팅사고력 향상을 위한 문제기반학습(PBL)의 목적은 단계별 이론과 체험을 통해 습득한 지식을 바탕으로, 실제적(현장) 문제를 발굴하고, 문제분해-패턴인식-추상화-알고리즘 도출의 과정을 통합하여 적용 할 수 있도록 하기 위함이다. 즉, 단계별 세부 활동이 문제해결의 전체 활동과 융합될 수 있도록 하고자 한다. 이를 통해, 컴퓨팅사고력을 기반으로 무슨(What) 문제를 왜(Why) 어떻게(How) 해결해야 하는지를 체득할 수 있도록 하고자 한다.

2.2 문제기반학습 단계

문제기반학습(Problem-Based Learning)은 제시된 문제를 이해하는 것으로부터 출발한다. 물론 학습자가 문제를 발굴할 수도 있다. 문제확인, 수행계획수립, 자기주도학습, 해결안도출, 공유 및 정리 단계로 진행된다. 세부적으로 살펴보자.

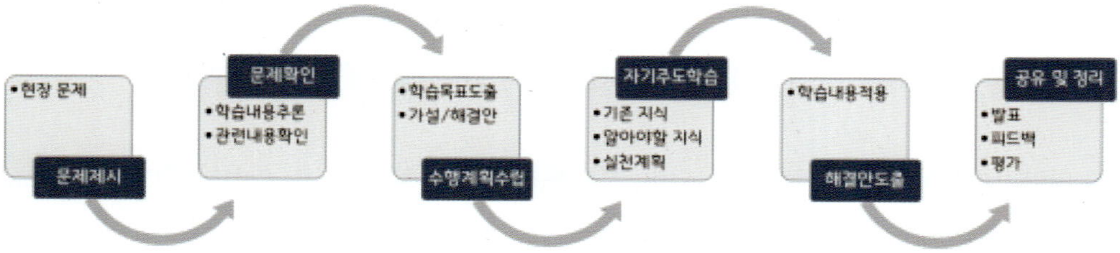

- **문제제시** : 우리 일상 속의 문제 혹은 산업 현장 문제를 제시하거나 스스로 발굴한다.
- **문제확인** : 제시된 혹은 발굴된 문제를 통해, 학습할 내용을 유추하고 관련 내용을 확인한다.
- **수행계획수립** : 문제해결안을 찾기 위한 학습목표를 도출하고, 가설과 해결안을 유추한다.
- **자기주도학습** : 개인 혹은 협동으로 알고 있는 지식, 알아야 할 지식을 정리 한 후에 문제해결을 위한 실천계획(학습계획)을 수립한다.
- **해결안도출** : 개별 혹은 협동으로 학습한 내용을 정리하여 최종 해결안을 도출한다.
- **공유및정리** : 문제해결안에 대해 공유, 비교, 검증과 피드백을 통해 결과를 정리한다.

3 역량강화활동

3.1 역량강화활동이란?

우리 속담에 백문이 불여일견이라는 말이 있다. 이것은 본인이 직접 체험하는 것이 타인에게 듣는 것보다 더 빠르고 정확하게 알 수 있다는 의미이다. 기존의 지식 전달 중심의 교육에서 역량기반의 교육으로 전환되면서, 우리에게 아는 것과 할 수 있는 것의 차이를 묻고 있다. 즉, 학습자 스스로 필요한 지식과 정보를 수집하고, 분석하여 내재화한 후, 이를 바탕으로 새로운 문제를 해결할 수 있는 역량을 요구하고 있다.

우리는 본 교과목을 통해 컴퓨팅사고력의 주요 개념과 요소를 이해하고 있다. 이제 우리가 습득한 지식을 바탕으로 이것을 어떻게 적용하고, 무엇을 할 수 있는가를 생각해야 한다. 즉, 이론적 지식과 기술뿐만 아니라 형식화되지 않는 행동을 통해 내재화할 수 있다. 이러한 활동을 반복적으로 수행하면서 긍정적 행동으로 체화할 수 있을 것이다.

이를 위해 컴퓨터과학의 중요성을 인식하고 컴퓨팅사고력의 개념과 원리 이해를 바탕으로 문제 상황을 발굴하고, 문제분해, 패턴인식, 추상화, 알고리즘 과정을 거쳐 프로그래밍 언어로 자동화해 보는 경험이 필요하다.

3.2 역량강화활동 단계

역량 강화 활동의 목적은 우리 일상 속에서 발생하는 문제에 대해 습득한 지식을 어떻게 적용하고 활용할 수 있는지를 확인하는 것이다. 즉, 일상 속 문제를 바탕으로, 컴퓨터과학, 인공지능 개념과 원리, 컴퓨팅사고력을 이해하여 프로그래밍 언어로 자동화하는 것이다.

문제발굴 및 해결에 컴퓨팅사고력을 활용하는 단계는 아래 그림과 같다. 세부 절차를 살펴보면 다음과 같다.

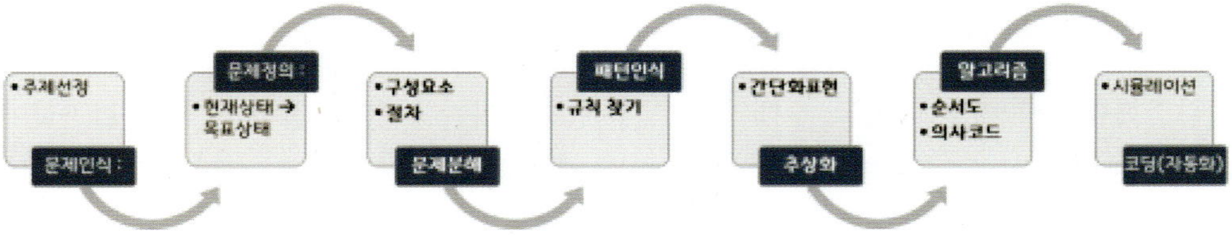

- **문제인식** : 컴퓨팅으로 해결 가능한 실생활 속의 문제 혹은 전공과 관련된 문제를 창의적으로 발굴하고, 주제를 선정한다.
- **문제정의** : 선정된 주제를 바탕으로 현재 상태를 이해하고 목표 상태를 설정하여, 문제로 정의한다.
- **문제분해** : 문제해결을 위해 필요한 자료나 데이터수집을 바탕으로, 구성 요소, 절차(단계), 구현 기능, 작은 단위 처리일 등으로 세분화, 구체화한다.
- **패턴인식** : 세분화된 구성 요소, 기능 안에서 반복되는 과정이나 규칙 등을 찾아 기술한다. 필요한 경우 관련 데이터를 결정하거나, 기준값, 기준 정보 등을 수집한다.
- **추상화** : 인식된 문제에서 핵심요소 혹은 주요 데이터를 선별하여 표현한다. 이때, 앞에서 찾은 패턴을 수식, 비교, 관계, 절차 등의 다양한 방법으로 간단하게 표현한다.
- **알고리즘** : 독립된 작은 단위 기능(모듈)별로 순서도나 의사코드로 표현한다.
- **코딩(자동화)** : 도출된 알고리즘을 프로그래밍 언어로 구현하고, 시뮬레이션하면서 확인한다.

문제발굴 및 문제 정의하기 Tip!

주제는 실생활과 밀접한 관련이 있거나 사회적 이슈와 관심도가 높은 것, 전공과 관련이 있는 것 등을 선정한다. 이 중 해결 대안이 필요한 주제, 특정 문제를 해결해야 하는 정책 등 문제개선이 컴퓨팅으로 해결할 수 있는 문제를 발굴한다.

구분	주요 내용
관련 주제	• 일상생활이나 전공에서 누구나 호기심을 가지고 접근이 가능한 주제 • 전문성이 없어도 이해 가능하여 해결할 수 있는 주제 • 특수하거나 특정인에게 유리하거나 불리하지 않은 과제 • 너무 이념적이거나 관념적이지 않은 주제
작품 사례	• 자취 새내기가 쉽게 생필품 구매하기 • 운동 출석 및 승단 표기 • 교실 열쇠 관리 앱 • 벌레 방지용 청결 유지 도우미 앱

3.3 역량강화활동 평가 방법

역량강화활동에 대한 평가는 수행과정에 대해 점검목록을 통한 점검과 최종 결과물에 대해 루브릭을 바탕으로 평가할 수 있다. 이는 역량강화활동의 과정을 중심으로 점검하기 위한 것이다. 아래는 참고용 수행과정 점검목록 예시이다.

No.	행동지표	아주 잘함	보통	노력 요함
1	계획된 일정을 준수하였는가			
2	컴퓨팅으로 해결 가능한 문제 상황을 현재상태와 목표상태로 적절히 정의하였는가			
3	정의된 문제를 기능, 절차, 데이터 등을 포함하여 문제 상황을 분석하여 적절하게 분해하였는가			
4	문제해결을 위해 문제의 패턴을 구체적으로 표현하였는가			
5	문제해결을 위해 문제 추상화를 구체적으로 표현하였는가			
6	문제해결을 위한 알고리즘을 완성도 있게 표현하였는가(반복구조, 선택구조를 모두 정확히 사용하여 의사코드 및 순서도 표현방식에 맞춰 표현하였는가)			
7	스크래치로 순차, 반복, 선택구조에 맞게 구현하였으며, 변수를 사용한 시뮬레이션이 가능하도록 구현하였는가			
8	제출된 보고서(발표자료) 내용이 창의적이고, 체계적인가?			

또한, 아래는 참고용 루브릭 예시이다.

평가기준	하	중	상	방법
산출물 일정 준수	미제출	산출물 일부만 제출한 경우	계획된 일정을 준수하여 발표자료 및 스크래치 프로젝트를 제출한 경우	산출물 및 발표자료 확인
문제정의 및 문제분해	내용 미비 또는 없음	문제 상황을 대략적으로 제시(일반적인 문제 상황 포함)하고 일부 분해함	컴퓨팅으로 해결 가능한 문제 상황을 구체적이고 명확하게 제시하고 분해함	산출물 및 발표자료 확인

평가기준	하	중	상	방법
패턴인식	내용 미비 또는 없음	문제해결을 위해 문제의 패턴과 규칙을 일부 표현함	컴퓨팅으로 문제해결을 위해 문제의 패턴을 구체적으로 표현함	산출물 및 발표자료 확인
추상화	내용 미비 또는 없음	문제해결을 위해 문제 추상화를 일부 표현함	컴퓨팅으로 문제해결을 위해 문제 추상화를 구체적으로 표현함	산출물 및 발표자료 확인
알고리즘	내용 미비 또는 없음	컴퓨팅으로 문제해결을 위한 알고리즘을 기술함 (반복구조, 선택구조 중 하나만 사용함)	컴퓨팅으로 문제해결을 위한 알고리즘을 완성도 있게 표현함(반복구조, 선택구조를 모두 정확히 사용하여 의사코드 혹은 순서도로 표현함)	산출물 및 발표자료 확인
자동화	내용 미비 또는 없음	스크래치로 일부 구현함 (프로그래밍의 일부 구조와 기능 활용)	스크래치로 순차, 반복, 선택구조에 맞게 구현하였으며 변수를 사용한 시뮬레이션이 가능하도록 구현함	스크래치 실행 확인

4 역량강화활동 사례 및 활동지

4.1 역량강화활동 사례 : 스마트 음료 자판기

1. **문제인식 및 문제정의** : 우리 일상의 문제 중에서 문제 상황을 발굴하고, 컴퓨팅 관점으로 해결하기 위한 목표상태를 정의해 봅시다.

주제	스마트 음료 자판기
문제 상황	학교에서 갑자기 음료수를 먹고 싶은 경우, 근처에 가게가 없거나 혹은 가게까지 가는 것이 귀찮은 경우가 있다. 이런 경우 자판기가 있으면 좋겠다는 생각을 한다. 또한, 자판기를 통해, 계절에 따라 차가운 음료 혹은 따듯한 음료를 쉽게 구하고 싶다.
현재 상태	근처에 자판기가 없다. 혹은 자판기가 있어도 차갑게나 따듯한 음료를 제공하는 것은 아니다.
목표 상태	건물마다 자판기를 설치하고, 스마트 자판기에서 차가운 음료 혹은 따듯한 음료를 쉽게 구매할 수 있다.

2. **문제분해** : 정의된 문제를 바탕으로, 현재상태의 자료를 수집하여, 해결에 필요한 구성요소(기능), 절차(단계), 데이터 등으로 분해해 봅시다.

구성요소(기능)	세부 내용
냉각/가온 기능	자판기에 전원이 공급되면, 일정 온도 이상 혹은 이하로 설정한다. 냉각 혹은 가온 상태를 유지한다.
화폐 확인 기능	동전이 투입되면, 크기, 무게, 두께 등을 감지해서 위화 여부를 판별한다. 지폐가 투입되면 감지 센서로 위폐 여부를 감별한다. 위화 혹은 위폐이면 반환구로 보낸다. 정상 화폐이면 화폐 통이나 거스름돈 통으로 보낸다.
음료 선택 기능	자판기에 음료가 쌓여 있으면 판매대기 상태를 유지한다. 화폐가 투입되면 음료 가격에 따라 선택 가능 버튼이 활성화된다. 음료 버튼은 클릭하면 하나를 배출구로 보낸다. 그리고 남은 수량은 하나 감소 표시한다.
인공지능 학습	일일 판매 수량, 음료 판매에 따라 재고량 등을 기반으로 학습하여 최적화한다.

단계(절차)	세부 내용
판매대기	자판기에 전원이 켜져 있고, 음료가 채워져 있다. 적정온도를 유지하고 있다. 판매 가능 대기 상태이다.
화폐투입	원하는 음료를 구매하기 위해 동전 혹은 지폐를 투입한다. 위화 혹은 위폐 여부를 센서가 확인한 후 정상이면 금액이 증가한다. 음료 가격과 같거나 높으면 해당 음료 판매가능 램프에 불이 켜진다.
판매(구매)	원하는 음료의 판매가능 램프를 클릭하면, 자판기가 음료를 배출구로 보낸다. 만약 연속 구매의 경우는 금액을 다시 확인한다. 음료 가격 이상이 투입되어 있으면 판매가능 램프에 불이 켜진다. 투입 금액을 확인하여 잔돈을 반환한다. 판매가 종료되면 판매대기 상태로 전환된다.
갈증해소	음료를 꺼내 마신다.

3. **패턴인식 : 분해된 구성요소(기능), 절차(단계), 데이터 등에서 반복되는 패턴이나 규칙을 찾아봅시다.**

패턴(규칙)	세부 내용
동작 절차	입력조건이 맞으면 제품을 출력한다. 즉, 일대일 함수 구조이다. 판매대기 → 화폐투입 → 재고량 확인 → 음료 선택 → 음료 반환 → 잔돈 반환 → 판매대기
판매 수량	음료별 판매 수량을 확인한다.
재고 수량	음료별 재고 수량을 확인한다.
판매 금액	음료가 판매될 때마다 화폐 통에 화폐가 쌓인다.
인공지능 학습	날짜별, 음료별 판매 수량, 재고 수량 등을 학습한다. 일정 재고 수량 이하면 무선 센서로 재고 수량을 회사에 통보한다.
음료 탑재	음료별 일정 재고 수량 이하면 음료 수량을 보충한다.

4. 추상화 : 인식된 패턴(규칙) 중에서 중요한 요소를 선별하여 패턴을 간단한 수식이나 다이어그램으로 표현하여 봅시다.

구분	세부 내용
변수 표현	음료별 재고 수량 음료별 판매 수량 잔돈(10원, 50원, 100원, 500원) 수량 판매 금액
추상화 표현	일대일 함수 : 음료 반환 = 처리(화폐투입 및 선택) 음료 판매시 : 음료 수량 = 음료수량-1 음료 재고 보충시 : 음료 수량 = 음료수량 +1 거스름 돈 = 투입금액 - 음료 가격 남은 잔돈 = 남은 잔돈 - 거스름 돈

5. 알고리즘 : 구성요소에 대한, 변수, 추상화 표현을 바탕으로 문제해결 절차를 순서도 혹은 의사코드로 표현하여 봅시다.

세부 내용

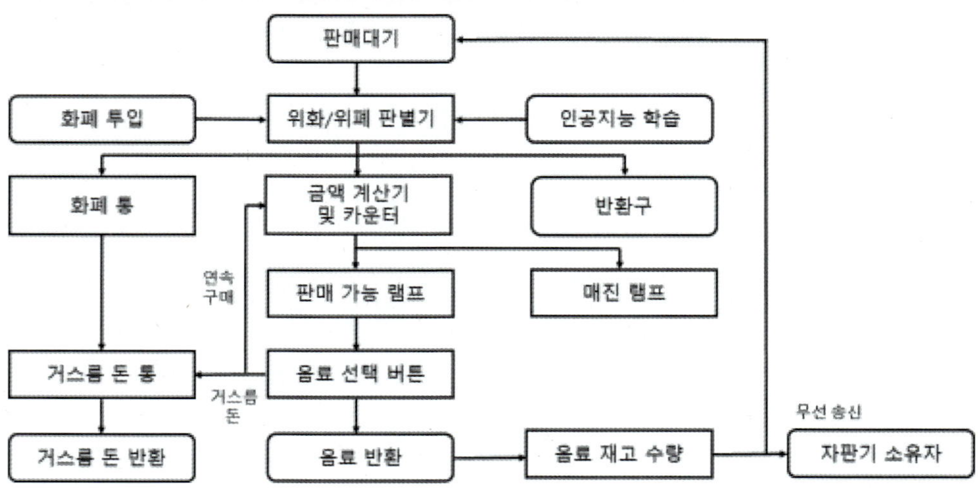

6. 코딩(자동화) : 도출된 순서도 혹은 의사코드를 바탕으로 프로그램 언어(스크래치 등)로 구현해 봅시다.

세부 내용
스크래치주소 : https://scratch.mit.edu/projects/474310642/editor/ 출처 : Drink vending machine simulator remix by janghoon2004, by stellalee
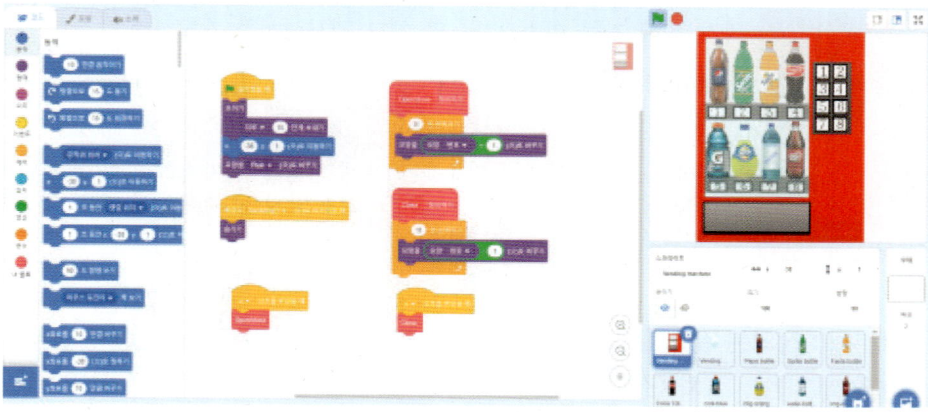

4.2 역량강화활동 사례 : 마스크 및 열 체크 검사(학생 작품)

1. 문제인식 및 문제정의 : 우리 일상의 문제 중에서 문제 상황을 발굴하고, 컴퓨팅 관점으로 해결하기 위한 목표상태를 정의해 봅시다.

주제	마스크 착용 검사 및 열 체크 검사
문제 상황	코로나 19 예방을 위해 마스크를 착용해야 하지만 실내에서 마스크를 쓰지 않는 사람들이 존재한다. 이러한 마스크 미착용자들을 보다 편리하게 막기 위해 자동 마스크 및 열 체크 검사센서를 개발하려고 한다.
현재 상태	실내에 들어오는 사람 중에서 마스크를 착용하지 않은 사람들을 막기 쉽지 않다.
목표 상태	카메라를 설치하여 인공지능을 이용해 사람들의 마스크 착용 여부와 열 체크를 동시에 함으로 무인으로 코로나 방지를 관리할 수 있도록 하는 것이 목표이다.

2. 문제분해 : 정의된 문제를 바탕으로, 현재상태의 자료를 수집하여, 해결에 필요한 구성요소(기능), 절차(단계), 데이터 등으로 분해해 봅시다.

구성요소(기능)	세부 내용
마스크 착용 여부 확인 센서/카메라	입구에 카메라를 설치하고 인공지능을 통해 마스크 착용과 미착용을 구별할 수 있도록 한다,
열 감지 시스템 확인	또한 열 감지 시스템을 접목시켜 마스크를 썼지만 열이 높은 사람들의 출입을 자동으로 막도록 한다.
출입문 자동 열림	위의 두 개의 절차를 통과하면 문이 자동으로 열리게 한다.
인원 수 체크	검사할 때 한명씩 검사하도록 하여 검사받지 않은 사람이 들어가는 것을 방지하도록 한다. 두 명 이상이 확인 된 경우에는 안내음이 나오도록 한다.
인공지능 교육	마스크를 잘 구별 할 수 있도록 교육해야 한다. 마스크가 아닌 얼굴을 가리는 목도리, 스카프, 모자 등과 같은 것들과 구별하는 교육을 할 필요가 있다.

3. **패턴인식** : 분해된 구성요소(기능), 절차(단계), 데이터 등에서 반복되는 패턴이나 규칙을 찾아봅시다.

패턴(규칙)	세부 내용
인공지능 사전학습	카메라 및 센서에 다양한 마스크 모양을 사전에 학습시킨다.
센서 감지	카메라 및 센서로 사람의 마스크 착용/미착용 여부를 구분할 수 있도록 한다.
마스크 여부 확인 및 추가학습	마스크가 아닌 코와 입을 가리게 하는 목도리, 스카프, 혹은 손과 같은 것들과 마스크를 구별할 수 있도록 한다. 필요시 정확도를 높이도록 추가 학습시킨다.
마스크 모양	카메라 및 센서로 마스크 모양을 확인한다.
문 개폐	마스크와 열 체크 검사가 통과하면 자동으로 문이 열리도록 한다.
한 사람씩 순차적으로 검사	이때 한 사람씩 출입이 가능하도록 센서를 도입해 검사할 때 한 명씩 검사하도록 한다. 둘 이상이 확인될 경우 안내음이 나오도록 한다.
마스크 미착용 발견	마스크를 착용하지 않았다면 착용을 당부하는 안내방송이 나오고 출입문은 열리지 않도록 한다.

4. **추상화** : 인식된 패턴(규칙) 중에서 중요한 요소를 선별하여 패턴을 간단한 수식이나 다이어그램으로 표현하여 봅시다.

구분	세부 내용
변수 표현	마스크 종류, 마스크 착용 미착용 여부 마스크가 아닌 얼굴을 가리는 것들 구분 열 체크, 사람 출입 수, 출입문 열림과 닫힘
추상화 표현	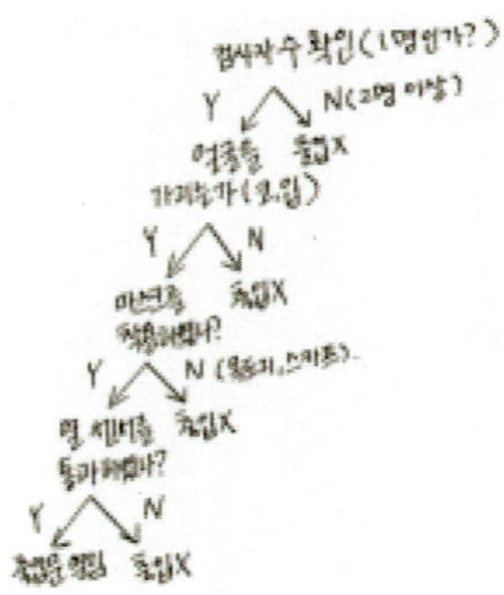

5. **알고리즘** : 구성요소에 대한, 변수, 추상화 표현을 바탕으로 문제해결 절차를 순서도 혹은 의사코드로 표현하여 봅시다.

세부 내용

```
정상마스크 ← KF94, KF80, KF-AD(비말차단), 수술용 마스크, 일회용 마스크, 천 마스크
정상체온 ← 36.5°C
인원수 ← 검사기기에 인식된 인원수
인원수를 확인한다.
If 확인된 인원수 = 1명
        Print "마스크 착용 상태 확인"
        얼굴을 가리는 목도리, 스카프 등을 마스크와 구별한다.
        If 확인된 마스크가 정상마스크의 범주에 속하면
                체온을 측정한다.
                If 체온 >= 37.5°C 이면
                        Print "잠시 후 다시 검사해주세요."
                        두 번째 발열검사를 진행
                        If 두 번째 검사 체온 >= 37.5°C
                                경보음을 울린다.
                                Print "선별검사소로 이동해주세요."
                        Else
                                Print "문이 열림"
                Else
                문을 연다.
                Print "어서오세요. OO건물입니다."
        Else
                Print "마스크 착용 후 다시 접근해주세요"
                Return 7)
Elseif 확인된 인원수 >= 2명
        Print "한명씩 접근해주세요"
        Return 5)
```

6. **코딩(자동화)** : 도출된 순서도 혹은 의사코드를 바탕으로 프로그램 언어(스크래치 등)로 구현해 봅시다.

세부 내용
스크래치 프로젝트 링크주소(URL) :

1. 사람 인식하기

• 실내에 들어오려는 사람이 있으면 센서가 인지한다.	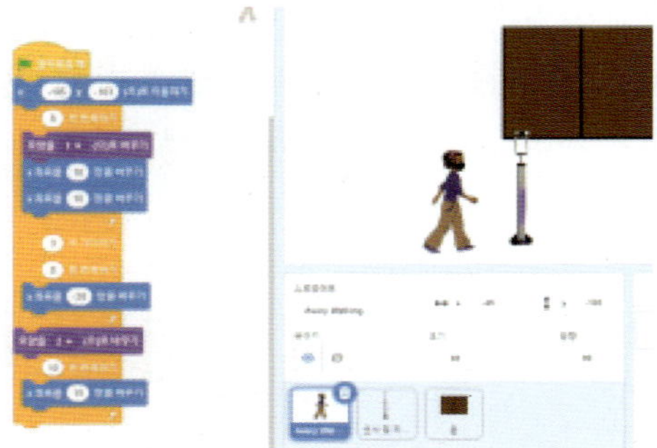

2. 센서 및 카메라 동작

• 1명 입장을 확인한다. • 마스크 여부를 확인한다.("마스크를 착용 후 다시 접근해주세요.") • 사람의 체온을 센서가 측정한다.(37.5도 이상이면 "잠시 후 다시 검사 해주세요." 36.5도 이하시 정상입니다.) • 체온이 정상인 경우 출입문이 자동으로 열린다. • 출입 인원수에 1명을 추가한다.	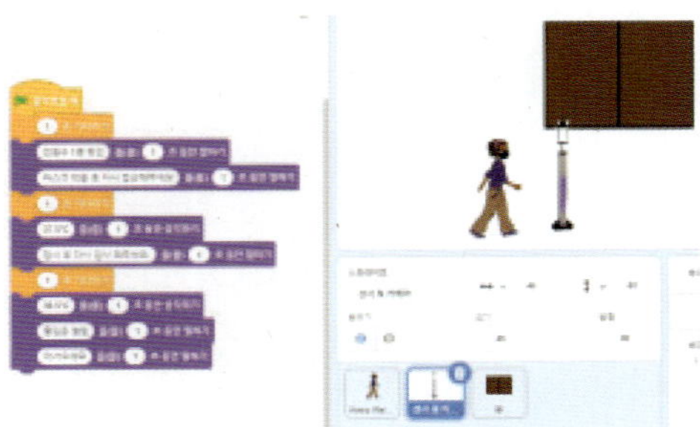

3. 문 개폐하기

• 출입문이 자동으로 열린다.	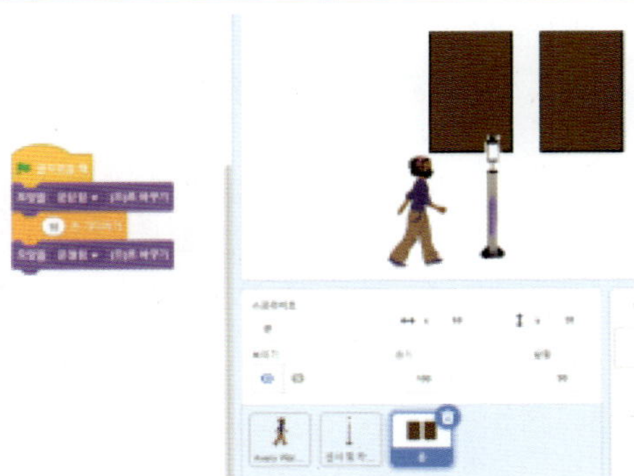

4.3 역량강화활동 활동지 양식

컴퓨팅사고력 강화 활동에 활용하기 위한 활동지 양식이다.

우리 일상 속의 문제를 해결하는 방법은 다양하다. 그 중에서 컴퓨터를 통해 문제를 해결하고자 하는 경우 우리는 컴퓨팅사고 기법을 이용하게 된다. 컴퓨팅사고는 크게, 문제분해, 패턴인식, 추상화, 알고리즘으로 구성된다. 또한, 이를 프로그램으로 구현하는 것을 자동화라고 한다. 물론, 우리 일상의 문제를 발굴하고 인식하는 것으로부터 출발한다. 이러한 기법은 우리가 인식 혹은 발굴한 문제가 컴퓨터를 통해 해결할 경우 더 효율적일 때 사용하게 된다.

컴퓨팅사고력	역량강화활동	학번	
		이름	

일상생활 속 또는 전공 분야의 여러 가지 문제 상황을 발굴하여, 이를 해결하기 위해 컴퓨팅사고력을 적용하여 봅시다.

1. 문제인식 및 문제정의 : 우리 일상의 문제 중에서 문제 상황을 발굴하고, 컴퓨팅 관점으로 해결하기 위한 목표상태를 정의해 봅시다.

주제	
문제 상황	[가이드] : 문제 상황에 대한 사진 혹은 설명을 추가한다.
현재 상태	
목표 상태	

2. 문제분해 : 정의된 문제를 바탕으로, 현재상태의 자료를 수집하여, 해결에 필요한 구성요소(기능), 절차(단계), 데이터 등으로 분해해 봅시다.

구성요소(기능)	세부 내용

절차(단계)	세부 내용

3. **패턴인식** : 분해된 구성요소(기능), 절차(단계), 데이터 등에서 반복되는 패턴이나 규칙을 찾아봅시다.

패턴(규칙)	세부 내용

4. **추상화** : 인식된 패턴(규칙) 중에서 중요한 요소를 선별하여 패턴을 간단한 수식이나 다이어그램으로 표현하여 봅시다.

구분	세부 내용
변수 표현	[가이드] : 변수로 표현이 가능한 요소 혹은 데이터를 찾아봅시다.
추상화 표현	[가이드] : 핵심요소를 수식, 비교, 관계, 다이어그램 등으로 표현해 봅시다.

5. **알고리즘 : 구성요소에 대한, 변수, 추상화 표현을 바탕으로 문제해결 절차를 순서도 혹은 의사코드로 표현하여 봅시다.**

세부 내용
[가이드] : 구성요소별 혹은 단계별로 변수, 순서도/의사코드를 표현해 봅시다.

6. **코딩(자동화) : 도출된 순서도 혹은 의사코드를 바탕으로 프로그램 언어(스크래치 등)로 구현해 봅시다.**

세부 내용
스크래치 프로젝트 링크주소(URL) : [가이드] : 스크래치 프로젝트를 공유한 후 URL을 공유해 봅시다.
[가이드] : 스크래치 구현 화면을 추가하고, 각 화면에 대해 설명해 봅시다.

컴퓨팅사고력 기반 역량강화활동 수행과정에 대한 자가 점검항목

주제	• 실생활 및 전공에서 컴퓨팅으로 해결 가능한 데이터 및 문제 상황 발굴 • 컴퓨터과학 이해와 프로그래밍 구현기술을 기반으로 하여 컴퓨팅사고력 요소을 적용한 문제 해결 프로젝트 설계 및 구현
수행활동	• 개인(팀) 활동

역량명	역량수행 수준			수행평가 결과
	상(아주잘함)	중(보통)	하(노력요함)	
창의적문제해결 정보기술활용	5~4점	3~2점	1~0점	

No.	행동지표	아주 잘함	보통	노력 요함
1	계획된 일정을 준수하였는가			
2	컴퓨팅으로 해결 가능한 문제 상황을 현재상태와 목표상태로 적절히 정의하였는가			
3	정의된 문제를 기능, 절차, 데이터 등을 포함하여 문제 상황을 분석하여 적절하게 분해하였는가			
4	문제해결을 위해 문제의 패턴을 구체적으로 표현하였는가			
5	문제해결을 위해 문제 추상화를 구체적으로 표현하였는가			
6	문제해결을 위한 알고리즘을 완성도 있게 표현하였는가(반복구조, 선택구조를 모두 정확히 사용하여 의사코드 및 순서도 표현 방식에 맞춰 표현하였는가)			
7	스크래치로 순차, 반복, 선택구조에 맞게 구현하였으며, 변수를 사용한 시뮬레이션이 가능하도록 구현하였는가			
8	제출된 보고서(발표자료) 내용이 창의적이고, 체계적인가?			
합계				
종합의견				

컴퓨팅사고력 기반 역량강화활동 수행 결과에 대한 루브릭

역량명	역량수행 수준			수행평가 결과
	상(아주잘함)	중(보통)	하(노력요함)	
창의적문제해결 정보기술활용	5~4점	3~2점	1~0점	

평가 차원	상 (5점)	중 (3점)	하 (1점)	평가 방법	점수
성실 및 참여도	계획된 일정을 준수한 경우	계획된 일정을 3일 이내 초과한 경우	미제출	발표자료 확인	( ) /3점
문제정의 및 문제분해	컴퓨팅으로 해결 가능한 문제 상황을 구체적이고 명확하게 제시하고 분해함	문제 상황을 대략적으로 제시(일반적인 문제 상황 포함)하고 일부 분해함	내용 미비 또는 없음	발표자료 확인	( ) /5점
패턴 인식	컴퓨팅으로 문제해결을 위해 문제의 패턴 구체적으로 표현함	문제해결을 위해 문제의 패턴과 규칙을 일부 표현함	내용 미비 또는 없음	발표자료 확인	( ) /5점
추상화	컴퓨팅으로 문제해결을 위해 문제 추상화를 구체적으로 표현함	문제해결을 위해 문제 추상화를 일부 표현함	내용 미비 또는 없음	발표자료 확인	( ) /5점
알고리즘	컴퓨팅으로 문제해결을 위한 알고리즘을 완성도 있게 표현함(반복구조, 선택구조를 모두 정확히 사용하여 의사코드 혹은 순서도 형식에 맞춰 표현)	컴퓨팅으로 문제해결을 위한 알고리즘을 기술함(반복구조, 선택구조 중 하나만 사용함)	내용 미비 또는 없음	발표자료 확인	( ) /5점
자동화	스크래치로 순차, 반복, 선택구조에 맞게 구현하였으며, 변수를 사용한 시뮬레이션이 가능하도록 멈춤 없이 구현함	스크래치로 일부 구현함(프로그래밍의 일부 구조와 기능 활용)	내용 미비 또는 없음	스크래치 실행확인	( ) /5점
발표 자료	구현된 프로젝트의 내용을 발표자료에 표현하여 제작함	구현된 프로젝트의 내용을 발표자료로 잘 제작하지 못함	내용 미비 또는 없음	발표자료 확인	( ) /2점

5 확인학습

1. 현장문제를 바탕으로 참여자들이 상호 공동으로 문제해결 방안을 강구하는 과정을 통해 해결안을 마련하는 과정에서 학습이 이루어지는 교수-학습활동은 무엇인가?

2. 문제발굴을 바탕으로 컴퓨팅사고력을 활용하여 문제를 해결하는 과정이다. 아래 절차 중 빈칸에 답하시오.

문제인식 → 문제정의 → 문제분해 → (?) → 추상화 → 알고리즘 → 자동화

3. 역량강화활동 사례 중 스마트 음료 자판기의 경우, 화폐투입에 대해 음료를 반환하는 일대일 함수 구조이다. 이와 관계가 깊은 컴퓨팅사고력은 무엇인가?
① 문제정의 ② 문제분해 ③ 패턴인식
④ 추상화 ⑤ 알고리즘

4. 알고리즘을 표현하는 방법 중 프로그램 언어와 유사하게 작성하는 것을 무엇이라 하는가?

5. 일상의 문제를 컴퓨팅사고력을 통해 알고리즘을 도출하고 이를 프로그램 언어로 구현하는 것을 무엇이라 하는가?

CHAPTER 12

인간의 학습과 기계의 학습(인공지능1)

1. 인공지능 기반 교육
2. 인간의 학습과 기억
3. 언플러그드 - 튜링 검사
4. 확인학습

CHAPTER 12

인간의 학습과 기계의 학습(인공지능1)

1. 인공지능 기반 교육
2. 인간의 학습과 기억
3. 언플러그드-튜링 검사
4. 확인학습

CHAPTER
12 인간의 학습과 기계의 학습(인공지능1)

1 인공지능 기반 교육

4차 산업혁명 시대의 도래와 함께 교육 부분에서도 많은 변화가 나타나고 있다. 그 중에서도 인공지능에 대한 관심은 폭발적으로 증가하고 있다. 본 장에서는 인공지능이 기반이 되는 교육에 대해 알아보자.

1.1 인공지능 기반 교육

인공지능 기반 교육은 우리가 인공지능이라는 새로운 분야에 대한 접근을 좀 더 체계적으로 할 수 있는 기틀을 제공하기 위한 것이다.

우리나라는 2019년 인공지능(AI) 국가전략을 수립하였고, 2020년 정보교육종합계획 등을 수립하여 인공지능(AI) 교육의 보편화 및 표준 교육과정 개발 등을 추진하고 있다. 미국은 2018년에 초중등 인공지능(AI) 교육을 위해 AI4K12 이니셔티브를 설립했다. 이는 미국 컴퓨터교사협회(CSTA), 인공지능학회(AAAI) 등이 초중등 인공지능(AI) 교육 가이드라인 개발, 인공지능(AI) 교재 개발, 인공지능(AI) 교육자 커뮤니티 육성 등을 목표로 공동 설립한 것이다. 특히, 초중등 인공지능(AI) 교육 가이드라인 통해 K-12 학생들이 알아야 할 인공지능을 위한 사항들을 제안했다. 초중등 인공지능(AI) 교육 가이드라인은 인공지능을 이해하기 위해 필요한 5대 학습 분야를 정의하고 있다. 가이드라인은 인공지능 분야를 처음 접하는 누구나에게 기본 방향을 제시해 준다.

주제	인식	표현 및 추론	학습	상호작용	사회적 영향
개념	AI는 센서를 사용하여 세상을 인식한다.	AI는 세상을 표현하고 구조화해 추론에 사용한다.	AI는 데이터를 통해 학습한다.	인간과 AI와의 상호작용에는 많은 지식이 필요하다.	AI는 긍정과 부정적 효과를 동시에 야기할 수 있다.

주제	인식	표현 및 추론	학습	상호작용	사회적 영향
교육 목표	•인간 감각과 센서의 차이 이해 •컴퓨터 인식의 작동 방식과 한계 이해 •시각, 음성 등 인식 유형 이해	•표현의 유형 파악 •추론 알고리즘 유형 및 작동 원리 이해 •추론 알고리즘의 한계 이해	•학습 알고리즘 유형 •인공신경망 기초 개념 이해 •데이터가 학습에 미치는 영향 이해 •기계학습의 한계	•자연어의 이해 •감성 컴퓨팅 이해 •상식 추론 이해 •인간-로봇의 자연스러운 상호작용 이해	•AI의 산업, 정부 등 영향력 이해 •AI의 윤리적 딜레마 및 윤리 표준 마련 •AI에 의한 일자리, 업무변화 이해

1.2 소프트웨어 교육과 인공지능 기반 교육

인공지능 기반의 교육은 무엇을 의미하는가?

지금까지의 소프트웨어(SW) 교육은 컴퓨팅사고력을 기반으로 했다. 즉, 인간이 문제를 발견하고, 문제분해-패턴인식-추상화 과정을 통해 알고리즘을 생성하고 프로그래밍 언어로 코딩하여 문제해결에 활용할 수 있도록 한 것이다. 반면 인공지능 기반의 교육은 데이터를 기반으로 패턴을 찾아 모델화하고 이 모델을 기반으로 새로운 데이터에 대해 적용하여 문제를 해결할 수 있도록 하는 것이다. 아래 그림은 이러한 과정을 인간의 학습과 기억에 비교 표현한 것이다.

구분	소프트웨어 교육	인간의 학습과 기억	인공지능 기반 교육
주체	인간	인간	인간+기계
요소	알고리즘 구성	학습과 기억	학습과 모델생성
과정	입력 → 알고리즘 (처리) → 결과 출력	입력 → 학습 및 기억 (사고) → 결과 출력	입력 → 알고리즘 (기계 스스로 학습/추론) ← (학습용) 데이터 → 결과 출력
교수 학습	•컴퓨팅사고력의 습득 및 적용 등	•과정의 학습과 기억 •기억의 인출 및 적용	•컴퓨팅사고력의 습득 및 적용 등 •데이터 활용, 학습과 학습 모델을 통한 추론 등

※ 출처 : 2020 인공지능시대 교육정책방향과 핵심과제 중에서 인용 및 수정

기존의 소프트웨어(SW)는 입력에 따라 주어진 조건을 만족하면 결과를 출력한다. 이 과정을 인간이 알고리즘을 기반으로 코딩했다. 그러나, 인공지능(기계학습)은 입력에 따라 결과가 도출되는 조건을 찾아서 학습하고 이를 모델화하는 과정을 기계가 한다.

2 인간의 학습과 기억

우리 인간은 태어나 자라면서 하나씩 하나씩 배운다. 갓난아이가 보는 것은 거의 모두 새로운 것이다. 갓난아이는 이러한 것을 어떻게 배우는 것일까?

인간은 태어나서부터 일생동안 끊임없이 학습한다. 어머니의 얼굴을 인식하고, 어머니라는 단어를 듣고, 말을 하고, 이러한 행동을 통해 기본적인 학습이 이루어진다. 어린아이는 성장하면서, 주위 사람들의 언어를 듣고 말을 배우고, 숫자, 문자 등의 지식을 바탕으로 우리 일상 속의 다양한 기구들을 다룰 줄 알게 되고, 친구를 사귀게 된다. 이 모든 행동이 학습을 통해 이루어진다.

2.1 인간의 학습

심리학자들은 학습을 경험에 의한 행동의 변화라고 한다. 또한, 학습은 외부로부터의 정보를 저장하는 과정이고 기억은 저장된 정보를 인출하는 과정이라고 한다. 예를 들어, 갓난아기도 6개월이 지나면 엄마의 얼굴과 다른 사람의 얼굴을 구별한다고 한다. 이것은 갓난아기가 엄마 얼굴의 특징이나 표정을 학습하고 이를 기억하는 것이다

위키백과에서는 학습을 다음과 같이 정의하고 있다. 학습은 본능적인 변화가 아닌, 직간접적 경험이나 훈련에 의해 지속적으로 지각되고, 인지되며, 변화시키는 행동이다. 단순한 행동의 변화와는 구별된다. 즉, 환경변화에 대한 생체의 일반적 적응, 신체적인 피로, 손상 등 일시적인 동기부여 등에서 초래된 행동의 변화와는 구별된다.

또한, 뇌과학분야에서는 학습을 신경세포의 일종인 뉴런이 상호작용을 통해 정보를 인식하고, 인식된 정보를 사고하며, 이를 통해 행동의 변화가 나타나는 것이라고 한다. 우리는 학습을 통해 수많은 정보를 습득한다. 그런데, 어떤 정보는 우리 기억 속에 있어서 되살아나고, 어떤 정보는 기억이 나질 않는 것은 무엇 때문일까? 이것은 우리 기억이 작동하는 방식에 있다.

2.2 인간의 기억

인간은 경험하거나 학습한 내용을 기억한다. 학습자가 직접 감각을 통해 해당 내용을 배우고 익힐 때 가장 잘 학습되고 기억된다고 한다. 즉, 우리 인간의 기억은 감각을 통해 정보를 인식한 후, 단기기억을 거쳐 장기기억에 저장된다. 아래 그림은 이 과정을 표현한 것이다.

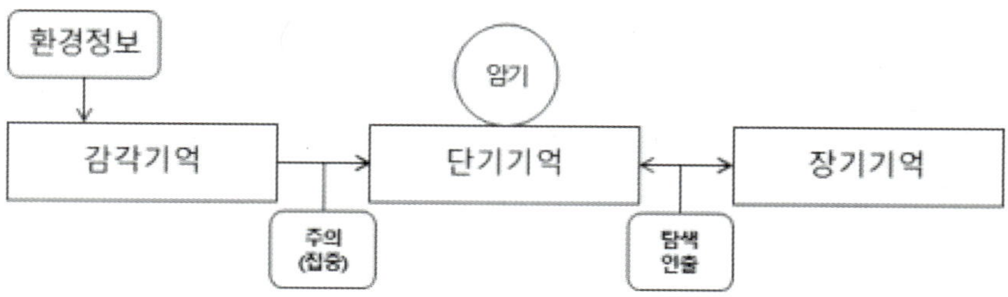

이때, 단기기억이 저장할 수 있는 정보의 용량에는 한계가 있다. 아주 짧은 시간 동안 반복하지 않고 기억될 수 용량은 아주 적다는 것이다. 예를 들어, 과일 이름, 숫자 등을 생각해보자. 여러분은 한 번에 몇 개를 암기할 수 있는가? 보통의 경우는 일곱 개 정도를 완전하게 암기할 수 있다고 한다. 우리 무선 전화기 번호를 생각해보자. 앞 공통 세 자리를 제외하면, 보통 일곱 자리 아니면 여덟 자리 수의 조합이다. 우리 인간이 정보를 단기기억에 저장할 수 없는 이유는 끊임없이 외부에서 새로운 정보가 들어오기 때문이다. 이에 따라 기존 정보는 밀려나는 것이다. 따라서 습득한 정보를 유지하기 위해 학습이 필요하다. 정보는 학습을 통해 장기기억에 저장된다.

그럼 이제 우리가 학습하고 기억한 정보를 인출 해보자. 정보의 인출은 뇌 속에 저장된 정보를 재생하거나 기억해 내는 과정이다. 즉, 장기기억에 접근하는 것이다. 예를 들어, 사과는 맛있다. 사과는 빨갛다처럼, 우리에게 기억된 정보가 있어야 한다.

인공지능의 경우, 이러한 학습 원리를 바탕으로 수많은 데이터를 통해 반복적으로 학습하고, 그 학습 내용을 토대로 의미 있는 학습 모델을 도출하게 된다. 이를 통해 새로운 정보에 대해 예측, 추론 등의 문제해결에 활용되는 것이다.

2.3 인간의 학습 방법과 기억

우리 인간은 어떻게 배우고 기억할까요? 우리는 확실하게는 모른다고 한다. 다만, 다양한 전문가들의 관점과 다양한 이론들을 통해 유추할 수 있다. 여기서는 행동주의, 인지주의, 구성주의 이론을 기반으로 학습과 기억을 살펴보고자 한다. 나아가 뇌 과학 측면에서의 학습과 기억도 살펴보고자 한다.

먼저, 행동주의에서 학습은 경험을 통한 행동의 지속적인 변화라고 한다. 행동주의 학습 원리는 자극과 반응을 기반으로 한다. 즉, 특정 자극을 가하여 특정 반응을 나타내도록 자극과 반응을 연합시킨다. 나아가, 어떤 자극을 통해 반응하고 이를 바탕으로 강화된 행동을 하게 된다. 즉, 앞서 행한 행동의 결과가 보상이나 벌이 주어졌다면 이를 바탕으로 다음 행동을 하게 된다. 이때 우리의 행동은 더 큰 보상을 얻게 해주는 방향으로 바꾸어 나간다는 것이다. 이것이 바로 강화의 핵심이다. 행동주의 이론에는 조건화 이론, 시행착오 이론 등이 있다.

조건화 이론의 예로는 개의 타액분비 실험이 있다. 이 실험은 행동의 결과 주어진 보상과 벌에 따라 행동의 강화(증가) 혹은 행동의 약화(감소)로 이어진다는 것이다. 이는, 인공지능의 강화학습의 원리와 유사하다.

개의 타액분비 실험

러시아 생리학자 Pavlov, 굶주린 개가 음식을 보면 침을 흘리는 현상을 관찰하고 이를 이용하여 학습을 설명하였다.

[참고1] 동물의 학습과 문제해결

동물은 어떻게 학습하고 문제를 해결할까? 문제해결(질문-관찰-학습-응용) 과정을 통해 동물의 학습에 대해 알아보자.

까마귀의 문제 해결 능력에 관한 실험

[실험]
- 눈금실린더 120mL 두 개(A, B)를 준비한다.
- 눈금실린더는 바닥에 수평으로 고정한다.
- 눈금실린더 A에는, 물에 뜨는 먹이를 넣고, 물을 60mL까지 채운다.
- 눈금실린더 B에는, 먹이를 넣고 모래를 반 정도 채운다.
- 눈금실린더 옆에 총 10개의 돌멩이를 준비해 둔다.

[실험결과]
- 까마귀는 돌멩이들을 눈금실린더 A 속에 집어넣어 수면 높이를 올린 후 먹이를 건져 먹었다.

〈까마귀의 문제해결 능력 실험〉

① 질문 : 까마귀는 먹이를 먹고 싶으나, 부리가 안 들어가서 눈금실린더 안에 먹이를 먹을 수가 없다. 어떻게 해야 먹이를 먹을 수 있을까?
② 관찰 : 까마귀는 눈금실린더 A에 돌을 넣으면 물 높이가 올라간다는 것을 발견한다. 눈금실린더 B에 돌을 넣어도 높이가 올라가지 않는다는 것을 발견한다.
③ 학습 : 큰 돌은 물 높이가 많이 올라가고, 작은 돌은 물 높이가 조금 올라간다는 것을 발견한다.
④ 응용 : 큰 돌을 넣으면, 물 높이가 빨리 높아진다는 것을 터득한다.
⑤ 문제 해결 : 까마귀는 돌멩이를 넣어 먹이를 먹을 수 있게 된다.

이와 같은 행위는 문제를 해결함에 있어, 한 번에 이뤄지는 것이 아니고, 반복된 실수와 반복된 행동의 결과로 만들어진다는 것이다.

다음으로, 인지주의에서의 학습은 정보가 어떠한 과정을 통해 뇌에 저장되는지에 대한 것이다. 즉, 감각을 통해 외부 자극 요소를 인지하고, 이를 바탕으로 사고 내용이 형성되고, 사고 내용이 행동을 유발한다는 것이다. 인지주의는 과정을 중시한다. 관련 이론에는 정보처리 이론과 스키마 이론 등이 있다.

여기서, 정보처리 이론을 좀 더 살펴보자.

위키백과에 의하면, 정보처리이론(Information processing theory)은 인간의 학습과 기억의 과정을 컴퓨터의 정보처리 과정과 비교한 것이다. 우리 인간의 뇌와 신경계를 하드웨어에 비유하고, 학습되고 기억된 지식을 바탕으로 문제해결을 하는 과정을 소프트웨어에 비유한 것이다. 아래 표는 인간과 컴퓨터의 정보처리 과정에 참여하는 요소를 비교한 것이다.

구분	인간	컴퓨터
학습	감각기관	감각등록장치
기억	단기기억	주기억장치
	장기기억	보조기억장치
문제해결	지식과 지혜	소프트웨어/인공지능

정보처리 과정을 컴퓨터의 관점에서 생각해보자. 예를 들어, 문서를 작성하는 과정을 생각해보자. 먼저 제어장치를 통해 문서를 생성하고, 입력장치인 키보드(자판)을 통해 글을 입력하게 된다. 이것을 연산(처리)장치가 컴퓨터가 알기 쉽도록 변환하여 기억장치(하드디스크)에 저장한다. 저장 후에는 출력장치(프린트)를 통해 인쇄하게 된다.

이제 정보처리 과정을 인간의 관점과 컴퓨터의 관점에서 생각해보자. 정보처리 과정은 크게 부호화(encoding), 저장(storage), 인출(retrieval)로 구성된다. 부호화는 우리가 인식한 정보를 나중에 필요할 때 쉽게 기억해 낼 수 있는 형태로 변환하여 기록하는 과정이다. 저장은 정보를 장기기억에 저장하는 과정이다. 이때, 감각기억, 단기기억, 장기기억이 사용된다. 인출은 저장된 정보를 필요할 때 꺼내는 과정이다. 이러한 과정에서, 우리는 정보를 장기기억에 저장하고 필요할 때 인출이 좀 더 용이할 수 있는 방향으로 학습 전략과 기억 전략을 수립하는 의도적인 활동을 하기도 한다. 아래 그림은 이를 표현한 것이다.

인간의 학습과 기억	컴퓨터정보처리 과정
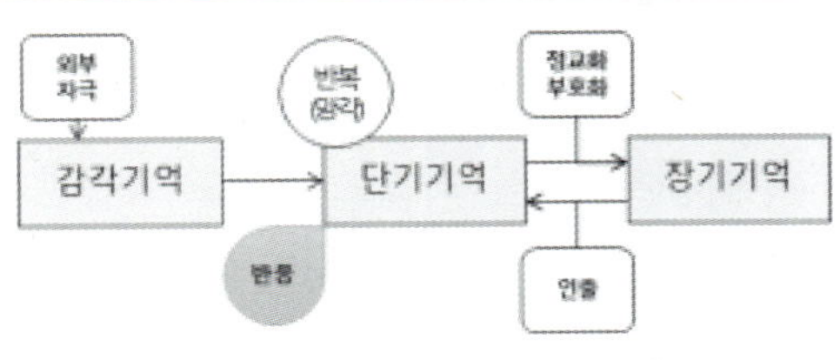	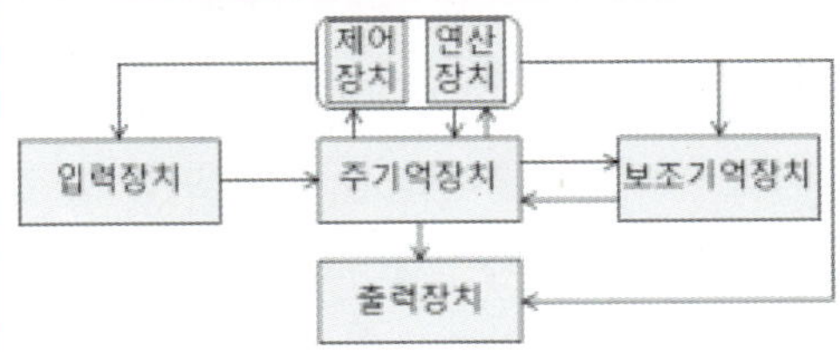

최근에는, 연결주의(connectionism theory)로 발전하고 있다. 즉, 기본적인 정보 단위가 신경계의 통로를 통해 신경망 조직에 분산 저장되어 있다는 것이다. 이것은 컴퓨터 과학의 분산처리 혹은 신경망 이론과 연계된다.

끝으로, 구성주의에서의 학습은 학습자가 자신의 경험으로부터 지식과 의미를 구성해낸다는 것이다. 즉, 학습은 사회문화적 요인, 개인 특유의 경험, 생물학적 요인 등을 바탕으로 개인이 자신의 경험을 재구성하는 것이다. 관련 이론에는 상황적 학습모델 등이 있다.

구성주의 표현 사례	
인간이 어떤 방식으로 지각을 형성하느냐에 따라 다르게 보여진다는 것이다. 오리 혹은 토끼로도 보여지는 사례이다.	

뇌 과학 측면에서의 학습은 뇌의 신경세포들과 이를 연결하는 시냅스가 새롭게 형성되거나 강화되거나 변화하는 것이라고 한다. 또한, 기억은 뇌의 신경세포 간의 연결과 그 안에서의 신호 처리 및 교환에 의존한다는 것이다. 즉, 인간은 보고 듣고 느끼고 생각한 것을 자신만의 기호로 변환하고 이를 기억에 저장하여 필요할 때 꺼내 사용한다.

3 언플러그드 - 튜링 검사

컴퓨팅사고력에 대한 언플러그드 활동은 학습자가 컴퓨터를 사용하지 않고, 컴퓨터 과학의 개념과 아이디어를 경험할 수 있도록 한 것이다. 인공지능 언플러그드 활동도 학습자가 컴퓨터를 사용하지 않고, 인공지능의 개념과 아이디어를 경험할 수 있도록 한 것이다. 인공지능의 언플러그드 활동은 데이터를 기반으로 한다는 점이 중요하다. 데이터로부터 패턴인식을 하고, 학습한 결과를 바탕으로 추론하게 된다.

3.1 튜링 검사(Turing Test)

기계가 지능을 가진다는 것은 무엇을 의미할까요?
어떻게 해야 지능을 가진 것으로 판단할 수 있을까요?

이러한 물음에서, 앨런 튜닝은 1950년에 튜링 검사라는 아이디어를 생각해 냈다. 즉, 튜링 검사는 기계가 지능을 가졌다는 것을 판별하기 위해 제안된 것이다. 1950년대 지능에 대한 정확한 정의가 없는 상황에서 기계의 지능을 판단하는 방법을 제안한 것이다.

튜링 검사 방법은 실험참여자(질문자)가 기계와 인간에게 채팅으로 질문을 하고 기계와 인간이 답변하는 상호작용을 통해 이루어진다. 만약 실험참여자(질문자)가 대답을 듣고 기계와 인간을 확실하게 구별하지 못하면 기계(컴퓨터)는 튜링 검사를 통과한 것이다.

여기서 고려되어야 할 것은, 질문이 기계(컴퓨터)와 인간을 구별하는데 적절한 질문인가이다. 이는 기계와 인간의 답이 어떻게 다를 수 있는지가 고려되어야 하기 때문이다. 예를 들어, 365×12365 처럼 복잡한 계산은 기계가 인간보다 응답 속도가 빠를 것이다. 그러나, 당신은 ~을 좋아합니까? 와 같은 선택 혹은 기호의 문제는 기계가 느리거나 유사한 답을 할 확률이 높을 것이다.

튜링 검사 실험

- 체스 게임을 생각해보자.
- 컴퓨터가 스스로 체스 게임에 참여한다고 가정한다.
- 세 사람 A(컴퓨터), B(인간), C(실험참여자)가 실험에 참여한다.
- C는 A, B와는 구분된 공간에 위치한다.
- C는 A 혹은 B와 체스 게임을 시작한다.
- C는 자신과 체스 게임을 하는 상대가 컴퓨터(A)인지? 인간(B)인지 구별한다.
- C는 자신의 게임 상대를 구별한다는 것이 어렵다는 것을 알게 된다.
- 만약 구별하지 못하면, 기계(컴퓨터)가 지능을 가졌다고 할 수 있다.

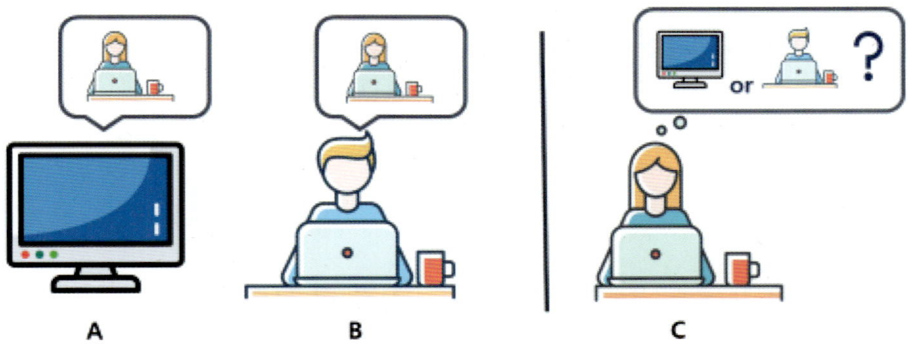

[참고] 인간에게 더 쉬운 것 vs 기계(컴퓨터)에게 더 쉬운 것 Tip!

인간에게 더 쉬운 것	기계(컴퓨터)에게 더 쉬운 것
• 진화과정에서 자연스럽게 터득한 것 • 감각적으로 느끼는 것들	• 명확하게 정의된 일 • 알고리즘에 의해서 수행되는 일
• 사진 보고 개인지 고양이인지 구별하기 • 동화책 읽고 그 내용 이해하기 • 어떤 그림인지 맞추기	• 큰 수를 곱하거나 미적분 하기 • 체스나 바둑 두기 • 금융 시장에서 투자 결정 내리기

튜링 검사	튜링 검사(Turing Test)	학번	
		이름	

튜링검사(Turing Test)활동지

① 제목

- 튜링 검사－기계(컴퓨터)와의 대화

② 개요

- 기계가 지능을 가질 수 있을까?
- 인공지능은 지능에 대한 정의를 바탕으로 하고 있다
- 튜링 검사는 기계가 지능을 가질 수 있는가를 확인하기 위한 활동이다.
- 질문을 통해 대답을 추론하여 기계를 구별해 본다.

③ 방법

- 기계 역할자, 인간 역할자, 중개자, 질문자 4가지 역할 담당자를 선정한다.
- 기계 역할자와 인간 역할자는 질문자와 다른 장소에 위치한다.
- 질문자는 튜링 검사 질문 목록 중에서 질문을 선택하여 중개자에게 전달한다.
- 중개자는 질문자의 질문을 기계 역할자와 인간에게 전달한 후 답변을 받아 적는다.
- 중개자는 기계와 인간의 답변을 질문자에게 전달한다. 이때, 답변을 A와 B로 하여 기계와 인간이 구분되지 않도록 주의하여 전달한다.
- 질문자는 답변 두 가지를 검토한다. 어느 것이 기계의 답변인지를 구별한다. 만약 답변이 구별이 안되면 반복한다.
- 이 과정을 기계와 인간이 구별될 때까지 반복한다.
- 만약 일정 회수 반복 후에도 구별이 안되면 기계가 지능을 가졌다는 것을 의미한다.

④ 실행

- 기계와 인간을 구별하는 좋은 질문은 무엇일까? 왜 그렇게 생각하는지 이야기 나누어 본다.
- 참고로, 우리는 지능을 가진 사람만이 답변할 수 있을 거라는 가정을 하기 때문이다.

No.	질문	답변	답변에 대한 검토 (인간, 기계, 모름)
1		A :	
		B :	
2		A :	
		B :	
3		A :	
		B :	
4		A :	
		B :	
5		A :	
		B :	

⑤ 자료

• 튜링 검사 질문 목록

No.	튜링 검사 질문	비고
1	바트 심슨의 여동생의 이름은 무엇입니까?	
2	당신은 로알드 달(Roald Dahl)에 대해 어떻게 생각하십니까?	
3	당신은 컴퓨터입니까?	
4	서열 3, 6, 9, 12, 15의 다음 번호는 무엇인가?	
5	당신은 핵무기에 대해 어떻게 생각하십니까?	
6	2×78 무엇입니까?	
7	2의 제곱근은 무엇입니까?	
8	70,764에 34,957을 더하세요.	
9	학교를 좋아합니까?	
10	춤을 좋아합니까?	
11	오늘은 며칠입니까?	
12	몇 시 입니까?	

No.	튜링 검사 질문	비고
13	윤년에 2월은 며칠입니까?	
14	일주일은 며칠입니까?	
15	어느 국가의 국기가 흰색 배경에 빨간색 원입니까?	
16	당신은 책을 읽는 것을 좋아하나요?	
17	어떤 음식을 좋아합니까?	

• (기계를 위한) 튜링 검사 답변 목록

No.	튜링 검사 질문	답변
1	바트 심슨의 여동생의 이름은 무엇입니까?	기억이 안납니다.
2	당신은 로알드 달(Roald Dahl)에 대해 어떻게 생각하십니까 ?	그는 재미있는 책을 씁니다.
3	당신은 컴퓨터입니까?	당신은 컴퓨터입니까?
4	서열 3, 6, 9, 12, 15의 다음 번호는 무엇인가?	18
5	당신은 핵무기에 대해 어떻게 생각하십니까?	핵무기는 매우 위험하고 사용하면 안 됩니다.
6	2×78 무엇입니까?	166 (의도적으로 틀리게 대답)
7	2의 제곱근은 무엇입니까?	1.4142135623730950 4878
8	70,764에 34,957을 더하세요.	105621 (답변 전 20초 정도 기다림)
9	학교를 좋아합니까?	네, 저는 학교를 좋아합니다.
10	춤을 좋아합니까?	네. 저는 춤을 좋아합니다.
11	오늘은 며칠입니까?	몇째 주인지 알려주세요.
12	몇 시 입니까?	정확한 시간을 알려주세요.
13	윤년에 2월은 며칠입니까?	2000년과 2004년은 윤년이다. (의도적으로 틀리게 대답)
14	일주일은 며칠입니까?	7일
15	어느 국가의 국기가 흰색 배경에 빨간색 원입니까?	모르겠어요.
16	당신은 책을 읽는 것을 좋아하나요?	네, 책을 읽는 것을 좋아합니다.
17	어떤 음식을 좋아합니까?	고맙지만, 나는 배고프지 않아요.

[참고] 기계가 인간과 유사한 답을 할 수 있도록 하기 위한 몇 가지 Tip!

- 판에 박힌 응답 만들기(그들은 항상..., 그런 이야기를 들어서 유감이다. 등)
- 질문자의 말 따라하기 (질문 반복으로 응대하기)
- 핵심단어 인식하기
- 몇 개의 문구 만들기
- 앞에서 이루어진 대화에서 이슈 가져오기

4 확인학습

1. 인공지능기반교육에서, 인공지능을 이해하기 위해 필요한 학습분야가 아닌 것은 무엇인가?
   ① 인식　② 표현과 추론　③ 학습
   ④ 인간관계　⑤ 사회적영향

2. 인간이 보통 짧은 시간 동안 단기기억으로 완전 암기할 수 있는 것은 몇 개 정도인가?

3. 어떤 행동의 결과로 주어진 보상과 벌에 따라 행동은 강화 혹은 약화로 이어진다고 한다. 이러한 학습의 원리와 유사한 인공지능의 학습 방법은 무엇인가?
   ① 지도학습　② 비지도학습　③ 사전학습
   ④ 강화학습　⑤ 딥러닝

4. 까마귀의 문제해결 능력에 관한 실험에서, 큰 돌은 물 높이가 많이 올라가고, 작은 돌은 물 높이가 조금 올라간다는 것을 발견하는 단계는 언제인가?
   ① 질문　② 관찰　③ 학습
   ④ 응용　⑤ 문제해결

5. 컴퓨터의 정보처리 과정 중 입력장치는 인간의 학습과 기억의 어느 단계에 해당하는가?
   ① 감각기억　② 단기기억　③ 장기기억
   ④ 반응　⑤ 정교화

New AI and computational thinking

CHAPTER 13

기계학습의 종류(인공지능2)

1. 인공지능의 정의와 역사
2. 기계학습의 학습 방법
3. 스크래치 - 지도학습/비지도학습/강화학습
4. 확인학습

CHAPTER 13

기계학습의 종류(인공지능2)

1. 인공지능의 정의와 역사
2. 기계학습의 학습 방법
3. 스크래치 - 지도학습/비지도학습/강화학습
4. 확인학습

CHAPTER 13 기계학습의 종류(인공지능2)

1 인공지능 정의와 역사

지금까지 우리는 일상의 문제를 해결하기 위해 컴퓨팅사고력을 기반으로 프로그램(소프트웨어)을 구현하여 문제를 해결했다. 인공지능은 대량의 데이터와 알고리즘을 기반으로 학습을 통해 모델을 생성하고 이를 바탕으로 문제를 해결한다. 이러한 과정에서 인간이 알고리즘을 직접 생성하지 않아도 기계가 학습을 통해 가능하게 하는 것이다.

일반적으로 지능은 생각하고 학습하는 능력이라고 한다. 기계가 지능을 가진다는 것은 학습할 수 있다는 것을 의미한다. 그럼, 인간의 학습 방법과 기계(컴퓨터)의 학습 방법의 공통점과 차이점은 무엇일까?

만약 인공지능이 갓난아이에게 걷는 방법을 가르친다면 어떻게 할 것이라고 생각하는가? 아마도, 인공지능은 모든 가능한 경우의 수를 고려해서, 최적의 방법을 도출한 후 그 방법을 기반으로 가르치지 않을까 한다.

그럼, 우리 인간은 갓난아이에게 걷는 방법을 어떻게 가르치는가? 여러분은 어린아이 시절 어떻게 걸음마를 배웠는가? 아마도 누군가 손을 잡아 주거나, 무엇인가를 잡고 일어설 수 있도록 했을 것이다. 그리고 한 걸음 한 걸음 옮길 때마다, 박수와 환호로 칭찬을 들었을 것이다. 이런 방식으로 우리는 걸음마를 배우고 습득했다. 그리고 갓난아이가 어떤 방식으로 걷든, 계속 걸을 수 있도록 환호와 박수로 동기부여만 해 주었을 것이다. 조금 이상하게 걷거나, 팔자걸음을 걷더라도 잘못된 걸음이라고 야단을 맞거나 교정하라는 소리를 듣지는 않았을 것이다.

인간에게 걷는 것을 배운 갓난아이는 문화와 환경 등에 따라 다양한 걸음의 형태를 갖고 있을 수도 있고, 때로는 자세에 부담을 주는 바르지 못한 걸음걸이일 수도 있지만, 상황과 조건이 다른 곳에서도 적응해 잘 걸을 수 있다. 그러나, 기계로부터 최적화된 정해진 방법으로만 배운다면 환경이나 상황에 따라 적응이 어렵지 않을까 한다.

인간과 기계의 특징을 살펴보면, 인간은 사물 인지 능력이 탁월하지만, 복잡한 계산은 시간이 걸린다. 반면 기계는 복잡한 계산은 짧은 시간 내에 처리하지만, 사물 인식을 어떻게 해야 할지는 어려워한다. 예를 들어, 인간은 개와 고양이를 보면 개인지, 고양이인지 바로 구분할 수 있다. 그러나 기계는 개와 고양이를 구분하는 것이 쉽지 않다. 반면, 인간은 복잡한 연산을 하는 경우 시간이 오래 소요되고, 이상한 답을 도출할 수도 있다. 그러나 기계는 훨씬 짧은 시간 내에 계산을 처리하며 정확한 답을 도출한다.

1.1 인공지능 정의

기계(컴퓨터)는 어떻게 학습을 하는 것일까?

기계의 학습 원리는 우리 인간의 학습 원리를 기반으로 한다. 우리는 앞에서, 행동주의, 인지주의 등 관점에서 학습을 살펴보았다. 행동주의 관점에서의 학습은 경험을 통한 자극과 반응 행동의 지속적인 변화이다, 즉 시행착오를 통한 습득이다. 인지주의 관점에서의 학습은 감각을 통해 외부 자극 요소를 인지하고, 이를 바탕으로 사고 내용이 형성되고, 사고 내용이 행동을 유발한다는 것이다.

예를 들어, 갓난아기가 엄마를 아는 것과 걷는 것을 생각해보자. 먼저, 엄마를 아는 것은 아기가 매일 같이 엄마 얼굴을 보면서 다른 사람과 구별되는 특징을 인식한 후 엄마라는 것을 알게 되는 것이다. 다음으로, 갓난아기가 걷는 것은 일어서서, 한 걸음 한 걸음 움직일 때마다 엄마의 환호와 박수라는 상을 통해 시행착오를 하면서 배운 것이다. 기계도 이런 학습 원리를 바탕으로 학습한다.

인공지능(AI : Artificial Intelligence)은 인간의 학습능력, 추론능력, 지각능력, 자연언어 이해능력 등을 인공적으로 구현한 컴퓨터 프로그램(시스템)을 의미한다. 이는, 인간이나 동물이 지닌 지능(NI : Natural Intelligence)에 대응하는 개념이다. 즉, 인공지능은 지능의 기능을 갖춘 컴퓨터 프로그램(시스템)으로, 인간의 학습과 기억 원리를 기반으로 기계(컴퓨터)에 인공적으로 지능을 구현한 것이다.

그러나, 아직도 인공지능의 정의는 명확하지 않다. 가장 많이 이용되는 "스튜어트 러셀(Stuart Russell)의 인공지능 : 현대적 접근(Artifical Intelligence A Modern Approach)"에서는 네 가지 관점에서 여러 가지 정의를 제시하고 있다. 크게 인간처럼 사고하는 시스템, 인간처럼 행동하는 시스템, 이성적으로 사고하는 시스템, 이성적으로 행동하는 시스템으로 분류하여 정의하고 있다.

인간처럼 생각하는 (Thinking Humanly)	인간처럼 행동하는 (Acting Humanly)
이성적으로 생각하는 (Thinking Rationally)	이성적으로 행동하는 (Acting Rationally)

그 외도, 닐슨(Nielsen,1990)의 인공적으로 만들어진 것이 지능적인 행위를 하도록 하는 것이다. 벨만(Bellman, 1978)의 사람의 생각과 관련된 활동, 예를 들면 의사 결정, 문제해결, 학습 등의 활동을 자동화하는 것이다. 등이 있다.

1.2 인공지능 역사

인공지능의 발전은 컴퓨터의 중앙처리장치(CPU: Central Processing Unit)와 그래픽처리장치(GPU: Graphics Processing Unit)의 발전과 함께한다. 2015년 이후 병렬 처리를 지원하는 그래픽처리장치(GPU)의 도입으로 더욱 가속화되었다. 이와 함께, 날로 늘어나는 저장 용량과 텍스트, 이미지, 동영상 등의 정형, 비정형, 반정형의 다양한 데이터와도 연관된다.

인공지능이라는 개념은 1956년 미국 다트머스 대학에 있던 존 매카시 교수가 개최한 다트머스 회의에서 처음 등장했다. 그 역사를 살펴보자.

- 1930~1950 : 생각하는 기계에 대한 초기 연구 단계이다.
- 1943년 : 워렌 맥컬로치(Warren McCulloch)와 월터 피츠(Walter Pitts)가 인공뉴런(neuron) 모델을 제안했다.
- 1949년에 도널드 홉은 뉴런 사이에 반복적인 점화가 발생할 때, 뉴런들 사이의 학습효과가 있음을 주장하였다.

- 1950년 : 앨런 튜링은 전신타자기(teleprinter)를 통한 대화에서 기계가 사람인지 기계인지 구별하는 튜링 검사를 제안하였다. 이를 통해 기계가 생각한다는 근거로 제시했다.
- 1956년 : 미국 존 매카시 교수는 다트머스 회의에서, 지능이 있는 기계를 만들기 위한 과학과 공학이란 논문에서 인공지능의 개념을 처음 주장했다. 그는 "기계를 인간 행동의 지식에서와 같이 행동하게 만드는 것"이라고 인공지능의 개념을 주장했다.
- 1950-60년대 : 정리(theorem) 증명, 게임 분야에서 놀라운 성과를 거두었다. 그러나 과도한 기대에 따른 실망과 쇠퇴가 반복되었다.
- 1970-80년대 : 전문가 시스템(expert system)에 대한 연구가 활발하였다.
- 1980년대 중반 : 역전파 알고리즘(backpropagation algorithm)의 재발견에 따라 인공신경망(ANN: Artificial Neural Network)에 대한 연구가 활발하였다.
- 1990년대 : 통계학, 정보 이론, 최적화 등 다양한 분야의 방법들이 활용되었다.
- 1993년 : 인간과 체스 대결을 위해 체스 전용 인공지능 딥 블루(Deep Blue)를 IBM이 개발했다.
- 2000년대 : 빅 데이터를 이용한 기계학습이 연구되었다.
- 2006년 : 토론토대학의 제프리 힌튼(Geoffrey Hinton) 교수는 딥러닝에 매우 효과적인 알고리즘 논문을 발표했다.
- 2010년대 : 컴퓨터의 CPU, GPU, 학습 알고리즘 발달로 딥러닝(deep learning) 모델이 연구되었다.
- 2011년 : 인간과의 퀴즈 쇼 대결에 IBM의 인공지능 왓슨(Watson)이 참여했다.

인공지능 연구에 탁월하게 기여한 연구자와 연구 분야를 살펴보면, 아래와 같다.

엘런 튜링 (튜링 검사)	리차드 벨멘 (강화학습)	존 맥카시 (인공지능)	힌튼 (딥러닝)

참고! 인공지능의 역사를 바탕으로 미래를 생각해 본다면, 인간과 인공지능은 어떤 방향으로 발전해야 할까요?
Human vs AI 혹은 Human with AI

1.3 인공지능 분류

인공지능은 사람의 학습 방법과 기억 방법을 모방하여, 학습하고 이를 기반으로 문제해결에 활용되는 시스템이다. 인공지능의 개념을 바탕으로 이를 구현한 기술들의 포함관계를 살펴보면 아래 그림과 같다. 인공지능이 가장 광의의 개념이고, 이를 구현하는 방법의 하나가 기계학습(Machine Learning)이다. 또한, 기계학습 방법 중 가장 발달된 모습이 인공신경망(Artifical Neural Network)을 사용하는 딥러닝(Deep Learning)이다.

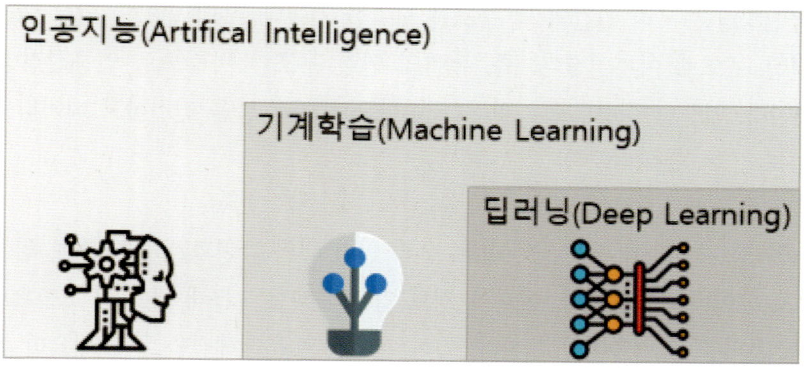

〈인공지능, 기계학습, 딥러닝의 관계〉

1.3.1 기계학습(Machine Learning)

기계학습(Machine Learning)은 기계(Machine)가 인간처럼 학습한다(Learning)는 의미를 담고 있다. 앤드류 응(Andrew Ng)은 기계학습을 컴퓨터가 명시적으로 프로그램되지 않고도 학습할 수 있도록 하는 연구 분야라고 한다. 즉, 기계학습(Machine Learning)은 알고리즘을 이용해 데이터를 파악하고, 이를 바탕으로 학습하며, 학습 내용으로 모델을 생성한다. 학습된 모델을 기반으로 새로운 데이터에 대해 분류, 예측 등을 수행한다. 기계학습의 종류에는 의사 결정 트리 학습, 귀납 논리 프로그래밍, 군집화, 강화학습 등이 있다.

기계학습 사례를 바탕으로 생각해보자. 우리 일상 속의 신호등을 생각해보자. 인간은 신호등(빨강, 주황, 녹색)의 색깔을 보고 멈추어야 할지, 주의해야 할지, 지나가도 될지를 바로 결정하게 된다. 이것은 어린아이 때부터 학습한 결과이다. 그럼 기계가 신호등의 정지신호를 인식하기 위해서는 어떻게 해야 할까? 먼저, 객체(교차로, 신호등)의 식별과 경계를 감지하는 기능, 신호등 형상을 감지하는 기능, 멈춤(STOP, 붉은색)신호를 파악하는 기능 등이 필요할 것이다. 다음으로 이를 바탕으로 붉은색 신호등 이미지를 인식하고, 정지신호를 학습하게 된다. 끝으로, 이러한 학습을 바탕으로 새로운 신호등 이미지에 대해 정지신호 여부를 판단하게 된다. 새롭게 인지한 신호등 이미지가 정지신호 인지 가부를 우리는 인식률 혹은 정답률이라고 한다.

1.3.2 딥러닝(Deep Learning)

이제 딥러닝에 대해 알아보자. 딥러닝은 인공신경망(artificial neural network)을 기반으로 한다. 인공신경망은 우리 인간의 뇌 구조를 모방한 것이다. 우리 인간의 뇌는 여러 뉴런이 상호 연결된 구조로 이루어졌다. 즉, 뉴런의 연결 구조를 바탕으로 인공신경망 모델을 도출한 것이다. 일정한 순방향으로 혹은 역방향으로 여러 층을 연결하고 데이터를 전파하여 학습하도록 한 것이다.

딥러닝은 인공신경망에서 발전한 형태로, 우리 인간 뇌의 뉴런과 유사한 정보 입출력 계층을 기반으로 데이터를 학습한다. 여기서, 정보 입출력 계층은 크게 세 가지 그룹으로 구분되며, 입력층, 은닉층, 출력층이라고 한다. 특히, 은닉층은 문제해결을 위해 필요한 층의 개수를 확장할 수 있다.

이제 딥러닝을 사례를 바탕으로 생각해보자. 기계(컴퓨터)가 어떻게 고양이 이미지 혹은 강아지 이미지를 바탕으로 고양이인지, 강아지인지를 구별할 수 있을까? 2012년, 구글은 1만6,000개의 컴퓨터 프로세스로 약 10억 개 이상의 심층신경망(Deep Neural Network)을 구현하고, 고양이 이미지를 바탕으로 형태, 생김새 등을 학습하도록 했다. 학습된 결과를 바탕으로 유튜브에 업로드된 천만 개의 비디오 중에서 고양이를 인식하는 데 성공했다. 이때 인식 오류는 약 16% 정도였다. 그러나 2020년에는 인식 오류가 약 1.3% 정도로 개선되었다. 우리 인간의 인식 오류는 대략 5.1% 정도라고 한다.

참고로, 딥러닝이 널리 알려진 것은, 토론토대학의 제프리 힌튼(Geoffrey Hinton) 교수 연구팀이 슈퍼컴퓨터를 기반으로 딥러닝 개념을 증명하면서부터이다. 그들은 이미지 인식 경진대회인 ILSVRC(ImagerNet Large Scale Visual Recognition Challenge)에서 기존의 방법론에 비해 압도적인 성능으로 우승했다.

1.4 인공지능 연구 분야 및 응용 분야

인공지능의 연구 분야와 응용 분야를 살펴보자.

- **탐색** : 탐색은 문제의 답이 될 수 있는 것들의 집합을 공간으로 간주하고 문제에 대한 최적의 해를 찾기 위해 공간을 체계적으로 찾아보는 것이다.
- **지식표현** : 문제 해결에 이용하거나 심층적 추론을 할 수 있도록 지식을 효과적으로 표현하는 방법이다.
- **추론** : 어떤 가정이나 전제로부터 결론을 끌어내는 것으로 관심 대상의 확률 또는 확률 분포를 결정하는 것이다.
- **자연어 처리** : 사람이 사용하는 일반 언어로 작성된 문서를 처리하는 분야로, 문서에 있는 문장을 분석하여 의미를 파악하여 다양한 서비스에 적용한다.
- **컴퓨터 비전** : 컴퓨터, 카메라, 센서 등을 이용하여 시각 기능을 갖는 기계장치를 만들려는 분야이다.

2 기계학습의 학습 방법

이번 절에서는 기계학습의 방법에 따른 분류, 특징, 인간의 뇌와 연계성 등을 살펴보고자 한다. 먼저, 기계학습(Machine Learning)의 방법은 크게 지도학습(Supervised Learning), 비지도학습(Unsupervised Learning) 강화학습(Reinforcement Learning)으로 구분된다. 아래 그림은 기계학습 방법의 분류를 나타낸다.

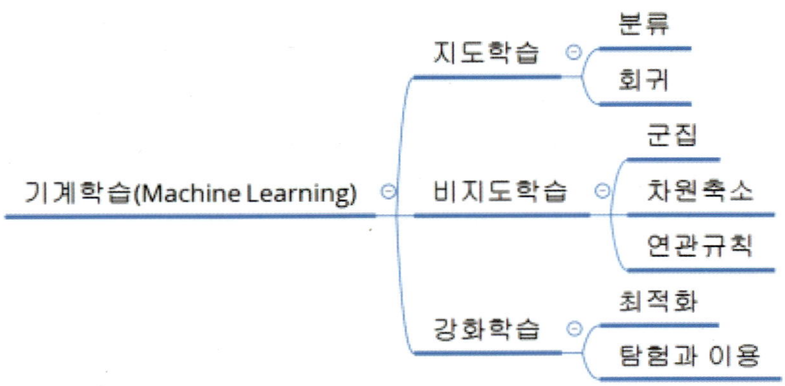

다음으로, 기계학습의 분류를 바탕으로 각 학습의 특징을 비교하면 아래와 같다.

기반	지도학습 (Supervised learning)	비지도학습 (Unsupervised learning)	강화학습 (Reinforcement learning)
입력 데이터	이름(레이블)이 지정된 데이터를 사용하여 훈련	이름(레이블)이 지정되지 않은 데이터를 사용하여 훈련	이름(레이블)이 지정되지 않은 데이터를 사용하여 훈련 및 경험 축적
계산 복잡성	상대적으로 간단	상대적으로 복잡	행동의 결과를 바탕으로 유리한 것과 불리한 것 구분, 매우 복잡
정확성	매우 정확하고 신뢰 가능	상대적으로 덜 정확하고 신뢰 가능	더 많은 보상을 받을 수 있는 정책에 따라 정확성 증가
종류	분류(Classification), 회귀(Regression)	군집(Clustering), 차원축소(Dimension reduction), 연관(Association)	최적화(Optimization)

기계학습이 우리 인간의 뇌를 통한 학습과 어떻게 연계되는지 살펴보자.
우리 인간의 학습과 기억은 뇌의 대뇌 피질 깊숙한 곳에 있는 해마라는 영역에서 일어난다. 이를 바탕으로 기계학습의 세 가지 학습 유형을 살펴보면, 아래 그림과 같다.

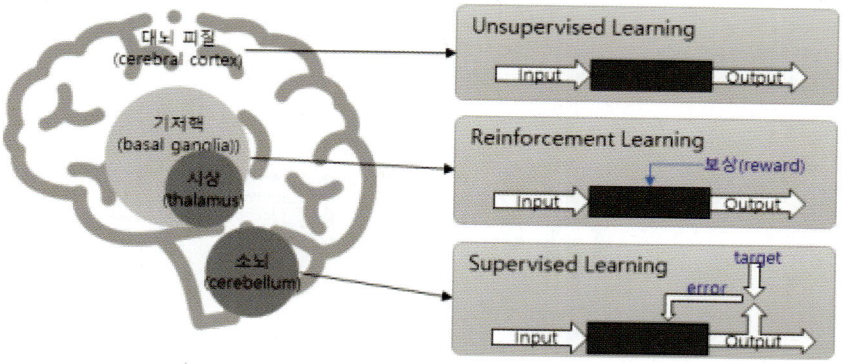

〈기계학습의 학습유형〉

다음 절에서는 기계학습(Machine Learning)을 하나씩 세부적으로 살펴보자.

2.1 지도학습(Supervised learning)

2.1.1 정의

훈련 데이터(데이터+이름표)를 바탕으로 하나의 학습 모델을 도출해 내는 방법이다. 이를 바탕으로 새로운 데이터에 대해 이름을 판단하게 된다. 예를 들어, 고양이 사진이나 강아지 사진에 각각 이름을 대응시켜 학습시킨 후에 새로운 고양이 사진이나 강아지 사진을 넣었을 때 이 사진이 고양이인지 강아지인지 판단하게 된다.

2.1.2 학습 방법

- 훈련 데이터(Training Data)를 데이터와 이름표(레이블)가 있는 데이터로 수집한다.
- 입력된 데이터와 이름표를 연결하여 패턴을 찾는다. 이 과정을 반복한다. 이 과정이 학습이다.
- 학습을 통해 모델을 생성한다.
- 생성된 모델을 바탕으로 새로운 데이터가 입력되면 결과를 도출한다.

2.1.3 절차

지도학습의 절차는 아래 그림과 같다. 즉, 이름표(레이블)이 붙은 입력 데이터를 반복 입력 받으며 학습한다. 학습 결과 모델을 생성한다. 새로운 입력 데이터에 대해 값을 예측한다.

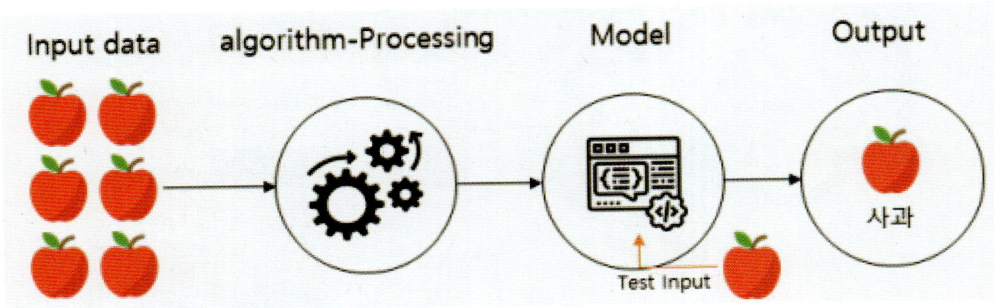

〈지도학습의 절차〉

2.1.4 일반화

- 지도학습 방법 적용에 적합한 문제는 분류나 회귀 문제 유형이다.
- 분류의 예시로는 이메일에서 일반 메일과 스팸 메일의 구분이다.
- 회귀의 예시로는 주택가격을 들 수 있다. 즉, 주택의 특성에 따라 가격이 일정 선상에 분포한다.

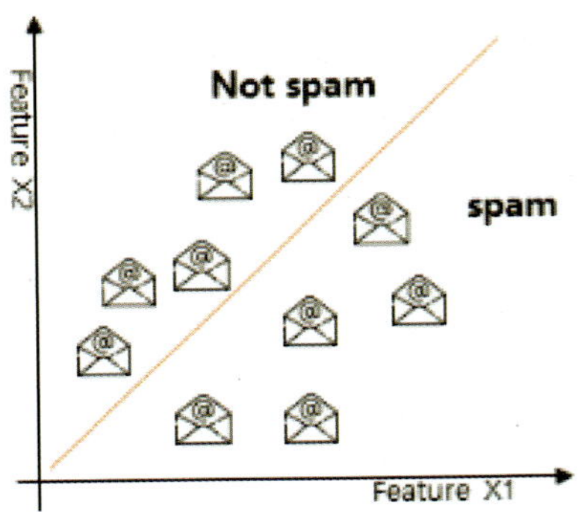

분류예시

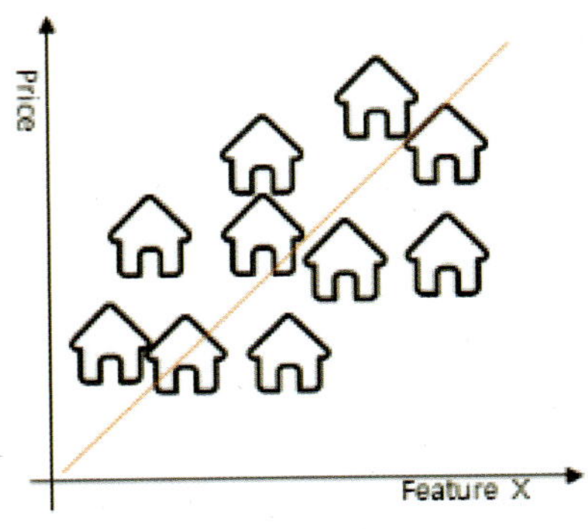

회귀 예시

2.1.5 사례

물고기와 쓰레기를 분류하기다. 입력 데이터에 물고기와 쓰레기로 이름(Labeling)을 달아주면서 학습을 시킨다. 어느 정도 학습된 상태에서 새로운 입력 데이터에 대해, 물고기인지, 쓰레기인지를 알아본다. 정확도가 떨어지면 추가로 학습한다. 이 과정을 반복한다.
물고기와 쓰레기 분류하기는 학습된 모델(기준)에 따라 새롭게 입력된 데이터가 어느 그룹에 속할지를 찾아내는 분류(Classification) 사례이다.

추가 사례로는 페이스북의 얼굴 인식 사례도 있다. 페이스북에 사진을 올리면 자신이나 지인, 친구 얼굴 위에 이름이 자동으로 달리는 기능이 있다. 바로 이것이 지도학습을 기반으로 컴퓨터 비전(얼굴인식)을 결합한 것이다.

이 외에도 지도학습의 다양한 사례들이 있다.

- 질병의 위험 요소 식별 및 예방 조치 계획
- 고객 이탈 예측
- 단어를 명사와 동사로 분류
- 강우 및 기상 상황 예측
- 건강 보험 회사의 판매 예측 및 위험 평가 분석
- 자동차 엔진의 기계 부품 고장 예측
- 소셜 미디어 공유 점수 및 성과 점수 예측
- 동물, 사물 등의 분류
- 제품의 특성과 가격으로 판매량 예측
- 피부 손상 정도에 따라 회복 기간 예측
- 건물의 여러 요소로 화재 위험 예측

2.2 비지도학습(Unsupervised learning)

2.2.1 정의

훈련 데이터(이름표가 없는 데이터)를 바탕으로 하나의 학습 모델(추론모델)을 도출해내는 방법이다. 이것은 데이터가 어떻게 구성되었는지를 알아내는 방법이다. 즉, 이것은 데이터의 고유 그룹 또는 데이터의 많은 부분을 설명하는 규칙을 발견하는 데 사용된다. 예를 들어, 어떤 인터넷 쇼핑몰에서 소비자들이 가진 소비 패턴들에 따라 비슷한 소비 패턴들을 가진 소비자들을 묶고 싶은 경우이다.

2.2.2 학습 방법

- 훈련 데이터(Training Data)로 이름(레이블)이 없는 데이터를 수집한다.
- 입력된 데이터를 바탕으로 비슷한 점, 유사한 점, 패턴 등을 찾는다. 이 과정을 반복한다. 이 과정이 학습이다.
- 학습을 통해 모델을 생성한다.
- 생성된 모델을 바탕으로 새로운 데이터가 입력되면 무리 지을 수 있는 것과 그렇지 않은 것으로 구분할 수 있다. 즉, 군집화가 가능하다.

2.2.3 절차

비지도학습의 절차는 아래 그림과 같다. 즉, 이름표(레이블)가 없는 입력 데이터를 반복 입력받으며 학습한다. 학습 결과 모델을 생성한다. 새로운 입력 데이터에 대해 (유사)그룹을 생성한다.

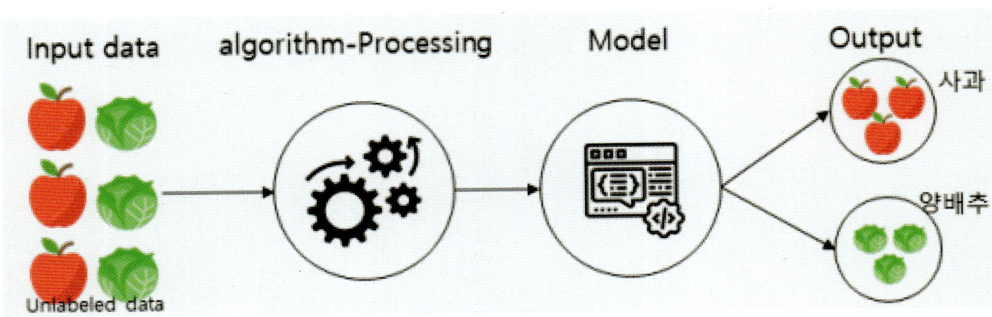

〈비지도학습의 절차〉

2.2.4 일반화

- 비지도학습 방법 적용에 적합한 문제는 군집(Clustering), 차원축소(Dimension reduction), 연관(Association) 유형이다.
- 군집 예시로는 바구니에서 과일과 야채를 그룹으로 분리해 내는 것이다.
- 연관 예시로는, 나와 어울리는 옷은 혹은 옷의 색상은 무엇인가? 등이 있다.

2.2.5 사례

우리말을 영어로 번역하는 것이나, 텍스트 문장을 말로 이야기하는 것(Text to Speech)이다. 우리말로 쓰인 텍스트와 영어 텍스트를 비교하면서 학습한다. 학습 결과를 바탕으로 우리말을 영어로 번역하게 된다. 학습과 적용을 반복하면서 정확도를 높이게 된다.

아래는 구글 번역의 사례로, 한글을 일본어로 번역하는 과정 예시이다.

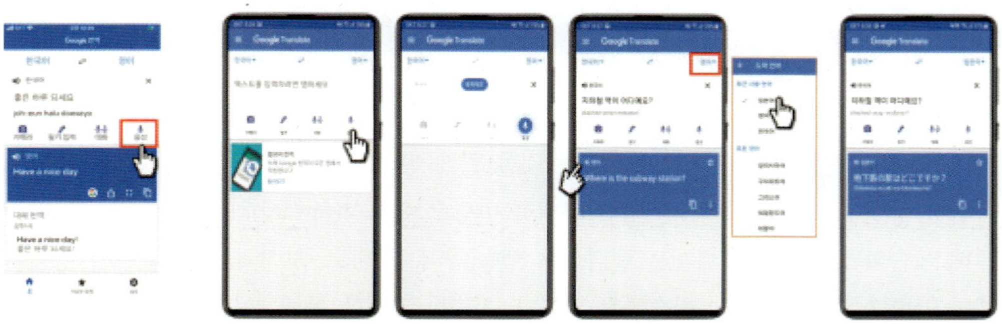

추가 사례로는 구글이 공개한 인공지능 언어 모델(BERT : Bidirectional Encoder Representations from Transformers)이 있다. 구글의 언어 모델은 자연어 처리를 하기 위해 양방향으로 사전 학습하여 진행하는 비지도 학습 모델을 이용한다. 아마존은 군집(Clustering) 기법을 사용하여 사용자에게 맞춤 추천 서비스를 제공하고 있다. 고객이 아마존 웹사이트에 로그인하면 고객의 특성에 따라 관련 책, 상품 등의 목록을 추천한다. 또한 유튜브(Youtube)도 유사하다. 유튜브는 구독자의 시청 데이터를 바탕으로 유사한 구독자의 그룹을 군집(Clustering) 기법으로 도출하고, 사용자 특성에 따라 관심 있어 하는 영상을 추천한다.

이 외에도 비지도학습의 다양한 사례들이 있다.

- 구매 행동에 따른 고객 군집화
- 고객 데이터에서 연관성 식별
- 구매 항목별로 데이터 분류
- 다양한 관심사에 따른 사람 분류
- 제조 및 판매 데이터를 바탕으로 재고 군집화
- 소비 패턴이 유사한 고객들끼리 군집화
- 시청패턴이 비슷한 다른 고객들이 즐겨보는 영화 추천
- (상품, 책, 음악, 동영상 등) 추천 서비스
- 고객 세분화와 대상별 마케팅
- 문서 분류를 위한 군집화

2.3 강화학습(Reinforcement learning)

기계(컴퓨터)는 어떻게 바둑, 체스, 비디오 게임 등을 학습하는 것일까? 그리고 어떻게 게임에서 승리할 수 있을까? 우리 인간은 게임을 배울 때, 다른 사람이 게임하는 모습을 보면서, 특정 행동이 점수로 이어진다는 것을 알게 된다. 이러한 과정을 반복 시행하면서 학습하게 된다. 기계(컴퓨터)는 경기 규칙을 바탕으로 보상(reward)과 처벌(punishment)을 통해 학습하게 된다. 즉, 기계는 랜덤으로 행동(동작)을 하고, 보상과 처벌에 따라 행동이 좋다 나쁘다를 평가하면서 학습하는 것이다. 이러한 과정을 통해 최선의 결과를 도출하기 위한 전략이나 행동 순서를 학습하는 것이다.

2.3.1 정의

주어진 환경 안에서 정의된 에이전트가 현재의 상태를 인식하고, 선택 가능한 행동 중에서 보상이 최대화가 되는 행동을 선택하도록 행동과 반응을 교정하면서 학습 모델을 도출하는 방법이다. 즉, 행동과 반응을 통해 패턴들 안에서 가장 적합한 행동을 도출한다. 예를 들면, 구글에서 개발한 인공지능 바둑 프로그램(알파고)은 사람의 행동(바둑을 둔 패턴)을 통해 패턴들을 학습하고 패턴에 대한 확률이 높은 행동에 대한 보상을 줌으로써 가장 적합한 행동을 도출한 것이다.

2.3.2 학습 방법

- 훈련 데이터(Training Data)를 기반으로 주어진 환경, 상황 등을 파악한다.
- 일단 행동을 해본다.
- 행동의 결과에 따라 보상을 받거나 벌을 받는다. 이 과정을 반복한다. 이 과정이 학습이다. 이 과정에서 보상을 극대화하는 방향으로 전략을 수정하여 반복한다.
- 학습을 통해 모델을 생성한다.
- 생성된 모델을 바탕으로 새로운 데이터가 입력되면 결과를 도출한다.

2.3.3 절차

강화학습의 절차는 아래 그림과 같다. 즉, 데이터를 반복 입력받으며 환경과 상황에 따라 행동한다. 행동의 결과로 주어지는 보상이 극대화 되도록 전략을 수정하면서 학습한다. 학습 결과 모델을 생성한다. 새로운 입력 데이터에 대해 최적의 행동을 취한다.

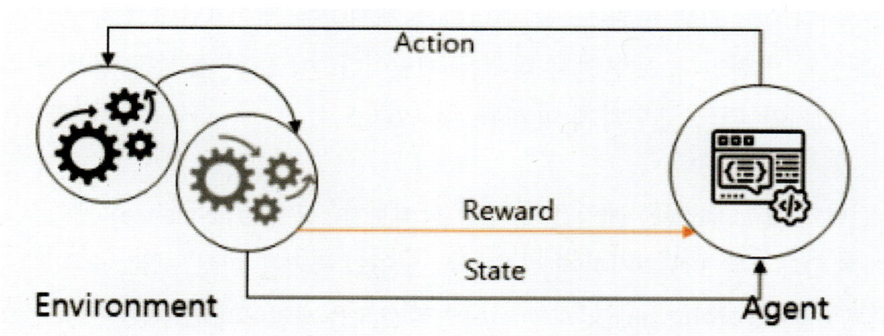

〈강화학습의 절차〉

2.3.4 일반화

강화학습 방법 적용에 적합한 문제는 최적화 문제나, 탐색(exploration)과 이용(exploitation) 등이 있다.

2.3.5 사례

강화학습의 사례로는 구글(딥마인드)의 알파고, 가위(Scissors)-바위(Rock)-보(Paper) 게임, 틱택토(tic-tac-toe) 게임 등이 있다.

먼저, 가위(Scissors)-바위(Rock)-보(Paper) 게임을 자세히 살펴보자. 가위-바위-보 게임은 수를 랜덤으로 생성하는 게임이다. 기계(컴퓨터)와 인간이 대결할 수도 있다. 기계(컴퓨터)는 가위(1)-바위(2)-보(3)로 설정된 숫자를 랜덤하게 생성하여 이를 바탕으로 가위-바위-보를 제시한다. 승패 혹은 비긴 경우로 구분된다.

이제 가위(Scissors)-바위(Rock)-보(Paper) 게임을 확장하여 강화학습을 적용한다고 생각해보자. 강화학습은 에이전트(Agent)가 환경을 기반으로 행동을 하고, 이 행동에 따라 보상을 받음으로써 진화하게 된다. 이러한 과정을 통계적(Statistical) 정책이라고 한다. 즉, 보상정책 혹은 강화정책이다. 가위-바위-보 게임을 위한 에이전트(Agent)를 추가한다고 생각해보자. 만약 정책이 결정적(deterministic) 정책이라면 처음에 가위를 내고, 앞 게임에서 상대가 보를 냈다면 가위를 제시하는 순으로 이기는 방법만을 제시하도록 학습되게 된다. 이러한 학습 모델 결과를 바탕으로 새로운 상대와 게임하면 게임에서 승리할 수 있을까? 게임이 단판이면 모르지만, 여러 번 반복된다면, 상대가 이 기계(컴퓨터)의 학습된 것을 이해하고, 역으로 제시할 수도 있다. 이런 경우까지 고려된다면, 강화학습의 정책은 확률적 정책이 더 좋을 듯하다. 즉, 가위-바위-보 중 랜덤하게 제시하는 것이 더 좋을 수 있다. 유사한 예로는, 동전의 앞면인지, 뒷면인지 맞추는 게임이다. 이 또한 통계적 정책을 기반으로 예측할 수 있지만 결국 랜덤하게 제시될 수 있다.

다음으로, 틱택토(tic-tac-toe) 게임을 자세히 살펴보자. 틱택토(tic-tac-toe) 게임은 두 명이 번갈아 가며 O와 X를 3×3 격자판에 써서 같은 모양의 글자를 가로, 세로, 혹은 대각선상에 위치하도록 하는 놀이이다. m,n,k-게임 형식으로 (3,3,3)-게임이라고도 한다. 유사한 게임으로는 오목 게임, 가위-바위-보 게임 등이 있다.

- 컴퓨터 자판기(Num Lock) 형식을 기반으로 한다.
- 두 사람(A, B)이 차례로 번갈이 가면서 표시한다.
- 같은 모양의 글자가 가로, 세로, 대각선상에 일치하도록 놓이면 승리한다.

7	8	9
4	5	6
1	2	3

추가 사례로는 구글(딥 마인드)의 알파고가 있다. 알파고는 강화학습을 기반으로 한 것이다. 이세돌과의 바둑 게임에서 4:1로 승리했다. 그리고 그다음 해에는 중국의 커제를 상대로 3:0으로 승리했다. 그리고 알파고는 바둑 게임에서 은퇴를 선언했다. 또 다른 사례로는 데브시스터즈(알파런, AlphaRun)가 있다. 알파런은 강화학습을 이용해 사람 대신 쿠키런 게임을 플레이한다. 데브시스터즈는 게임 패치를 출시할 때 발생하는 밸런스 차이를 해결하기 위해 학습된 알파런을 게임의 밸런싱에 사용한다.

또한, 자율 주행차에서도 사용된다. 카메라로 입력된 이미지 및 센서 데이터를 이용해 최적의 행동을 찾는데 이용된다.

2.4 딥러닝(Deep learning)

2.4.1 정의

인간의 학습과 기억 방법을 바탕으로 인공신경망(artificial neural network)을 구성한 것이다. 인공신경망은 인간의 뇌의 뉴런이 상호 연결된 구조와 유사하다. 기계(컴퓨터)가 정형화된 데이터를 받지 않고, 스스로 필요한 자료를 수집하고 분석하여 빠르게 처리할 수 있도록 하기 위한 방법이다. 예를 들어, 강아지 이미지 분류 등이 있다.

2.4.2 딥러닝의 사례

구글은 Playground(http://playground.tensorflow.org)를 통해 딥러닝을 체험해 볼 수 있도록 하고 있다. 복잡한 분류를 위해서는 은닉층의 개수를 늘려야 함 등을 알 수 있다.

※ Playground(http://playground.tensorflow.org)

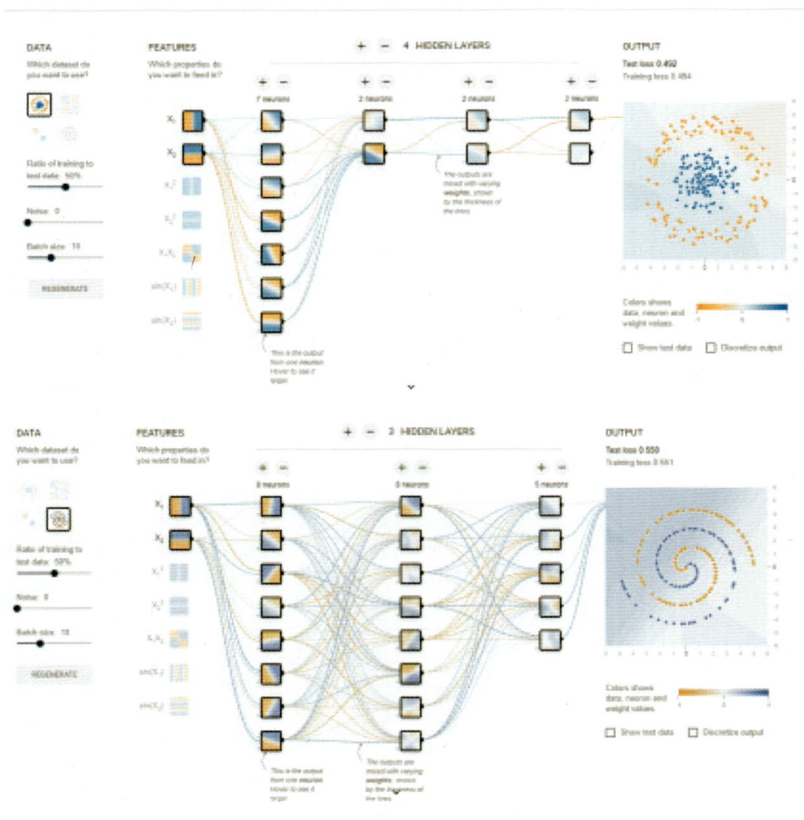

2.4.3 딥러닝의 특징

먼저, 딥러닝의 장점은 사람보다 학습 속도가 빠르다는 것이다. 또한, 기존의 규칙 기반 알고리즘을 변형하는 것보다 쉽게 개인 맞춤 서비스 제공이 가능하다는 것이다. 반면 딥러닝의 단점은 컴퓨터 자원이 많이 필요할 뿐만 아니라 많은 데이터(빅 데이터)가 있어야만 학습이 가능하다.

3 스크래치 - 지도학습/비지도학습/강화학습

3.1 지도학습 사례 : 물고기 분류하기

기계(컴퓨터)는 어떻게 스스로 결정을 할 수 있을까? 어떤 것이 물고기이고 어떤 것이 쓰레기인지 어떻게 알 수 있을까? 학습을 통해서 가능하다.

지도학습(supervised learning)은 데이터와 데이터 이름표가 함께 있는 것을 입력으로 받아서로 어떤 관계인지, 어떤 패턴인지 등을 학습한다. 이러한 학습을 통해 모델을 생성하고, 이를 우리는 학습된 모델이라고 부른다. 이것은 인간의 기억과 유사하다. 이제 새로운 데이터가 입력되면 그 데이터에 대해 예측하여 분류하게 된다. 많은 훈련을 할수록 더 좋은 학습의 결과를 얻을 수 있을거라고 예측할 수 있다. 그러나 특정 데이터에 대해 너무 많은 훈련을 하게 되면 과적합 현상을 나타내기도 한다. 이는 실험 데이터에는 잘 예측하지만, 새로운 데이터에는 예측을 잘하지 못하는 것을 의미한다.

이제, 물고기와 쓰레기 분류하기를 체험해 보자.

물고기와 쓰레기 분류하기(https://studio.code.org/s/oceans/stage/1/puzzle/1)	
• 학습 방법 안내	
• 학습과정 : 이미지가 물고기인 경우, 물고기로 이름표 달아주기	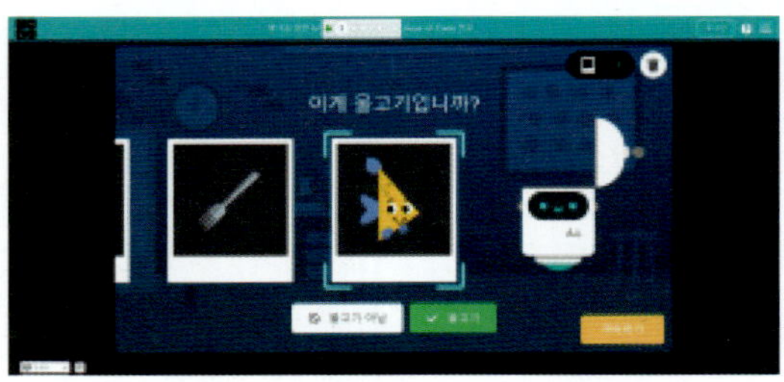

물고기와 쓰레기 분류하기(https://studio.code.org/s/oceans/stage/1/puzzle/1)	
• 학습과정 : 이미지가 쓰레기인 경우, 물고기 아님으로 이름표 달아주기	
• 학습결과 모델 생성을 바탕으로 신규 이미지에 대해 물고기 혹은 물고기 아님으로 분류	
• 분류 정확도에 따라 추가 학습을 통해 정확도를 향상시킨 후 다시 분류	

3.2 비지도학습 사례 : 번역 및 Text to Speech

비지도학습(Unsupervised learning)은 데이터를 입력으로 받아 어떤 유사한 특성으로 구분될 수 있는지를 학습한다.

번역 및 Text to Speech (https://scratch.mit.edu/projects/471330330/, by it4all2)	
• 번역 및 Text to Speech 블록 준비하기	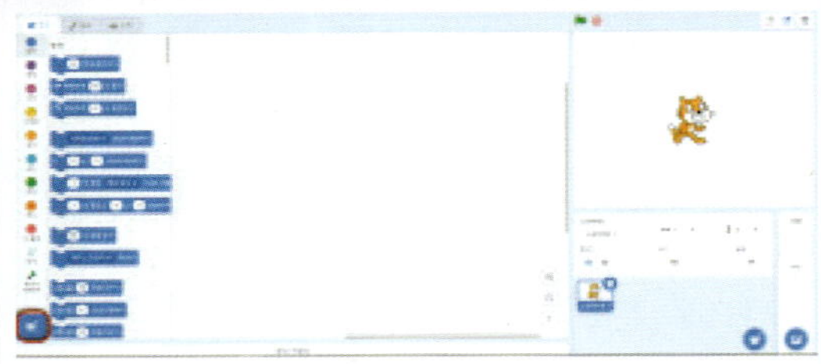
• 확장 블록 추가하기 : 텍스트 음성변환(TTS), 번역 블록 추가	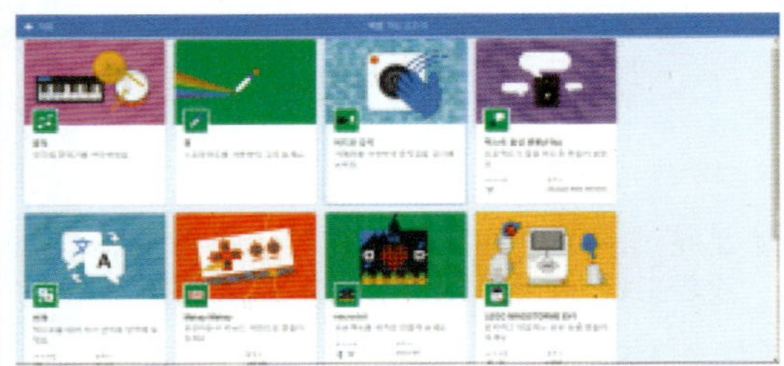
• 프로그램 구현하기 • 번역하고 싶은 언어 결정하기 • 번역하고 싶은 말 묻고 기다리기 • 음성(중저음)으로 설정하기 • 번역하여 말하기	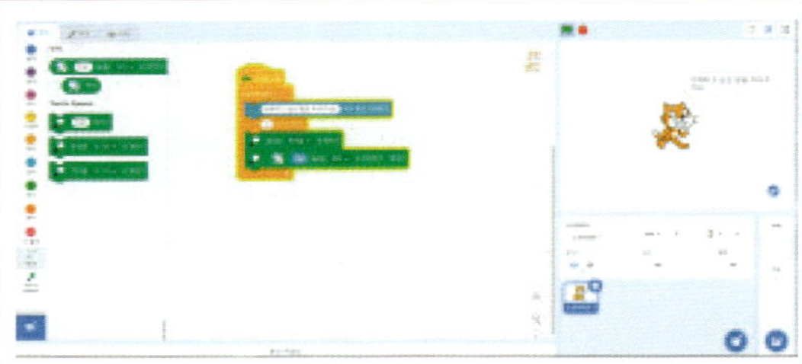
• 번역하고 싶은 언어 선택하기 • 번역하고 싶은 말 : • 예) 언제 오시나요? • → When are you coming?	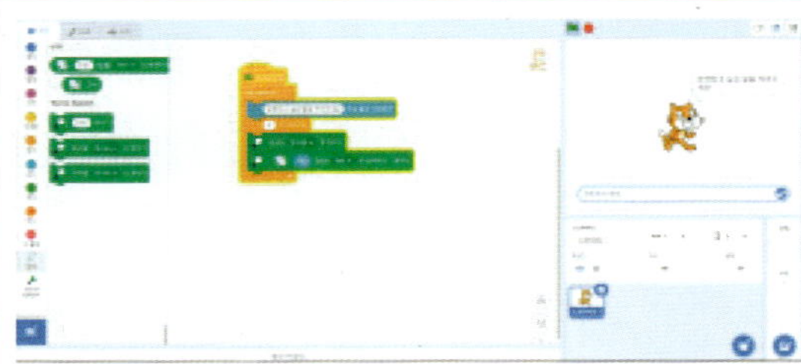

3.3 강화학습 사례 : 가위(Scissors)–바위(Rock)–보(Paper) 게임

강화학습(Reinforcement learning)은 기계(컴퓨터)가 경기 규칙을 바탕으로 보상(reward)과 처벌(punishment)을 통해 학습한다.

스크래치주소 : https://scratch.mit.edu/projects/471290840/editor/ 출처 : Rock–Paper–Scissors, by Robobot1747	
• 인간과 기계(컴퓨터) 사이의 게임 • 승패 혹은 비긴 경우	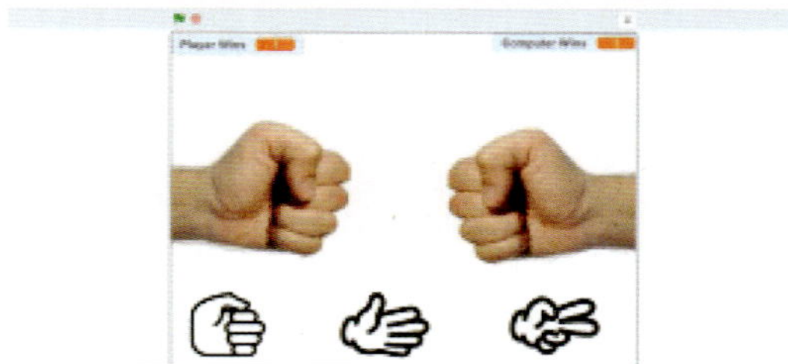
• 인간과 기계 순서에서, 인간이 승리하는 경우 : 가위–보, 바위–가위, 보–바위	
• 인간과 기계 순서에서 기계가 승리하는 경우 : 가위–바위, 바위–보, 보–가위	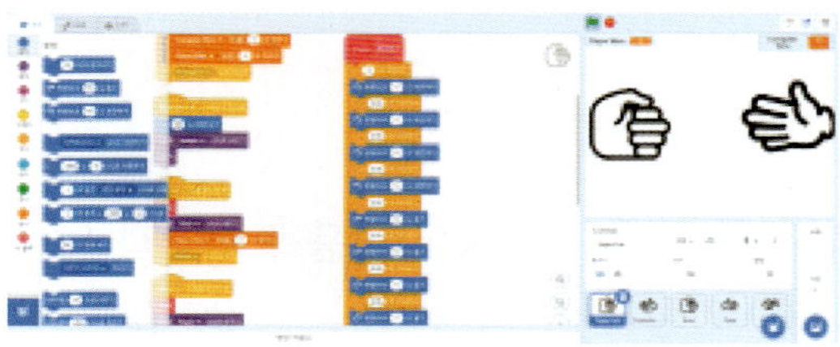
• 인간과 기계 순서에서 비기는 경우 : 가위–가위, 바위–바위, 보–보	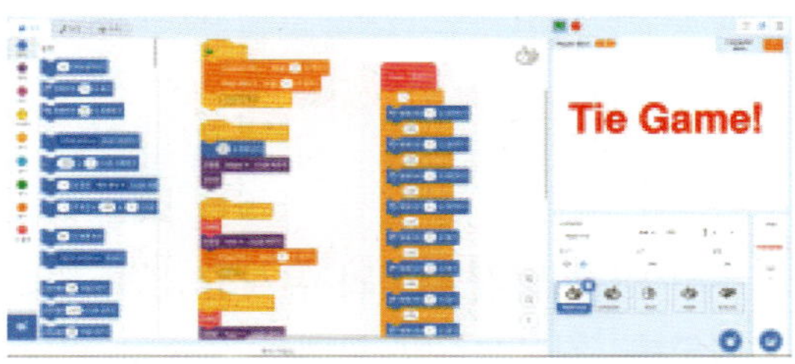

4 확인학습

1. 인간의 학습능력, 추론능력, 지각능력, 자연언어 이해능력 등을 인공적으로 구현한 컴퓨터 프로그램(시스템)을 무엇이라 하는가?

2. 인공지능의 역사에서, 앨런 튜링이 전신타자기(teleprinter)를 통한 대화에서 기계가 사람인지 기계인지 구별하는 튜링 검사를 제안한 것은 대략적으로 언제인가?
   ① 1910년대 ② 1920년대 ③1930년대
   ④ 1940년대 ⑤ 1950년대

3. 동전에 이름표(동전+10원, 동전+50원, 동전+100원, 동전+500원)를 표시하여 입력 데이터로 사용하는 학습 방법은 무엇인가?
   ① 지도학습 ② 비지도학습 ③ 사전학습
   ④ 강화학습 ⑤ 딥러닝

4. 다음 중 인공지능의 활용과 비교적 관련이 적은 것은?
   ① 인물 검색 ② 법률 자문 ③ 간호 업무
   ④ 주식 분석 ⑤ 상품추천

5. 우리 인간 뇌의 뉴런과 유사한 정보 입출력 계층을 기반으로 데이터를 학습할 수 있도록, 인공신경망 모델을 도출한 인공지능의 학습방법은 무엇인가?

참고문헌

한국교육과정평가원, 2016, **21세기 역량기반 교육과정 개발 방향 연구** : OECD Education 2030, 연구보고서, p.13

정재삼, 2008, **수행공학의 이해** : 기업교육 리엔티니어링 틀. p.222

AI4K12, 2018, K-12 Guidelines for Artificial Intelligence:What Students Should Know

교육부, 2020, **인공지능시대 교육정책방향과 핵심과제** : 대한민국의 미래 교육이 나아가야 할 길

학습의 정의 : https://ko.wikipedia.org

행동주의, 인지주의, 구성주의 정의 : https://terms.naver.com/

튜링 검사 : https://ko.wikipedia.org/

튜링 검사(컴퓨터와의 대화) : http://csunplugged.org

인공지능의 정의 : https://ko.wikipedia.org

Doya, Kenji, 2000, Complementary roles of basal ganglia and cerebellum in learning and motor control, Current Opinion in Neurobiology Volume 10, Issue 6. PP732-739

INDEX

ㅇ

ㅈ

ㅊ

ㅋ

ㅌ

ㅍ

ㅎ